A Procura da Lucidez em Artaud

Coleção Estudos
Dirigida por J. Guinsburg

Equipe de realização – Revisão: Valéria Cristina Martins e Vera Lúcia Belluzzo Bolognani; Assessoria Editorial: Plinio Martins Filho; Produção: Ricardo W. Neves, Sérgio Coelho e Adriana Garcia.

Vera Lúcia Felício

A PROCURA DA LUCIDEZ EM ARTAUD

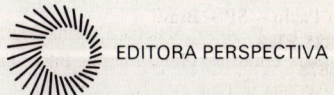

Dados Internacionais de Catalogação na Publicação (CIP)
(Câmara Brasileira do Livro, SP, Brasil)

Felício, Vera Lúcia G.
A procura da lucidez em Artaud / Vera Lúcia
Felício. – São Paulo : Perspectiva : FAPESP, 1996.
– (Coleção estudos ; 148)

Bibliografia.
ISBN 85-273-0081-8

1. Artaud, Antonin, 1869-1948 2. Artaud, Antonin,
1869-1948 – Crítica e interpretação 3. Teatro
I. Título. II. Série.

96-1962   CDD-840.9

Índices para catálogo sistemático:

1. Literatura francesa: História e crítica   840.9

Direitos reservados à
EDITORA PERSPECTIVA S.A.
Avenida Brigadeiro Luís Antônio, 3025
01401-000 – São Paulo – SP – Brasil
Telefone: (011) 885-8388
Fax: (011) 885-6878
1996

Meu profundo agradecimento aos professores Jacó Guinsburg e Sábato Magaldi, que sempre me apoiaram, não apenas me incentivando, mas propiciando-me condições efetivas de me desenvolver na área de Estética Teatral.

Foi somente através do apoio de ambos que este trabalho sobre Artaud pôde ser reconhecido e divulgado.

O público: É necessário inicialmente que este Teatro seja.

A. Artaud,
"Primeiro Manifesto do Teatro da Crueldade",
em *O Teatro e seu Duplo*, Obras Completas,
NRF Gallimard, p. 118.

A Crueldade: sem um elemento de crueldade à base de todo espetáculo, o teatro não é possível. No estado de degenerescência em que estamos, é pela pele que se fará penetrar a metafísica nos espíritos.

A. Artaud, *idem, ibidem*.

Sumário

INTRODUÇÃO XIII

1. A DESTRUIÇÃO DA GRAMÁTICA E A RECUPERAÇÃO DA MUSICALIDADE DO PRÉ-VERBAL 1

   1.1. O Pré-Verbal como Pensamento 1
   1.2. O Enraizamento da Linguagem na Vida............ 12
   1.3. Da Literatura como Dissimulação à Lucidez......... 21
   1.4. A Linguagem da Sensibilidade Anterior à Linguagem Conceitual.. 33
   1.5. O Artifício Cinematográfico 42

2. A RECUSA DO DUPLO OPRESSOR................. 51

   2.1. A "Ordem" da Loucura Feita Linguagem Existencial . 51
   2.2. A Crítica ao Niilismo Cristão – Nietzsche e Artaud ... 61
   2.3. A "Revolta" de Artaud e a Crítica ao Surrealismo.... 71

3. DEFINIÇÃO E INSERÇÃO HISTÓRICA DO TEATRO DA CRUELDADE................................... 79

   3.1. O Espaço Histórico do Teatro da Crueldade – Justificação de sua Existência 79
   3.2. O Rigor e a Fatalidade da Cena e sua Oposição ao Texto Literário 89

4. A EXISTÊNCIA RECUPERADA DE ARTAUD 99

   4.1. *A Linguagem "Espacial" Cênica e sua Magia*........ 99
   4.2. *Semelhanças e Diferenças entre os Teatros de Artaud e de Brecht* 104
   4.3. *A Revolução na e pela Cultura*.................... 109
   4.4. *O México enquanto Cena do Teatro da Crueldade* 123
   4.5. *A Linguagem Sensível do Teatro da Crueldade e a Noção de um "Atletismo Afetivo"*................. 134
   4.6. *A Alquimia e a União entre o Sensível e o Inteligível*. . 143
   4.7. *A Metáfora em Artaud e Nietzsche* 152
   4.8. *O Fenômeno do "Transe" Coletivo como Ritual* 167
   4.9. *O "Corpo sem Órgãos" de Artaud e a Figura de Heliogábalo enquanto Anarquista*....................... 173

ARTAUD, UM ANARQUISTA?......................... 187
BIBLIOGRAFIA 197

Introdução

Inicialmente, é necessário considerar-se o tema: "A procura da lucidez" no contexto do pensamento de Artaud. Pode-se dizer que há um duplo movimento, simultâneo; por um lado, a destruição de uma certa concepção do teatro ocidental, ligada à representação, e, por outro lado, reconstrução do teatro como "Teatro da Crueldade" que se apresenta estreitamente ligado à recuperação da "lucidez". Todavia, é preciso eliminar dois erros inversos e cúmplices que são tanto a redução do texto de Artaud ao teatro quanto a visão abstrata que corta Artaud de toda referência teatral. Pode-se afirmar que a teatralização de Artaud encontra seu ponto de máxima intensidade na língua; não podemos falar simplesmente do Teatro da Crueldade sem nos referirmos à destruição da ordem *Simbólica** "em direção da emergência de um novo "corpo" e de um novo "sujeito", que irão revolucionar todo o espaço físico onde vivemos. E este processo revolucionário pode ser considerado como um processo dialético, na medida em que a prática contraditória de Artaud passa, historicamente, do teatro à linguagem, e que esta linguagem mesma foi teatralizada, isto é, transformada qualitativamente, revelando, por si mesma, o "volume" de suas possibilidades vocais, a irrupção pulsional do corpo. E quando isto ocorrer a linguagem física e corporal pede uma outra prática teatral. Neste sentido há um salto dialético

---

* Somente os grifos que aparecem nas citações pertencem aos autores citados; os demais são nossos.

entre a destruição da linguagem e a construção do Teatro da Crueldade, quando se toma o termo dialética na acepção hegeliana onde o "momento dialético" é a passagem de um termo para o interior de seu outro, sua antítese, e o impulso que provoca no Espírito a necessidade de ultrapassar esta contradição, numa síntese superior à afirmação da tese inicial[1]. O teatro aparece como uma exigência de Artaud, ele mesmo "homem-teatro", pois, segundo ele, desde o início é necessário identificar a Arte com a Vida e sua Vida torna-se uma linguagem do *Corpo* ou do *Sujeito-Ator*.

Procuremos uma genealogia do processo de Pensamento de Artaud, pois é seu Pensamento que está em questão desde o início. Duas perguntas se colocam, em estreita relação: o que é o Pensamento para Artaud? Qual é seu papel em relação ao Teatro da Crueldade?

---

1. Hegel, *Fenomenologia del Espiritu*, trad. de Wenceslao Roces e Ricardo Guerra, México, Fondo de Cultura Económico, 1966 – Introdução; Gérard Lebrun, cap. VI: "La négation de la négation", *La patience du Concept*, NRF Gallimard, 1972; K. Marx, *Fondements de la Critique de l'Économie politique*, 1857-1858, trad. Roger Dangeville, Paris, Anthropos, 1972 – Introdução de 1857; K. Marx, *La Ideologia Alemana*, México, Ediciones de Cultura Popular, 1977.

1. A Destruição da Gramática e a Recuperação da Musicalidade do Pré-Verbal

1.1. O PRÉ-VERBAL COMO PENSAMENTO

Artaud opõe a questão do pensamento ilimitado à sua redução mecânica pela ciência. Ao contrário de uma concepção teórica que vise o Pensamento como um "objeto" a ser estudado, Artaud propõe o Pensamento como *Corpo*, e substitui o Pensamento estratificado em conceitos pela palavra *Vida*.

A Vida é o lugar em que a linguagem se enraíza. E para Artaud este lugar está marcado por uma opressão, que se apresenta como um duplo (*double*) obrigando Artaud a "açoitar" seu ser inato a fim de tornar-se ele mesmo. Esta tensão congênita aparece nitidamente na fragmentação da língua nos poemas de Artaud para significar o *Grito* da Vida em oposição à noção de obra enquanto uma totalidade exterior e opressiva em relação àquele que o gerou: "Onde outros propõem obras eu não pretendo outra coisa a não ser demonstrar meu espírito... Não concebo obra enquanto destacada da vida... cada uma das florações geladas de minha alma inteira baba sobre mim" (A. Artaud, *Oeuvres Complètes*, Gallimard, tomo I, p. 61)*. Em todos os escritos de Artaud reencontra-se seu espírito[1]. Tudo gira em torno

---

* Usaremos a abreviação A. A. para designar o autor Antonin Artaud nas notas de rodapé.

1. A tradição filosófica, herdeira de Platão, sempre opôs Espírito e Matéria ou/e Carne como oposição entre o Uno e o Múltiplo, o Imutável e o Móvel, o Eterno e o

de seu "ego que virá" (devir). E esta idéia aparece marcadamente, por exemplo, na interpretação do quadro de André Masson (denominado *Homem*), quando Artaud alude à figura da Montanha como uma metáfora de sua "alma que virá": "O acesso à montanha é proibido. A montanha tem bem seu lugar na alma. Ela é o horizonte de algo que recua incessantemente. Ela dá a sensação do horizonte interno"[2].

Através deste "ego que virá", Artaud procura reencontrar sua vida, pois está perdido. Nesta medida, faz uma aproximação entre ele próprio e a personagem de teatro Paolo Uccello, que também perdeu todas as rotas de sua alma até a forma e a usurpação de sua realidade: "[...] É nele (Antonin Artaud) que Ucello se pensa, mas quando ele se pensa não está verdadeiramente mais nele"[3]. Paolo Uccello exprime o espírito, não o espírito puro, mas, principalmente, "desligado". Este desligamento aparece, para Artaud, como uma espécie de *ruptura* interior da correspondência de todos os nervos, como se Artaud tivesse perdido a consciência "clara e distinta", no sentido cartesiano. Todavia, ainda resta uma lucidez que se apresenta como a única importante: aquela ditada pelo "sentimento de sua vida física". Mas, para recuperar esta *lucidez* no nível de sua vida física, Artaud faz, inicialmente, uma distinção entre dois tipos de não-lucidez. De um lado, a consciência pode chegar até à perda de sua individualidade; a consciência permanece intacta, mas não se reconhece mais como se pertencendo. De um outro lado, há perturbações menos graves, mas muito mais dolorosas e mais importantes para a pessoa que as sofre, porque são mais prejudiciais para a vitalidade; agora a consciência se apropria de toda uma série de fenômenos de deslocamento ou de dissolução de suas forças no meio dos quais sua materialidade se destrói. Este último caso é mais angustiante do que o primeiro, na medida em que há conservação de uma parcela da consciência que assiste à descorporificação do Pensamento. É a "angústia"[4] de Artaud diante da perda de seu Pensamento.

Corruptível, o Ativo e o Passivo, enfim, oposições que não escondem a superioridade hierárquica do princípio espiritual face ao seu oposto material. A tradição cristã recolherá essa oposição e fará dela o eixo central da teologia e da moral. A metafísica fará do espírito o sujeito produtor de representações, oposto à natureza e às coisas, tomadas como objetos. Todavia, para Artaud, a palavra *espírito* significa seu Pensamento enquanto ele mesmo se liga à idéia de uma unidade e de uma identidade consigo mesmo, por oposição a todos os obstáculos (*envoûtements*) que o impedem de ser ele próprio. Recuperar o espírito, para Artaud, significa *tomar consciência de si*.

2. A. A., *idem*, t. I, p. 78.
3. A. A., t. I, p. 69.
4. A palavra *angústia* é empregada no sentido de um conjunto de fenômenos afetivos dominados por uma sensação interna de opressão que acompanha o temor de um sofrimento grave e iminente, contra o qual sentimo-nos impotentes para nos defendermos. No sentido psicanalítico, a angústia é uma "neurose", característica dos estados

A DESTRUIÇÃO DA GRAMÁTICA E A RECUPERAÇÃO... 3

Referindo-se ao Pensamento, Artaud nos diz:

[...] Eu não chamo ter o pensamento, eu, ver precisamente e eu direi mesmo pensar precisamente, ter o pensamento, para mim, é *manter* seu pensamento, estar em estado de se manifestá-lo a si mesmo e que ele possa responder a todas as circunstâncias do sentimento e da vida. Mas principalmente *responder-se a si*[5].

Neste sentido, a angústia de Artaud é a de um pensamento que quer se atingir porque ele se *supõe*, e todavia não se sente mais.

A finalidade de Artaud é atingir a Vida em estado bruto, isto é, num estado anterior à palavra e fundado sobre a distinção entre o pensamento conceitual e o pensamento que se quer idêntico à Vida:

Pensar... é sentir sempre seu pensamento igual a seu pensamento... Mas meu pensamento para mim, ao mesmo tempo que ele peca por fraqueza, peca também por quantidade. Eu penso sempre numa taxa inferior[6].

Este sofrimento, esta dor íntima farão com que Artaud veja nos estupefacientes um meio de ajudá-lo a recuperar sua lucidez perdida, num estado *pré-verbal*, onde pensa em segmentos, fixando-se sobre os estados arbitrários das coisas. Se o pensamento não está em comunicação ininterrupta com as coisas, estes abortos (*avortements*) da alma apresentam-se como a condição da criação:

[...] esta espécie de colocação em monumentos da alma se produz por assim dizer *antes do pensamento*. É evidentemente a boa condição para criar[7].

Nós nos situamos no que Artaud denomina de "comunicação revirada"[8].

melancólicos, apresentada à consciência como um pavor vago, isto é, um pavor ou uma dor imprecisa, porque não tem objeto. A ação pára e o indivíduo mergulha na *fobia*, que é um estado neurótico, também, no qual o homem tenta sucessivamente todas as saídas, mas, por estar bloqueado, não acha nenhuma. A angústia completa conduz à idéia da morte e às tentativas de suicídio. O suicida funda-se num paradoxo ou numa ambigüidade, como todas as neuroses se fundam num estado de ambivalência: há necessidade urgente da ação, ao mesmo tempo que há um caráter "defeituoso" da ansiedade constituída como uma pesquisa indefinida e cansativa deste pavor em relação a toda ação que se propõe. A angústia é, sempre, provocada por um recuo diante da ação. (Cf. Sigmund Freud, "Introduction à la Psychanalyse", IIIème partie, *Theorie générale des Névroses*, Petite Bibliothèque Payot, 1974.)

Para Artaud, a angústia exprime uma inquietação metafísica e moral diante da perda de seu pensamento ou diante da falta de posse de si próprio.

5. A. A., t. I, p. 82.
6. A. A., t. I, p. 83.
7. A. A., t. I, p. 102.
8. Pode-se dizer, em termos da lingüística, que a "comunicação revirada" (*communication retournée*) implica os termos seguintes: o sujeito-emissor – a mensagem (que pressupõe um código) e o receptor que se confunde com o próprio sujeito-emissor.

Em lugar das relações "causalistas" do pensamento com a realidade ordinária, a via da "surrealidade", isto é, de sua pesquisa imaginária, permite encontros mais sutis e mais fluidos das imagens no pensamento. O espírito de Artaud torna-se uma "virtualidade", pois se constitui como uma abertura. Mais do que uma dor física, a verdadeira dor é a de sentir seu pensamento se deslocar e não mais tocar a Vida e por isso sua única preocupação é de se refazer a fim de retomar sua lucidez: "Este nó da vida onde a emissão do pensamento se agarra..."[9] Assim Artaud se debruça durante horas sobe a impressão de uma idéia, de um som, e quebra a noção de um pensamento que se desenvolveria numa temporalidade linear. As leis de seu pensamento têm como único juiz "a idealidade absoluta do espírito"[10]. Todavia, esta idealidade absoluta do espírito não deve ser concebida como sinônimo de arbitrário, nem como sinônimo de narcisismo, mas, antes, como uma pesquisa da Vida. Portanto, Artaud pode dizer: "Eu tenho o culto não do ego mas da carne, no sentido sensível da palavra carne ...Nada me toca, apenas me interessa isto que se endereça *diretamente* à minha carne"[11]. Contra toda transcendência, Artaud volta-se para sua carne, o que lhe permite afastar todo juízo exterior.

O termo Carne se identifica com a Vida. É necessário que Artaud retome sua Vida como "fogo" que irá gerá-lo em oposição à "neve" que deve escoar "sob seus dentes". Ao dizer "eu tenho ausência de meteoros, ausência de sopros em chamas"[12], Artaud tonarse um "processo" ou uma operação a se fazer.

Este acontecimento torna-se possível porque "pensar" pode ser empreendido através de uma "reformulação desde a raiz". É necessário destruírem-se os preconceitos (*préjugés*) ou as deformações do pensamento; quer dizer, os hábitos mentais enquanto vícios que contaminam o julgamento do homem. Artaud critica os educadores que se apresentam como maus conselheiros, seja inconscientemente, seja por um hábito ancestral[13]. Os pré-juízos, para Artaud, são semelhan-

9. A. A., t. I, p. 135.
10. A. A., t. I, p. 136.
11. A. A., t. I, p. 139.
12. A. A., t. I, p. 176.
13. Artaud insere-se na linhagem da "crítica dos preconceitos" e, no entanto, sua crítica é diversa daquela praticada, por exemplo, por Descartes ou Rousseau. Descartes se utiliza da dúvida metódica e radical para eliminar os preconceitos e as deformações espirituais sofridas através da tradição e do ensino. No entanto, enquanto Descartes chega às "idéias claras e distintas" como os últimos dados que lhe proporcionam um conhecimento seguro e preciso, Artaud não cessará jamais de colocar em questão a tradição tanto quanto todo ponto fixo que represente uma parada do pensamento.

Para Rousseau, a destruição dos "pré-juízos" aparece ligada à educação de *Emílio*. O princípio dominante desta pedagogia é o de que "uma criança não é um

tes às "toxinas" de nossa atividade mental e se constituem como vícios e deformações de natureza e de forma. Aos pré-juízos que paralisam o pensamento, Artaud opõe uma "estética" do pensamento que seja um longo combate em processo contínuo. *Pensar* constitui-se numa pesquisa de si mesmo, sem se confundir com o ego psicológico ou pessoal. Um exemplo notável dessa busca encarna-se na personagem Paul les Oiseaux (Paulo os Pássaros) apresentado por Paolo Uccello. "Paul les Oiseaux", que é o outro (e mesmo) nome de Paolo Uccello (sujeito existente), quer-se ver, mas, ao mesmo tempo, ignora que é ele mesmo quem se vê como se Oiseaux e Uccello fossem dois, um vidente e um visível, um visto que se ignora como vidente, malgrado a identidade de seus nomes mascarada pela diferença dos idiomas. Esta visão de si mesmo se estende e, por se ignorar, se essencializa diante dele, como uma paisagem sintetizada. Paolo Uccello se faz Paul les Oiseaux, pois este é seu mito e após este processo Paolo Uccello é o nome histórico, real, pelo qual ouve ser chamado por nós. Há um duplo movimento complementar: Paul les Oiseaux constrói sua história e pouco a pouco destaca-se de si mesmo. É, diz Artaud, um "poema mental". Paolo Uccello constrói uma realidade ilusória, apoiada sobre a consciência deste desligamento. Paul les Oiseaux é tal como Uccello o fabricou, e, no entanto, é ele quem se fabrica, como uma personagem de teatro que teria o poder de se considerar a si mesma e de ser ora simples criação do espírito, ora inventor dessa criatura.

Artaud necessita fixar-se sobre esse sujeito a fim de ir ao fundo de si mesmo para aí contemplar-se, tanto quanto seu sujeito e falar por sua "boca". Uma nova senda do pensamento se abre através da "viagem" de Artaud para recuperar sua Existência[14]. E esta Existên-

---

adulto e não deve ser tratada como tal pelos adultos" (cf. Rousseau, *Emílio ou da Educação*, Paris, Garnier-Flammarion, 1966). De idade em idade, a criança passa por estágios sucessivos de desenvolvimento, e a educação ideal deve ser, sobretudo, negativa; isto é, não somente frear a aquisição de conhecimentos, bem como retardar o desenvolvimento das paixões, ou seja, educar a criança o mais livre possível destes prejuízos, que, em última instância, são sociais. É a Natureza que dita ao educador o que deve ser feito. As relações sociais devem ser retardadas ao máximo, a fim de se evitar a corrupção. O contato entre a criança e a sociedade deve ser feito somente quando Emílio for o árbitro e souber discernir.

Para Artaud, os prejuízos sociais são vistos como "feitiços". Frente aos mesmos é preciso deixar o "corpo sem órgãos" de Artaud falar sua linguagem rigorosa, porque lúcida. Neste sentido, a capacidade de discernir de Emílio é semelhante à busca da recuperação da lucidez, em Artaud, embora a noção de recuperação do "corpo sem órgãos" só apareça em Artaud.

14. A Existência, no sentido tradicional, opõe-se à Essência, como o fato de ser à Natureza do Ser. Para Artaud a Existência está estreitamente ligada à recuperação de si mesmo e de seu pensamento, isto é, a Existência apresenta-se como uma realidade

cia, neste nível, não se opõe à morte (suicídio), pois este significa uma *reconstrução* mais do que uma destruição. Isto significa que Artaud quer-se reconquistar violentamente através do suicídio que não se apresenta ligado à passividade, mas, pelo contrário, a uma forma de manifestar a vontade:

> [...] Pelo suicídio, eu reintroduzo meu desenho na natureza, eu dou pela primeira vez às coisas a forma de minha vontade... Eu escolho então meu pensamento e a direção de minhas forças, de minhas tendências, de minha realidade...[15]
> Eu me faço suspenso,... neutro...[16]

Esta *suspensão*, esta falta de inclinação ou esta neutralidade que situa Artaud *entre* o belo e o feio, o bom e o mau, é uma característica da Vida, que não possui uma solução acabada, pois não tem nenhuma espécie de existência escolhida nem de existência determinada.

A Vida, segundo Artaud, apresenta uma série de apetites e de forças adversas, de pequenas contradições que terminam segundo as circunstâncias de um acaso que Artaud compreende como "odioso". Portanto, o suicídio está para a vontade assim como a Vida mesma está para o acaso. Mas, apesar disso, antes de chegar ao suicídio, é necessário que Artaud espere o retorno de seu ego, isto é, "o livre jogo de todas as articulações de meu (seu) ser"[17]. Compreende-se que o suicídio, enquanto tal, deve ser precedido do desejo de suicídio ou da *vontade* de suicídio.

Em relação ao verdadeiro papel do suicídio, Artaud descarta uma resposta moralista, ignorando, previamente, a questão de saber se o suicídio é uma solução. É, principalmente, uma hipótese que deve ser questionada como toda a realidade não sendo em si mesma nem boa nem má. O suicídio de um neurastênico, por exemplo, não vale nada; e, ao contrário, quando o suicídio se apresenta como um *produto* pré-determinado e planejado, então torna-se válido. Assim também Artaud diz que já "está" suicidado de longa data, na medida em que sofre terrivelmente em vida pela falta de Vida: "Suicidaram-me"[18] e como este suicídio é involuntário, não é válido. Todavia, há

---

viva ou realidade "vivida", por oposição às abstrações e às teorias. A Existência significa o que é *irredutível*, isto é, inclassificável ou impossível de ser reduzido a um sistema. O Existente é definido como incessantemente em devir contínuo e apaixonado.

15. A. A., t. I, p. 312.
16. A. A., t. I, p. 313.
17. A. A., t. I, p. 314.
18. A. A., t. I, p. 318. A mesma noção de suicídio aparece em Van Gogh. Segundo Artaud, Van Gogh não se suicidou como conseqüência de um estado de delírio próprio, mas porque a consciência geral da sociedade em que vivia punia-o por pensar e viver à margem dela sem respeito pelas regras convencionalmente vigentes e estabelecidas como "verdadeiras". Van Gogh foi "suicidado" por essa sociedade que não

um tipo de suicídio que Artaud aceita: é o "*suicídio anterior...* que nos faria inverter o caminho... do outro lado da existência, e não do lado da morte... eu não sinto o apetite da morte, eu sinto o apetite *de não ser...*"[19] O suicídio aparece válido somente na medida em que se apresente como um movimento de recusa da não-vida[20], isto é, como uma recusa da fixação do ser, em suma, de sua petrificação. Portanto, o suicídio apresenta-se essencialmente como um valor de *combate* contra a não-lucidez. O apelo indefinido de Artaud aparece uma vez mais: Eu peço apenas uma coisa, é que me encerrem definitivamente em meu pensamento[21]. O problema do suicídio não existe por si mesmo, mas depende estreitamente da lucidez. Se Artaud se crê, já, um suicidado, na medida em que abdica de cada um

permitiu que um de seus membros, ao se "produzir" na pintura, escapasse à ordem e ao conformismo exigidos. Van Gogh não se suicidou em decorrência de loucura, esta nada mais é do que um álibi usado para justificar a medicina psiquiátrica que visa assegurar a ordem social reinante. A rebeldia do gênio de Van Gogh é punida pela segurança social, através da psiquiatria. Assim, Artaud mostra que: "A medicina nasceu do mal, caso ela não tenha nascido da doença... a psiquiatria nasceu da turba popularesca... para pilhar em sua base o impulso de rebelião reivindicadora que está na origem do gênio. Há em todo demente um gênio incompreendido cuja idéia que luzia em sua cabeça provocou medo, e que pôde encontrar apenas no delírio uma saída para os estrangulamentos que a vida lhe havia preparado... Van Gogh era uma terrível sensibilidade" (A. A., t. XIII, pp. 31-33). O suicídio de Van Gogh manifesta a atitude de alguém dotado de uma lucidez excessiva face à repressão e mediocridade sociais, rigidamente padronizadas, e que, em virtude dessa mesma lucidez, superior aos modelos sociais impostos, tiveram de ser eliminados. Por esta via Artaud se identifica com Van Gogh: "... pois não somos todos, como o próprio Van Gogh, suicidados pela sociedade!" (A. A., t. XIII, p. 50.) Pinturas de Apocalipse, de cenas da natureza somente comparáveis ao espírito das antigas tragédias gregas e ao Teatro da Crueldade, com paisagens figurando convulsões fortes como um corpo agitado pela febre ou pela peste, a fim de conduzi-lo à saúde, as telas de Van Gogh exprimem uma *guerra perpétua*, onde a paz é, somente, uma passagem: "É a saúde entre duas retomadas da febre quente que vai passar... Um dia a pintura de Van Gogh armada de febre e de boa saúde, voltará para jogar no ar a poeira de um mundo engaiolado que seu coração não podia mais suportar..." (A. A., t. XIII, p. 54.)

"O olhar de Van Gogh é de um grande gênio... Não, Sócrates não tinha este olhar, somente talvez antes dele o infeliz Nietzsche teve este olhar a desnudar a alma, a liberar o corpo da alma, a colocar a nu o corpo do homem, fora dos subterfúgios do espírito" (A. A., *idem*, p. 59). E esse tema da recuperação do corpo será central para Artaud na cena do Teatro da Crueldade, pois a sociedade é um "vampiro" que se ligou fibra por fibra, nervo por nervo a seu objeto, que é a exploração indefinida do corpo humano.

19. A. A., t. I, p. 318.
20. A. A., t. I, p. 327.
21. Para Artaud, portanto, Pensamento é Vida, Vida é lucidez, lucidez pede suicídio, suicídio é contra a não-vida. A Vida é lucidez, é pensamento. A passagem pela *negação* (estar morto é não-vida e não-mobilidade) é ser Deus e não ser Artaud. Foram estas passagens que designamos por um "salto dialético".

de seus pensamentos, não é menos verdadeiro que renuncia a morrer, pois o desligamento de seu espírito em relação às coisas toma uma tonalidade de aventura que não lhe interessa. Como já observamos, o único suicídio válido, o "suicídio anterior", é que tem o poder de destruir "a inconsciência" dos termos: pensar, sentir e viver, como anteriormente era necessário açoitar o duplo opressor de Artaud. Mas, na medida em que o suicídio não é suscetível de tocar os três termos... Deus, Não-vida e Imobilidade ele não é uma solução, pois permanece desenraizado em relação à chave do problema, que é a *lucidez*.

Para chegar a esta lucidez visada é preciso que o espírito de Artaud se torne uma "virtualidade obrigada", através de "golpes do pensamento". É assim que, através de "síncopes", o pensamento de Artaud torna-se *ritmo*, ultrapassando o simbólico em direção ao semiótico.

A fim de compreendermos a significação destes dois termos acima, retomemos a definição de Julia Kristeva[22], o *simbólico* "compreende isto que, na linguagem, é da ordem do signo, quer dizer ao mesmo tempo da nominação, da sintaxe, da significação e da denotação de um 'objeto' inicialmente, ou de uma 'verdade' científica em seguida"[23]; o *semiótico* é

uma modalidade de significância, cronologicamente anterior e sincronicamente transversal ao signo, à sintaxe, à denotação e à significação [...] é [...] um ritmo não expressivo. Se podemos imaginá-lo no grito, nas vocálises ou nos gestos da criança, o semiótico funciona com efeito no discurso adulto como ritmo, prosódia, jogo de palavras, não-sentido do sentido, riso [...][24].

Examinemos mais de perto como esta passagem do simbólico para o semiótico ocorre nos textos de Artaud.

Inicialmente, o que é marcante na linguagem de Artaud é que ele escreve verbalmente e não gramaticalmente. E seu verbo permite a penetração na carne *turva* (segundo Artaud, é o mesmo que *Tavaturi* em grego e que significa: ruído). O verbo é um "feto" de linguagem, situado aquém da linguagem escrita. Artaud procura o pensamento sob a gramática, que pertence à ordem do *simbólico*. Portanto, sua primeira mensagem é endereçada ao público ouvinte e não-leitor: "É para os analfabetos que escrevo"[25] [...] "As palavras são um limão que não se esclarece do lado do ser mas do lado de

---

22. Cf. Julia Kristeva, "Sujet dans le language et Pratique Politique", *Psychanalyse et politique*, Paris, Seuil, 1974.
23. *Idem, ibidem.*
24. *Idem, ibidem.*
25. A. A., t. I, p. 13.

sua agonia"[26]. À ontologia do Uno, Artaud opõe a "multiplicação" de seu corpo que irá figurar numa linguagem acolhedora do *heterogêneo*.

Artaud possui o espírito doente. Em primeiro lugar, porque o pensamento, mesmo o mais simples, o abandona; em segundo lugar, porque esta perda do pensamento estende-se até o fato exterior de sua materialização nas palavras. Essa inadequação entre o pensamento e as palavras conduz a um caminho que irá revolucionar toda a linguagem. Doravante, o pensamento de Artaud se manifestará por "síncopes" e por "irrupções" a fim de apreender uma "forma" (no sentido de uma *formação* e não de uma organização estática), mesmo que imperfeita. Artaud se situa "aquém das palavras", para não morrer totalmente. É a partir deste campo que seus poemas nascem, como uma incerteza de seu pensamento, mas que se apresenta como a única forma de existir. São faíscas ganhas contra o nada completo e como únicas manifestações de sua existência espiritual.

Contrariamente ao ponto de vista de Jacques Rivière, a quem Artaud envia seus poemas, as "obscuridades" e as "fraquezas" não deverão ser aperfeiçoadas ou ultrapassadas com o tempo, pois estas "obscuridades" e estas "fraquezas" são a Existência do próprio Artaud, enquanto Existência *abortada*. "Pensais vós que se possa reconhecer menos autenticidade literária e poder de ação a um poema defeituoso mas sem grande propagação interior?"[27]

[...] Eu admito que uma revista como a *Nouvelle Revue Française* exija um certo nível formal... mas isto tirado, a substância de meu pensamento é ela... tornada tão pouco ativa pelas impurezas e as indecisões que a salpicam, que ela não consiga existir *literariamente*? É todo o problema de meu pensamento que está em jogo. Não se trata para mim de nada menos do que saber se tenho ou não o direito de continuar a pensar, em verso ou em prosa[28].

Os poemas manifestam a Existência abortada de Artaud, mais do que uma pesquisa literária. Segundo Rivière, os poemas não têm unidade e, se manifestam o pensamento de Artaud, do ponto de vista literário situam-se do lado da *imaturidade*, em virtude de sua incoerência e de sua desarmonia. Ou seja, na perspectiva de Rivière, os poemas de Artaud não têm valor literário.

A estas objeções, porém, Artaud responde uma vez mais que não tem a pretensão de se justificar perante o olhar de um outro, mas de chamar a atenção sobre o valor real, inicial, de seu pensamento, assim como sobre o valor de suas produções. Artaud nos diz:

26. A. A., t. I, p. 14.
27. A. A., t. I, p. 31.
28. A. A., t. I, p. 32.

[...] estes vícios de formas, [...] é necessário atribuí-los não a uma falta de exercício, de posse do instrumento que eu manejava, de *desenvolvimento intelectual*, mas a um desmoronamento central da alma do pensamento...²⁹

Há portanto algo que destrói meu pensamento... que me deixa... em suspenso. Algo de furtivo que me rouba as palavras que encontrei... Eu desejaria dizer somente o suficiente para ser enfim compreendido e acreditado por vós³⁰.

Artaud roga a Rivière que aceite a realidade de seus poemas com suas "fraquezas", pois se forem aceitos enquanto tais serão também aceitos enquanto poemas literários.

Para Artaud a literatura não é mais concebida segundo um modelo fixo, estabelecido de uma vez por todas, mas torna-se um *signo*, um modo de *significar* que não pode ser julgado por sua forma exterior. O único critério é o próprio espírito de Artaud, porque a literatura é uma *produção* do seu espírito. No entanto, isto não implica que Artaud aceite um julgamento arbitrário, fundado sobre o gosto pessoal. Pelo contrário, exige um julgamento rigoroso. Mas esse rigor não deve ser confundido com a submissão aos princípios ou às regras fixas pré-estabelecidas que funcionam como pré-juízos. Pede um julgamento que considere seus poemas com *lucidez* de espírito e de coração. Reivindica o direito de *falar* e de deixar falar seu pensamento.

Sua linguagem, fundada em valores contraditórios, manifesta uma ordem mais secreta e profunda, que a linguagem discursivo-linear não capta. Seus poemas provêm de um pensamento que, experimentalmente, se pesquisa, sendo, ao mesmo tempo, produto inseparável e elemento constitutivo de uma vida que se procura através de uma linguagem, às vezes incompreensível para os gramáticos, mas onde a verdadeira Existência do poeta se enraíza, sem dicotomia, no instante mesmo em que nela se inscreve:

> Eu tenho sido perseguido por esta arlequinada sinistra de um poço com andares de textos um sobre o outro superpostos e que figuram apenas sobre um único plano, como a grade de um quadrilátero secreto, onde o sim e o não, o negro e o branco, o verdadeiro e o falso ainda que contraditórios em si mesmos fundiram no estilo de um homem, deste pobre senhor Antonin Artaud³¹.

Quando Rivière estabelece uma diferença entre a precisão do diagnóstico de Artaud sobre si mesmo e a imprecisão de suas realizações, tem ainda, como princípio, a noção de literatura como forma terminada e coerente. Segundo Rivière, a "destruição" do pensamento de Artaud em sua "substância", assim como sua "erosão"

---

29. A. A., t. I, p. 35.
30. A. A., t. I, p. 36.
31. A. A., t. XII, p. 231.

mental enraízam-se sobre a liberdade absoluta de seu pensamento: "O único remédio para a loucura é a inocência dos fatos"[32]. O que significa dizer que esta liberdade absoluta do pensamento, que não sofre nenhuma limitação da experiência, mergulha Artaud na loucura. Ora, para Rivière, esta loucura não pode ser aceita como literária, pois a *criação* é definida como relativa: "encontrar-se-á a segurança, a constância, a força, somente ancorando o espírito em alguma coisa"[33]. É a mesma crítica endereçada por Rivière aos surrealistas, pois, "o universal possível desemboca em impossibilidades concretas". O pensamento criativo, segundo Rivière, é concebido como

[...] o resultado de um compromisso entre uma corrente de inteligência que emana dele, e uma ignorância que lhe advém, uma surpresa, um impedimento... Mas onde o objeto, onde o obstáculo falham totalmente, o espírito continua, inflexível e débil, e tudo se desagrega numa imensa contingência[34].

Ou seja, para Rivière, a loucura de Artaud está ligada ao contingente e ao arbitrário em decorrência do caráter absoluto da liberdade de seu pensamento. Segue-se que a palavra de Artaud interdiz toda comunicação possível e termina por cortar sua relação com o outro. Em suma, a literatura, no caso de Artaud, não é possível, segundo Rivière.

Porém, o que não se deve esquecer é que, para Artaud, o aspecto literário não foi bem concebido por Rivière. É Artaud quem diz:

[...] por que procurar colocar sobre o plano literário algo que é o grito mesmo da vida, por que dar aparências de ficção a isto que é feito da substância não-desenraizável da alma, que é como a queixa da realidade?[35]

Nesta medida, a literatura representa, para Artaud, uma forma de *se* possuir através de "clarões" ou de "fragmentos". Esta escrita "fragmentada" é a própria Existência de Artaud. E esta fragmentação da escrita provém do fato de que há uma desarmonia entre o pensamento e o objeto, como nos escritos surrealistas. Mas, diferentemente do surrealismo, Artaud declara:

Não resta menos que eles não sofrem e que eu sofro, não somente no espírito, mas na carne... posso dizer, eu, verdadeiramente, que não estou no mundo e isto não é uma simples atitude de espírito[36].

32. A. A., t. I, p. 44.
33. A. A., t. I, p. 44.
34. A. A., t. I, p. 45.
35. A. A., t. I, p. 49.
36. A. A., t. I, pp. 50-51.

Deste ponto de vista, Artaud ratifica sua concepção em relação à literatura como uma prática ligada à sua alma, e graças a esta ligação a literatura pode, apenas, mostrar sua "inexistência" e seu "desenraizamento". Assim, os poemas não carecem ser aperfeiçoados, pois não tocam, apenas, numa fase transitória, mas relacionam-se à Vida do próprio Artaud. A literatura não é considerada como criação de um espírito puro, mas, principalmente, como criação vinculada à sua Carne: "Uma doença que afeta a alma em sua realidade a mais profunda, e que infecta as manifestações"[37]. É necessário descartar todo critério que julga "literariamente", isto é, segundo preceitos exteriores ao escritor:

> Não é preciso apressar-se demasidamente em julgar os homens, é necessário lhes dar crédito até no absurdo, até na mentira... eu não peço nada mais do que sentir meu cérebro[38].

Todavia, mesmo aceitando essa alma que está "fisiologicamente atingida", Rivière propõe uma questão: "Como distinguir nossos mecanismos intelectuais ou morais, se não estamos deles privados temporariamente?"[39] Rivière ainda considera a doença de Artaud, enquanto temporária, como contingente, mais do que como uma realidade existencial, na qual se encontra implicada a de Artaud.

Toda a crítica de Rivière a Artaud funda-se num outro "espaço" que não o de Artaud. Este deseja muito menos comunicar seu pensamento, e muito mais, antes de tudo, *tornar-se* si mesmo. Artaud quer *se produzir* pela linguagem, não pela linguagem das palavras que constituem a comunicação habitual, mas pela linguagem *corporal e rítmica*, que corresponde ao semiótico.

1.2. O ENRAIZAMENTO DA LINGUAGEM NA VIDA

O sofrimento e a "loucura" (como perda de si) são um modo de viver que não encontra suportes para afirmar-se como Existência senão através da criação literária que, por sua vez, é signo da In-Existência de Artaud e, ao mesmo tempo, a forma de Existência de Artaud. Este é um *vazio* à procura da existência, daí pedir a Rivière que não o leia *literariamente*, mas que acolha a Existência dos poemas, Existência inquestionável como ser. Quando Artaud diz ser necessário chicotear sua *innéitée*, o termo toma o sentido de i-nato, isto é, não-nato ou não-nascido; portanto é preciso chicotear o seu

---

37. A. A., t. I, p. 51.
38. A. A., t. I, p. 53.
39. A. A., t. I, p. 57.

não-nascer. Cada poema e cada palavra é um "parto" (criação e auto-engendramento). A palavra de Artaud torna-se o feto através de sua agonia pois nascer é morrer.

Nascer, para Artaud, significa reconhecer-se como *outro*, uma alteridade que está dentro dele mesmo e por isso não pode nascer (*en suspens*). O que Rivière não entende é que a "falha" não é formal, literária, nem gramatical; não é impaciência nem imaturidade. A falha é *vital*. Frente a essa declaração de Artaud, Rivière considera "espantosa" a lucidez do diagnóstico; recomenda que a liberdade tenha alvo, objeto, conteúdo e concreticidade, a fim de evitar o abismo do pensamento. Não compreende que Artaud quer que se reconheça nessa falha a possibilidade da poesia (liberdade) e não da literatura (o objeto ou alvo de que fala Rivière). Enquanto Rivière propõe coesão e harmonia, portanto, passagem à ficção, Artaud deseja o relato verídico da fragmentação e a possibilidade de uma unificação que não é dada pelo objeto (o poema) mas pela alma (força nervosa coagulada em torno de objetos). Ora, a unidade buscada é a do "corpo sem órgãos", unidade de concentração do disperso e não de funcionalidade das partes corporais, um corpo metafísico e não empírico, fisiológico, no sentido da *physis*. O pensamento e a alma estão fora um do outro – o poema seria a possibilidade da concentração desse disperso e a esperança nele depositada provém da aparente incapacidade do espírito de Artaud de possuir-se a si mesmo e de ser uma força vital. A poesia é o momento em que isto é possível. Daí querer o reconhecimento do poema existente e do presente[40].

A linguagem torna-se um *jogo* que tem como finalidade reencontrar a "comunicação" consigo mesmo, com seu pensamento:

> Eis aí, para mim, o que eu penso do pensamento: Certamente a inspiração existe... E há um ponto fosforescente onde toda a realidade se reencontra, mas mudada, metamorfoseada – e pelo quê?? – em ponto de uma utilização mágica das coisas[41].

A função da linguagem não é mais conceitual, porém mágica, pois Artaud deve recuperar para além do pensamento racional esse ponto "fosforescente" que torna a criação possível. Artaud pensa sobre "termos", isto é, verdadeiras terminações ou conclusões de

---

40. O tema do nascimento ligado à morte apresenta-se com movimento análogo à concepção do teatro para Artaud. Para que o "verdadeiro" Teatro (da Crueldade) nasça, é preciso que morra um certo tipo de teatro (ocidental) inautêntico. Portanto, como o poema, o Teatro da Crueldade é a possibilidade e a via de fazer nascer o que não nasceu ainda.

41. A. A., t. I, p. 112.

todos os estados que fazem seu pensamento sofrer; todavia, é necessário não esquecer que falta uma concordância das palavras com o instante de seus estados. É preciso que Artaud se situe *anteriormente* ao pensamento por palavras, como se existisse uma *mécanique pensante*[42] onde há orifícios e paradas que quebrarão um pensamento linear, isto é, um pensamento discursivo que "trabalha" por durações de pensamentos encadeados racionalmente. O pensamento é "um pensamento, um só, e um pensamento *como interioridade*"[43]. O espírito que se confunde com o pensamento é "reptilíneo" como as serpentes, porque rasteja até atentar contra as línguas, deixando-as em *suspenso*. Artaud sabe-o bem ao falar de um desarranjo estrondoso de sua língua em suas relações com seu pensamento.

Esse privilégio do pensamento interiorizado conduz Artaud ao menosprezo pela escrita: "Toda a escrita é porcaria... toda a classe literária é porca, e especialmente esta deste nosso tempo"[44]. Esta crítica de Artaud contra a "classe literária" está fundada sobre o princípio de uma linguagem que quer ultrapassar as palavras cujo sentido está situado num espaço onde o conceito é rei. Artaud vira as costas ao pensamento que classifica e que aceita as coisas ditas sem questionar, a fim de proclamar a abertura essencial do pensamento. Separando-se de todo mecanicismo estático e de todo conformismo, Artaud escreve: "nada de obras"[45], "nada de língua, nada de palavra, nada de espírito, nada. Nada, senão um belo Pesa-Nervos"[46]. A figura de um "belo pesa-nervos" representa o *inomeável*, o *não-classificável*, porque denuncia os intervalos de espírito que escapam ao pensamento discursivo. Artaud escreve a leitores capazes de se abrir a seus "jogos de alma", isto é, para leitores que são como "receptáculos", dotados de uma "virtude" denominada por Artaud de "caridade da alma". Esse mesmo pedido aparece num outro nível, não-literário, quando ele escreve sua segunda carta de amor:

Eu tenho necessidade, a meu lado, de uma mulher simples e equilibrada... não me é mesmo necessário que esta mulher seja muito bonita... nem principalmente que ela reflita demais. Basta-me que ela seja ligada a mim[47].

42. A. A., t. I, p. 118.
43. A. A., t. I, p. 119.
44. A. A., t. I, p. 129.
45. Esta destruição da obra ligada à destruição da gramática e da sintaxe da linguagem vai ecoar ora no nível artístico, ora no nível político. Esta questão será retomada na continuação deste trabalho.
46. A. A., t. I, p. 121.
47. A. A., t. I, pp. 126-127.

É o mesmo apelo, feito a Rivière e ao leitor dos poemas, para que o olhar do outro seja capaz de alcançar seu pensamento interior ou interioridade que constitui sua vida.

A realidade literária passa a ser *nós mesmos*: "Nós somos reais... Deveria haver tantas revistas quanto há *estados de espírito* válidos..."[48] Portanto, a publicação de um texto literário deveria estar em proporção direta ao que é pensado por alguém. É necessário descartar as revistas feitas de um amontoado caótico de opiniões porque estas são submetidas a uma forma exterior de composição adotada segundo as exigências das próprias revistas. Contra esse "imperialismo monádico" da direção e da submissão do escritor a um modelo exterior a seu pensamento, Artaud escreve: "Todas as revistas são escravas de uma *maneira de pensar*, e, por esse fato, elas desprezam o pensamento"[49]. Inicialmente, Artaud recusa o empirismo ingênuo de uma revista que seria apenas uma soma de opiniões fugazes e arbitrárias, sem nenhuma unidade; mas também recusa o outro extremo, isto é, a fixação numa única maneira de pensar, segundo um modelo exterior que despreza o pensamento. Artaud se situa entre estes dois pólos: entre o rigor dogmático e a necessidade do pensamento, e a multiplicidade ou as variaçõers possíveis do pensamento. Observa-se na exigência do poeta uma conjugação entre o acaso e a necessidade do pensamento, como o faz Nietzsche[50].

Em última instância, o único critério válido para julgar o poema é o próprio Artaud. Não possuímos mais a Verdade, única mas, doravante, estamos diante de pensamentos que querem dizer alguma coisa essencial. A literatura é justa quando se funda sobre a necessidade de *dizer* alguma coisa: "Esta revista portanto uma revista pessoal", escreve Artaud. Se o outro o interessa é enquanto seu pensamento concorda com seu estado de espírito ou enquanto o outro executa um papel semelhante ao de um psicanalista que ouve o paciente não para compreendê-lo, mas para que se compreenda falando. O outro, na qualidade de ouvinte mudo, não interfere na emergência da linguagem e é neste sentido que Artaud não se preocupa com a comunicação; seu espaço literário é, principalmente, o de um criador que institui novos valores, como o Super-homem de Nietzsche. Enquanto verdadeiro criador ataca os talentos "falsos", isto é, as pessoas dotadas de grande facilidade de assimilação, e que, na verdade, são incapazes de falar por si mesmas.

Artaud define o poeta:

---

48. A. A., t. I, p. 265.
49. A. A., t. I, p. 265.
50. As relações entre Artaud e Nietzsche serão estudadas durante o desenvolvimento deste trabalho.

Isto que constitui o poeta é, ao mesmo tempo, a novidade (mas uma novidade autêntica, densa, espontânea) e a substância da imagem, a escala do sentimento... – pois o sentimento tem certamente uma escala cujo grau marca a beleza[51].

O talento não pode ser concebido a não ser ligado rigorosamente à Vida (a substância da imagem) ou à lucidez (a escala do sentimento). Quando o virtuosismo ultrapassa o verdadeiro talento, tal é o exemplo citado por Artaud a propósito de Raymond Radiguet, cai-se no vazio. Ao contrário, Rimbaud aparece aos olhos de Artaud como um exemplo do verdadeiro talento, porque possui uma "certa paixão interior", uma "experiência" insubstituível. À erudição dos escritores, Artaud propõe a simplicidade madura dos verdadeiros poetas. Não se trata, para ele, de impor uma doutrina para ditar regras de escrita, mas afirmar que é a *densidade* interior e a *força* de um sentimento que contam. A grandiosidade pela grandiosidade não define a verdadeira força do escritor, pois esta supõe a pressão interna das coisas ou sua indiscutibilidade distanciando-se de uma concepção que toma a verdade como um dado exterior. Já observamos acima que doravante não há sentido em falar de *uma* verdade, porém, se Artaud descarta uma concepção clássica da verdade, todavia não aceita o arbitrário, mas exige rigor[52]. A literatura pela literatura enquanto tal não existe para Artaud:

> Pode-se fazer tudo no espírito, pode-se falar em todos os tons, *mesmo neste que não convém*. Não há tom por si literário, nem mais do que temas que não se possam empregar. Eu posso se desejo falar no tom da conversação ordinária... *Há apenas uma coisa que constitui a arte, a palpabilidade das intenções do homem.* É a consciência que faz a Verdade[53].

Por este texto, vê-se que Artaud confirma sua concepção segundo a qual não há nem tema nem tom especificamente literários. É impossível fixar a prática literária sobre um modelo pré-estabelecido, pois não existe uma linguagem exclusivamente literária nem um sistema moral de regras formais. Pode-se dizer, no máximo, que há uma ética que se funda sobre a "palpabilidade" das intenções do homem, pois a verdade de um texto é medida segundo a ordem da consciência.

Quanto ao papel da lingaguem, Artaud nos diz:

51. A. A., t. I, p. 277.
52. E é conversando com Blanchot que Georges Bataille pode dizer: "Blanchot lembra-me que finalidade, autoridade são exigências do pensamento discursivo; eu insisto, descrevendo *a experiência* sob a forma dada em último lugar, perguntando-lhe como ele crê ser isto possível sem autoridade nem nada. Ele me diz que a própria experiência é a autoridade. Ele acrescenta a propósito desta autoridade que ela deve ser expiada" (cf. Daniel Wilhelm, *La Voix narrative*, 10/18, 1974, p. 16, citando Georges Bataille).
53. A. A., t. I, p. 308.

A DESTRUIÇÃO DA GRAMÁTICA E A RECUPERAÇÃO...

[...] eis o único uso ao qual possa servir doravante a linguagem; um meio de loucura[54], de eliminação do pensamento, de ruptura, o dédalo das des-razões, e não um *Dicionário* onde tais pedantes dos arredores do Sena canalizam seus retraimentos espirituais[55].

Nem gramática nem dicionário, a linguagem rigorosa do poeta situa-se no campo de uma revolução da língua. Contra aqueles que julgam do ponto de vista "sério" da língua, Artaud propõe "a confusão de minha (sua) língua"[56].

[...] E todavia entre as falhas de um pensamento humano mal construído, ...brilha uma vontade de sentido... mas que os coprolálicos me entendam, os afásicos, e em geral todos os descrentes das palavras e do Verbo, os párias do Pensamento. Falo apenas para esses[57].

Este ato de falar aos coprolálicos e aos afásicos, aos párias do pensamento, àqueles aos quais o pensamento faz falta em relação à linguagem, assinala o desprezo de Artaud por sua língua materna. Porém esta negação é ultrapassada, imediatamente, por uma outra negação, chegando a um novo estado de linguagem, com um sentido novo que exige uma certa "vontade de crença". Ao sair do espaço *logocêntrico* da linguagem e penetrar num universo onde o não-senso torna-se um novo sentido, Artaud exige que a nova linguagem deva ser compreendida a partir de uma outra origem diversa daquela apontada pelo discurso causalista ou científico; estamos agora situados no domínio da arte, no domínio da expressão que Artaud explica ao escrever:

Da expressão, eu entendo não um certo ar de rir ou de chorar, mas a Verdade profunda da arte... O sujeito importa pouco e também o objeto. O que importa é a expressão, não a expressão do objeto mas de um certo ideal do artista, de uma certa soma de humanidade através das cores e dos traços[58].

Nem comunicativa (o sujeito não interessa) nem realista (o objeto não interessa), a arte é expressiva porque não é indicativa (de um certo ar de rir ou chorar). O que se exprime nela é o "ideal do artista", entendido não como este ou aquele indivíduo, mas como "uma certa soma de humanidade", como "palpabilidade das inten-

---

54. Esta noção de "loucura" é fundamental para compreendermos o papel da linguagem corporal no Teatro da Crueldade. A "loucura" representa "des-recalque" (*défoulement*) ou o proibido e oculto que vêm à luz, fazendo estourar a tradição ocidental que funda a "razão" como criadora das interdições. Ao aceitar a linguagem como *um meio de loucura* Artaud quebra o par: razão/loucura, normal/patológico, essencial às sociedades ocidentais. Retomaremos, posteriormente, esta noção da loucura mostrando como está ligada diretamente à mesma explicação encontrada em Foucault (*Histoire de la Folie*, Paris, Plon, 1961, collection 10/18).
55. A. A., t. I, p. 330.
56. A. A., t. I, p. 346.
57. A. A., t. I, p. 347.
58. A. A., t. II, p. 220.

ções do homem". Por isso Artaud considera a arte como uma *palavra*, isto é, como ato de dizer alguma coisa. A pintura, escreve ele, pinta para *dizer* alguma coisa e não para verificar teorias. Se o pintor deforma a realidade, é para que a arte exista, porque o modelo não é nada por si mesmo. O que importa é o que através do modelo pode ser dito de vida trepidante ou angustiada. É a expressividade que permite a Artaud afirmar que "A arte é sempre uma altura a atingir"[59].

O Belo provém de alguma coisa exterior à obra e, no entanto, está contido nela, como uma presença invisível. Apesar da importância da técnica e de um certo *savoir-faire* indispensáveis ao artista, o Belo não se reduz a esta técnica. As flores de Sardin, escreve Artaud, são o testemunho de uma bela alma discreta que ultrapassa qualquer questão técnica. Além disso, é o ar de grandiosidade e de solenidade de expressão[60] que caracterizam o Belo artístico. O Belo se situa do lado do sentimento e do conhecimento, da amizade e do reencontro e, por isso mesmo, do lado da perenidade – hoje ainda hoje amanhã.

O princípio da expressividade rigorosa da arte funda-se na concepção da arte como *inteligência e sentimento*. Por ser expressão do "ideal do artista", a arte não é jamais uma simples cópia da natureza. Descartando toda interpretação naturalista ingênua da obra de arte, Artaud fala numa relação entre o ato artístico e a natureza, relação que é da ordem do encontro e não de uma junção de objetos naturais. A síntese entre a inteligência e o sentimento aparece nitidamente na arte cubista provando, segundo Artaud, que se não existe puro naturalismo também não existe um puro formalismo. A arte exige sempre a colaboração dos sentidos. O "geometrismo" da arte cubista aparece mais como uma convenção necessária à legibilidade da obra, pois nossa razão não pode imaginar nada sensível fora das "formas". Todavia, é preciso acrescentar que estas formas não aparecem a não ser como "presentificações do sensível". Assim também, quando Artaud fala da organização rigorosa e fatalista do Teatro da Crueldade, pensa esta organização como regrada a partir de uma linguagem

---

59. A. A., t. II, p. 232.

60. Esta noção de expressão, no sentido artístico e não psicológico, confunde-se com a noção de uma "grandiosidade", segundo Artaud, e é semelhante à noção de "expressão artística" para Paulhan. Para este último, "a expressão" que caracteriza uma obra de arte apresenta-se como a capacidade artística de evocar com força os sentimentos ou uma situação moral, seja por uma representação direta do ser humano, seja por uma correspondência com outras imagens. Consideremos este texto de Paulhan: "Un paysage peint peut être expressif, non point sans doute de la même manière qu'un portrait... Mais peut-être l'artiste peut-il mettre à cette expression plus d'originalité, plus de finesse et d'indécise subtilité, et même plus de grandeur" (Paulhan, *L'Esthétique du Paysage*, p. 85).

física e corporal, que anula o pressuposto de um modelo exterior e formal, independente dos sentidos. Expressivo e rigoroso, o Teatro da Crueldade supõe um trabalho da inteligência, melhor do que do intelecto, a partir do sensível[61].

A arte é um Pensamento. Quando Artaud pronuncia a palavra Pensamento, provoca um *retentissement* ("ecoar") que atravessa a literatura, pois, como observamos anteriormente, o Pensamento se opõe às regras que impedem seu dinamismo. Assim, Artaud pode dizer:

> Nós não somos pelas regras. Mas quanto mais uma literatura dispensa regras, tanto mais ela necessita de se repousar sobre a Vida, de se modelar sobre a Vida, de se infundir da vida[62],

pois sem esta infusão vital, a literatura sem regras tornar-se-ia arbitrária e carente de rigor exigido pelo artista. Essa necessidade de "repousar sobre a vida" é, precisamente, o que ocorre na poesia de Céline Arnauld onde a Vida se torna um "braseiro de imagens". A presença do pensmaneto no espírito e do espírito na expressão faz com que o sistema da linguagem perca seu centro "racional". Agora já não há um "ponto fixo" nem um "último elemento" que poderiam dar a razão de uma cadeia dedutiva. Pode-se dizer que não há mais "tempo primeiro" mas, somente, "tempo segundo". O pensamento torna-se uma "ação"[63]. Ele não é mais teoria pura; aproxima ou distancia, fere ou acaricia. O pensamento se torna um ultrapassamento dos códigos e das regras que o aprisionam. Neste sentido, o Pensamento é "ilimitado". Recusa "ser agido" a fim de se tornar uma cena visível que pede para ser revelada, pois se apresenta como o que começa por ser recusado a Artaud. Além disso, o que Artaud grita é a ausência de corpo que deveria ser este pensamento. Artaud *se* preocupa até o fundo deste pensamento, para contestar a *não-lucidez* (que é inconsciente) ancorada em nossa sociedade e em nossa lógica. Ao pensamneto *normal* e *racional* que abre a estruturação do duplo: racional/irracional, espírito/corpo, alto/baixo, ciência/arte, Artaud deseja colocar às claras todos os segundos termos destas alternativas, de tal forma que os dois termos possam nascer conjuntamente, como um fenômeno de "androginia".

---

61. A distinção entre *inteligência* e *intelecto* corresponde à distinção entre *compreensão sensível* e *compreensão conceitual*.
62. A. A. t. II, p. 257.
63. Cf. esta noção de um pensamento que se torna uma "ação" nos textos de M. Foucault: *As Palavras e as Coisas*, cap. VIII: "Trabalho, Vida e Linguagem", § 5º: "O Cogito e o Impensado"; Portugália, 1968, col. Problemas, onde o autor faz uma aproximação entre os textos de Artaud, Sade e Nietzsche.

E em sua busca de lucidez, Artaud não ignora a Psicanálise, mas não a aceita enquanto é considerada como uma ciência; ou seja, a Psicanálise é recusada na medida em que encerra toda organização verbal em preceitos ou fórmulas. Ora, conforme já observamos, desde o início Artaud se recusa a tomar o pensamento como um meio, pois, mais do que um instrumento para exprimir, o Pensamento deve ser considerado como uma prática que deseja *ser*. Portanto, tudo o que é produzido pelo Pensamento é real e verdadeiro, na medida em que se enraíza em sua Carne e se dá como Pensamento de sua Vida; e se seus poemas são um produto de sua Vida, são reais e verdadeiros, mesmo que sua lógica seja muito semelhante à dos sonhos (que seguem as leis do imaginário), do que às da lógica científica e causalista, fundada sobre o princípio de identidade.

À questão de saber se existem pensamentos falsos, Artaud responde que o "falso" é tomado como uma mitologia. A mitologia constitui as ideologias ocidentais cujo platonismo perpetua a concepção "moralista" do "espírito" privilegiado em relação à "matéria" corruptível, ou seja, o "eterno" em oposição ao "devir" transitório. Retomando seu Pensamento como uma prática enquanto *se escreve e se produz*, o Pensamento é, por si mesmo, um signo; e é esta concepção que está no centro da interpretação de Sollers em relação a Artaud e que vai-lhe permitir de nomear seu artigo "O Pensamento Emite Signos"[64]. Em última instância, o Pensamento é somente o ato pelo qual queremos ser nosso Pensamento; e se o homem está doente, é porque estamos situados numa cultura que faz a distinção entre o espírito e o corpo ou entre o espírito e a letra. É necessário recuperar a "letra do espírito" a fim de sair da "mitologia" e poder falar a partir de uma concepção materialista do espírito. É preciso apreender o Pensamento em seu funcionamento, em sua prática.

Chegamos à linguagem vivida enquanto tal e que não é suscetível de qualquer codificação; à "poesia" entendida como uma linguagem cuja única regra é a da abertura do Pensamento. Em suma, como Sollers notou bem: "[...] vivemos incessantemente no sentido figurado, enquanto o sentido nos figura, enquanto nós *somos* linguagem em todos os instantes, em todos os graus"[65]. Para tornar-se linguagem, Artaud deve, inicialmente, afastar todos os feitiços sociais, religiosos e sectários, ou seja, todos os "fetichismos" que o impediam de viver. E estes "fetichismos" que se apresentam enquanto um "duplo" que rouba Artaud de seu próprio corpo e que limita sua vontade de pensar, sob a forma de um "inconsciente" que exerce uma força

---

64. Philippe Sollers, "La Pensée émet des signes", *L'Écriture et l'Expérience des limites*, Paris, Seuil, 1968, col. Points.

65. *Idem*, p. 102.

mágica, estes fetichismos devem ser "purificados". Isto se dará através da destruição dos códigos e das gramáticas enquanto eles condicionam o pensamento. Penetrando num estado "anterior à linguagem", não no sentido geográfico, nem cronológico, mas num sentido qualitativo, Artaud renascerá como um corpo inorgânico, um "corpo-árvore" que rompe a divisão e a classificação do corpo despedaçado por seus órgãos. O corpo inorgânico figura a recusa de um *corpo-fetiche* já classificado cientificamente. Artaud vê a necessidade de apreender a linguagem do corpo falado pelo Pensamento. Para isto é preciso penetrar na Carne, ir contra a submissão à gramática que funciona como um deus ou um pai que castra. A destruição dos códigos e dos limites gramaticais implica o ultrapassamento dos limites da comunicação em função da *pulsão* do sentido. Essa revolução da linguagem faz com que Artaud considere a não-comunicação como a única possibilidade de uma comunicação mais fundamental, onde o não-sentido constitui o sentido originário do próprio pensamento. Esse não-sentido obriga-se na linguagem do poeta, que se dá como uma "palavra" (*parole*)[66]. Ao homem cientista que reflete e que se vincula ao mito do conceito e do sistema, Artaud propõe o homem-poeta e ator que se constitui como a afirmação do Corpo. Esta afirmação de Artaud, a propósito do homem-poeta e ator contra o homem-cientista, lembra a distinção nietzschiana entre o homem-artista, dionisíaco, ébrio de Vida e de Dor e o homem-cientista, racional, sistemático, morto como as cinzas do columbário romano, destinado à "decadência" ocidental. O homem tornado linguagem é o que tem o poder de deixá-la em suspenso e que sabe que a linguagem é uma abertura indefinida, um gesto, uma palavra sempre desperta, que escapa aos feitiços do código, do sistema e da gramática.

1.3. DA LITERATURA COMO DISSIMULAÇÃO À LUCIDEZ

Pode-se dizer que a negação da linguagem gramatical está vinculada, ao mesmo tempo, à experiência do "não-pensamento", isto

---

66. Segundo Roland Barthes (cf. "Éléments de Sémiologie", em *Le Degré zéro de L'Écriture*, Gonthier, 1964) a distinção de Saussure entre *parole* e *langue* permanece fecunda para a literatura. A *língua* (*langue*) apresenta-se como um conjunto finito de signos lingüísticos, delimitados, organizados numa sintaxe gramatical, codificada, comum a todos (ao menos para cada sociedade), inconsciente e prévia à utilização empírica pelo sujeito empírico. Ao contrário, a *palavra* (*parole*) implica uma "intencionalidade" ou uma consciência de um sujeito falante que retoma uma "face" da língua, de forma subjetiva, isto é, particular. Neste sentido, a literatura é uma *parole*, em relação à língua social.

é, à recusa de um pensamento ligado ao intelecto. A linguagem de Artaud é a de um estilo trabalhado por Artaud-artista que se procura com lucidez. Seu único critério é a *autenticidade*, e mesmo que nada se apresente para se pensar, é preciso dizer exclusivamente este nada. Assim, qualquer ornamento e qualquer retórica são banidos. A este respeito Maurice Blanchot escreve num texto muito fecundo:

> O que é primeiro não é a plenitude de ser, é a fenda e a fissura, a erosão e a destruição, a intermitência e a privação martirizante: o ser não é o ser, é a falta do ser, falta viva que torna a vida um desfalecimento, inapreensível e inexprimível, salvo pelo grito de uma feroz abstinência[67].

Artaud recusa o livro, ou seja, o texto clássico, enquanto única forma de expressão literária. Os traços bíblicos do livro aparecem, segundo Blanchot, no modelo épico: as figuras, figurantes e figurações marcam o espaço do livro. Há uma linearidade do texto que se ordena segundo o valor de verdade, enquanto história do sentido. Ora, a linguagem de Artaud é a expressão sensível de nossa época que perde um certo domínio do sentido e questiona a autoridade de um saber bíblico do livro, sua plenitude e circularidade fechada por uma tonalidade divina. Como diz Blanchot:

> O destino de uma palavra ligado a este que dá a linguagem e onde ele aceita habitar (*sé-journer*) por este dom que é o dom de seu nome, isto é também o destino desta relação da palavra à linguagem que é a dialética[68].

O problema colocado se refere ao "fim do livro", ou à "ausência de livro". Ao recusar o corpo-fetiche e encarnar-se num corpo sem órgãos, Artaud questiona o produto da linguagem discursiva, isto é, o livro em sua forma clássica, o livro bíblico, para usarmos a feliz expressão de Blanchot. Com efeito, Blanchot fala sobre o abalo provocado pelo texto de Artaud como texto-limite e arrasamento do livresco. É com a finalidade de barrar a reiteração de um tal logos que Blanchot se interessa pelo movimento que abre o livro à ausência de livro, espaço novo onde se instalam os "textos" de Artaud. O "texto" de Artaud, em sua loucura, ajuda a quebrar o espaço clássico da representação literária.

Inicialmente, Blanchot coloca o problema da *escrita* (*écriture*), que explode enquanto gramática, na sua sintaxe, a fim de se unir

---

67. Maurice Blanchot, *Le Livre à venir*, Gallimard, 1959, pp. 49-50.
68. *Idem*, *L'entretien Infini*, Gallimard, 1969, p. 627. Interpretação semelhante encontramos em Derrida quando este escreve: "Duplo derivado de uma unidade primeira, imagem, imitação, expressão, representação, o livro tem sua origem, que é também seu modelo, fora dele... 'O olho escruta' (Claudel) quando o livro tem vocação de proferir o logos divino" (Derrida, *La Dissémination*, Seuil, 1962, pp. 51-52).

corporalmente à palavra (som, grito), num trabalho de "desdobramento" (*désoeuvrement*). É necessário notar-se que Artaud caminha no sentido de escrever textos anônimos, que, embora ligados à sua Existência, justamente por esta ser "desdobrada", "rasgada" em seu âmago, desde o início, só pode ser expressa por fragmentos. A lei do livro, segundo Blanchot, é *dissimuladora*. Para ler o livro seria necessário, então, inicialmente aprender a ler este trabalho de dissimulação. Há uma teia entretecida entre o livro, a lei, o Saber, o limite e o desejo. Artaud deve ser *lido* e não *re-escrito*. É o contra-valor do texto ou seu valor re-ativo, que Barthes denomina de legível (*lisible*)[69]. Ora, é uma leitura produtora do texto que Artaud procura inventar. Seu texto carrega em suas entranhas uma ruptura, rompendo com o movimento por uma certa leitura de reduplicação (representação), ordenada à autoridade cifrada do livro. Esta leitura do legível abandona as mediações dos critérios, as técnicas de interpretação e de identificação do sentido, figuras fiéis da circularidade do livro.

Artaud fala de *ruptura* em seus escritos; e é nesta via que se une a Blanchot, quando este nos diz que é em termos de *limite*, de *ruptura*, de *descartar*, que os escritos de Blanchot interrogam o que entendemos sob os nomes de "literatura", de "literário", de "livresco", de "livro"... na ordem de um discurso fechado, protegido, regrado. O regime deste discurso reconduz a um saber. A instituição é de fato o suporte de que este discurso tem necessidade[70]. Circularidade, fechamento, totalidade divina, as categorias do livro são sustentadas por estruturas do poder contra as quais os textos de Artaud se erguem como um exemplo marcante. Quando critica o Saber acumulado na *biblioteca*, é o espaço fechado da cultura mistificadora que Artaud está criticando, motivo pelo qual seus textos são *violentos*, pois destroem o livro. O Teatro da Crueldade é a desapropriação do regime literário enquanto tal, criando uma tensão no campo literário, levantando uma questão que paira sempre no ar; é possível falar-se, ainda, de literatura no caso de Artaud?[71]

---

69. Roland Barthes, *S/Z*, Paris, Seuil, 1970, p. 10.
70. Como observa Daniel W., a ruptura, o limite, a recusa da instituição e, portanto, do livro como biblioteca e da biblioteca como forma de poder, é o que em Artaud suscita as reflexões de Blanchot.
71. Ao abordar o problema da crítica literária, Leyla Perrone Moisés (cf. *Texto, Crítica, Escritura*, São Paulo, Ática, Ensaios 45, , 1978, pp. 15 e 18) diz-nos que "a história dos livros é a história da réplica, e esta se desenrola entre a imitação (réplica do original) e a refutação (réplica ao original)" (*op. cit.*, p. 15). Do copista ao comentador já há uma transformação em relação ao texto original, mas a hermenêutica religiosa se atém "ainda", na submissão ao Verbo. A filosofia ocidental vai um pouco mais além, enquanto réplica ao mestre ou ao sistema anterior, mas sem questionar a

A crítica à cultura como Panthéon feita por Artaud encontra Blanchot que nos diz:

> A cultura está ligada ao livro. O livro como depósito e receptáculo do Saber se identifica ao Saber. O livro não é apenas o livro das bibliotecas, este labirinto onde se enrolam em volumes todas as combinações das formas, das palavras e das letras. O livro é o livro... A ausência de livro... está principalmente fora dele, todavia contida nele, menos em seu interior do que a referência a um exterior que não o concerne[72].

O questionamento do livro é o questionamento da civilização ocidental, do sentido que recolhe o Saber no livro e o transmite "biblicamente" ao público. Com seus escritos, Artaud provoca o deslocamento da linguagem, da Cidade, das relações da linguagem com a divisão das classes, da Lei, do proibido, na forma da transgressão, da loucura, do grito, do corpo feito Teatro da Crueldade. Assim, segundo Daniel W., há um triplo movimento na ausência do livro:

> É a *destruição*... a biblioteca foi destruída, tanto quanto a Cidade, o Estado, a Instituição etc. [...] É também o *apagamento*: a palavra da narração... nos deixa sempre pressentir que o que se conta é somente, de uma certa maneira, o esgotamento, o cansaço, o desgaste, o sono mesmo do poder de contar, que ninguém saberia despertar... É principalmente o esquecimento... um movimento de anulação[73].

Eclipsam-se, juntamente com a biblioteca e o livro, a instituição, o poder. É contra a "última palavra" do livro que Artaud grita, procurando libertar seu teatro desta tirania do texto divino. É o sofrimento da Existência fragmentada e despedaçada de Artaud que passa a ser linguagem[74], ou, como diz Blanchot:

Verdade; é, somente, com a "morte" de Deus que a réplica se torna mais radicalmente refutadora. Ora, ligado à era da "representação", o livro crítico oscilou entre os dois aspectos da réplica (imitação e refutação). A crise literária do século XIX questiona o sujeito-criador, a Verdade e a hierarquia estabelecida entre o escritor e o leitor, entre a escrita e a leitura. Artaud *escreve* a partir de uma leitura corporal lúcida que refuta os moldes gramaticais da língua francesa. Ao questionar o texto como "duplo" opressor do teatro, é a recusa da réplica enquanto imitação de um modelo prévio, aceito dogmaticamente como a Verdade de um ser Divino a ser *representado*. Linguagem crítica e criadora, ao mesmo tempo, ela se torna produção lúcida de um ego cuja autoridade emana de sua própria afirmação.

72. M. Blanchot, *L'Entretien Infini*, pp. 621-622.
73. Daniel W., p. 78.
74. Há um "vazio" que atravessa e preenche a obra de Artaud, porque como diz Leila Perrone em seu livro: *Texto, Crítica, Escritura*, p. 88, "O erro (a errança) do poeta é rondar indefinidamente aquele centro noturno que é o vazio, o nada". E é por isso que o centro vazio, segundo a autora, é "abismo fascinante" e "um lugar mortal" (p. 88). A caminhada de Artaud (escritor) torna-se um avanço fatal, ancorado na "errança circular" em torno de um "centro vazio".

O neutro não seduz, não atrai... E escrever é colocar em jogo esta atração sem atrativo, aí expor a linguagem, extraí-la por uma violência que a libere novamente até esta palavra do fragmento: sofrimento do despedaçamento vazio[75].

É contra o "sagrado" dos livros, que J. L. Borges escreve:

Chi Hoang Ti, talvez, circundara o império de uma muralha, porque ele o sabia perecível, e destruiu os livros no pensamento de que eram livros sagrados, isto é, livros que ensinam o que ensina todo o universo ou a consciência de cada homem. O incêndio das bibliotecas e a construção da muralha são talvez operações de onde cada uma, secretamente, se anula a si mesma[76].

Assim como Blanchot diz que "se escreve somente o que se acaba de escrever, finalmente não se escreve nunca mais"[77]. Penetramos no "desdobramento do livro", através de Artaud, quebrando o Saber instituído linearmente, ou como Blanchot nos diz:

Não mais o título de um livro, mas o amanhã jogador, o aleatório que gostaria sempre de quebrar o livro, romper o Saber e desorganizar até o desejo, ao fazer do livro, do Saber e do desejo a resposta ao desconhecido, quando não há tempo, apenas entre-tempo[78].

O "tempo" dos textos de Artaud é o tempo de sua Existência. O seu Saber é o Saber que advém de sua *lucidez* para recuperar sua Existência sofredora. Sua angústia percorre a trama de seus escritos, como se fosse o último homem; idéia que também aparece em Georges Bataille: "Blanchot me perguntava: por que não prosseguir minha experiência interior como se eu fosse o último homem?"[79] E é através de uma experiência interior análoga que Artaud promove a ruptura do círculo da linguagem fechada do livro, pulsando, agora, no Teatro da Crueldade; estamos numa operação de *crise*, e de *livraison* (liberação) da tirania do livro. É assim que Daniel W. comenta o termo *livraison: raison ivre du livre*[80] ("razão embriagada do livro"), neutralizando a ligação livro-texto-discurso-narração, deportando ou desviando o sentido opressivo da linguagem. Aí está a superioridade da literatura moderna que se separa do ideal de unidade do sentido e da "verdade", essenciais para o que chamamos de ciência. Para Blanchot, a "literatura" [...] "separa-se da ciência ao mesmo tempo por sua ideologia própria, mas principalmente... denunciando como

---

75. M. Blanchot, *op. cit.*, p. 456.
76. J. L. Borges, *Enquêtes*, trad. Bénichou, Gallimard, 1957, p. 14.
77. Blanchot, *L'Entretien...*, p. 12.
78. *Idem*, p. 617.
79. *L'Expérience intérieure*, citado por Daniel W., *op cit*, p. 129.
80. Cf. Daniel W., *op. cit*, p. 133.

ideológica a fé que a ciência... devota à identidade e à permanência dos signos"[81]. A noção de *livraison* insere-se, portanto, na relação do livro ao texto, da ideologia à ciência, num trabalho de elucidação que abala definitivamente a crença no livro.

> Quando escrever é descobrir o interminável, o escritor que entra nessa região não se ultrapassa rumo ao universal. Não vai rumo a um mundo mais seguro, mais belo, melhor justificado, onde tudo se ordenaria conforme à claridade de um dia justo. Não descobre a bela linguagem que fala honrosamente para todos. O que fala nele é o fato de que, de um modo ou de outro, ele já não é ele mesmo, já não é alguém [...] Escrever é dispor a linguagem sob a fascinação e por ela, nela, permanecer em contato com o meio absoluto, ali onde a coisa se torna imagem, onde a imagem, de alusão a uma figura, se torna alusão ao que é sem figura e, de forma desenhada sobre a ausência, se torna a informe presença dessa ausência, abertura opaca e vazia para o que é quando já não há mundo, quando ainda não há mundo[82].

E é porque a "literatura" não questiona o problema do pensar/não pensar, ela esquece o essencial e termina por se tornar um "divertimento" que é uma perda de si, convertida naquela distração de que falava Pascal. Por isso, Artaud rompe com a ordem literária para afirmar a "tomada de consciência de si". Além disso, se há uma literatura, é somente na medida em que ela é apenas uma nova forma *metafórica* de *se* dizer. Assim sendo, é preciso levar adiante um trabalho de exploração do impensado que tenha valor de revelação e que perturba o pensamento comum; o que importa é o entrelaçamento do vivido e do escrito. Esse entrelaçamento do vivido e do escrito deixa clara a impossibilidade de pensar a fundo, assim como a impotência de Artaud em se apreender. Artaud não se conhece a não ser nesta distância incessantemente imposta, numa sucessão de fracassos em pensar não importa o quê. Embora se torne um espetáculo que aceita somente seu próprio julgamento, descartando qualquer outro olhar diferente do seu, no entanto, seu próprio olhar só pode apreender uma sucessão de abortos que exige uma linguagem mergulhada no fugaz, que é a única via para se transformar em poder afirmativo[83]. Eis a palavra de Artaud, enraizada abaixo da língua, nos intervalos:

---

81. Blanchot, *L'Entretien Infini*, p. 458.
82. *Idem*, *L'Espace Littéraire*, Paris, Gallimard, 1955, col. Idées, pp. 19 e 27-28.
83. Em *L'Oeil et l'esprit*, Merleau-Ponty fala numa reflexão corpórea, num voltar-se sobre si mesmo corporal onde o corpo se vê vendo, se toca tocando, se ouve falando – ou, para usar a expressão do filósofo, um visível vidente. No entanto, há na reflexão corpórea um traço que a faz exemplar para uma crítica da reflexão intelectual. Com efeito, esta última parece realizar a plena identidade do espírito consigo mesmo atingido uma transparência capaz de justificar o idealismo como algo verdadeiro enquanto assentado na soberania da consciência de si para si. Ora, a reflexão corpórea (forma originária de *toda* reflexão) revela que o corpo, ao se sentir sentindo, não se

Ah! estes estados que não se nomeiam jamais, estas situações eminentes da alma, ah! estes intervalos de espírito... Eu o disse para vós, que eu não possuo mais minha língua, isto não é uma razão para persistir, para obstinar-vos na língua[84].

Artaud recomeçará a se exprimir poeticamente até o fim de sua vida, através do recurso ao teatro, que terá a função de desvelá-lo geneticamente porque seu Corpo é linguagem.

Este corpo tornado linguagem, para Artaud, significa que o corpo se oferece submetido apenas à sua própria lei, que é a de sua livre vontade. A recuperação do corpo visa opor-se ao Silogismo, à Lógica, à Mística histérica e à Dialética, enquanto estas figuras da identidade e da totalidade funcionam como entraves para um Pensamento que se quer vivo. Esta cadeia de obstáculos aparece nitidamente no artigo de Artaud endereçado ao Dalai-Lama quando o poeta procura uma outra lógica diversa desta, própria ao pensamento logocêntrico, tentando, então, estabelecer uma diferenciação entre a inteligência e a intelectualidade:

[...] este abaixamento de meu nível mental, que não significa como se poderia crer uma diminuição qualquer de minha moralidade (de minha alma moral) ou mesmo de minha inteligência, mas, se se o desejar, de minha intelectualidade utilizável, de minhas possibilidades pensantes, e que tem mais a ver com o sentimento que tenho eu mesmo de meu ego, do que com isto que mostro dele aos outros[85].

Portanto, Artaud coloca de lado a "razão pensante" enquanto se confunde com o intelecto, e retoma o sentimento de si mesmo, que exige, esta vez, a inteligência. E isto sucede na medida em que a noção de inteligência mantém uma estreita relação com o Corpo, e termina como uma linguagem que é fragmentação. A ruptura em relação a uma realidade exterior faz com que o espírito de Artaud não possa mais admitir a classificação das coisas em sua ordem lógica tradicional, mas exige alcançá-las em sua ordem sentimental e afetiva. E Artaud vai ainda mais longe, até chegar a uma camada onde

torna uma unidade fechada sobre si mesma, não atinge a plena indiferenciação entre sua face "sujeito" e sua face "objeto". A mão direita que toca a mão esquerda e é tocada por ela permanece diferente, outra que a esquerda. Se não posso saber qual mão toca e qual é tocada, entretanto, isto não torna as duas mãos idênticas, isto é, indiferentes. O corpo ensina ao pensamento a distância irremediável que se cava no interior de toda interioridade, ensina que a divisão é originária. O corpo/pensamento de Artaud é essa experiência reiterada da divisão, dos "intervalos do espírito", da impossibilidade originária da coincidência consigo mesmo e com o outro, aquilo que o poeta chama de feto e aborto e que o obriga a ser poeta sempre, não chegando nunca à bela totalidade que a tradição chamou de livro.

84. A. A., t. I, p. 122.
85. A. A., t. I, p. 66.

as coisas não têm mais odor, nem sexo. Mas sua ordem lógica também algumas vezes é rompida devido precisamente à sua falta de mau-cheiro afetivo[86].

Artaud encontra-se num estado de distanciamento em relação ao sentido habitual das coisas, que o conduz a uma angústia que faz o espírito estrangular-se e cortar-se a si mesmo.

A angústia de Artaud é um congelamento da medula, uma ausência de fogo mental, uma falta de circulação da Vida. A esta angústia, definida como uma ausência de Vida, Artaud opõe um outro tipo de angústia: a do ópio, que se diferencia da primeira, considerada como "metafísica". A angústia nascida do ópio é cheia de "ecos", de "cavernas" e de "labirintos". Neste caso, a alma está bem centrada, mas, todavia, é divisível infinitamente e transportável "como uma coisa que é"[87].

[...] O nada do ópio possui nele como a forma de uma fronte que pensa... Falo eu da ausência de orifício, de uma sorte de sofrimento frio e sem imagens, sem sentimento...[88]

A angústia, para Artaud, descarta julgamentos valorizando o "Bem". Ela é considerada, principalmente, como uma despossessão da substância vital assim como a perda física e essencial de um sentido. Artaud luta contra a idéia de um espírito separado do corpo, a fim de conceber uma sensibilidade onde o corpo e o espírito estejam juntos. E se fecha os olhos ao intelecto, é para deixar que seu "ego informulado" fale como se o "desconhecido" fosse alguma coisa real. Artaud se "desespera" e este desespero é vital, pois origina-se da antinomia entre sua facilidade profunda de mergulhar em seu pensamento e sua dificuldade exterior em materializá-lo. Se ele julgou mal, deve-se a falta à sua Carne, pois há uma ruptura entre a alma e a língua que provoca um abismo na Carne de Artaud, tanto quanto o sentimento de uma inutilidade em que a alma não termina mais de se perder. Esse estrangulamento da alma passa-se aquém do pensamento intelectual e aquém do que a língua pode atingir. A alma se constitui numa duraçãso de eclipses, onde o fugaz mistura-se perpetuamente ao imóvel, e o confuso mistura-se a esta língua que percebe uma clareza sem duração.

O espírito dá uma espécie de "passo para atrás" fora da consciência que o fixa, para ir procurar a emoção da Vida que é oblíqua, como o pensamento é oblíquo; isto é, o pensamento é obtido quando não mais nos ligamos aos conceitos, mas, antes, a um pensamento

---

86. A. A., t. I, p. 86.
87. A. A., t. I, p. 86.
88. A. A., t. I, p. 87.

da Carne, mais fundamental. Separando-se das definições que mostram apenas o lado pequeno das coisas, Artaud deixa-se levar pelas coisas, não para falar de seu volume, pois o *realismo ingênuo* é recusado para dar a palavra ao *retentissement* das coisas nele, e ao fim do qual situa-se o pensamento. Portanto, a "fraqueza" do cérebro de Artaud é concebida de modo otimista, pois ela lhe permite um distanciamento do espírito em relação ao conceito que congela a realidade. O estado de abdicação perpétua em face de seu espírito conduz Artaud a um questionamento dos juízos pré-estabelecidos que passam por verdades, quando eles são apenas obstáculos ao espírito.

Num só movimento, Artaud separa-se de todos os termos ligados à Metafísica tradicional: "Nós estamos no interior do espírito... Idéias, lógica, ordem, Verdade (com um V maiúsculo), razão, nós entregamos tudo ao nada da morte"[89].

Trata-se de alargar o termo "Pensamento", descartando-o de uma interpretação restritiva que o vincula aos artifícios da sintaxe e das fórmulas estabelecidas, em proveito disto que Artaud denomina "a grande lei do coração"[90], que não é uma "lei" no sentido de um aprisionamento, mas, principalmente, um guia para o espírito perdido em seu próprio labirinto. O espírito distancia-se de um certo otimismo da razão conceitual para se pesquisar a si mesmo, fora de todas as formas conhecidas do pensamento, a fim de se revelar a si mesmo.

O que Artaud deseja é um espírito sem hábitos. É assim que endereça uma nota ao Dalai-Lama, pedindo-lhe a "levitação material dos corpos"[91], isto é, a liberação do espírito exige, ao mesmo tempo, uma liberação em relação à "terra"[92] enquanto esta representa o "peso do espírito", através dos "feitiços" representados pelo Papa, os literatos, os críticos em geral, os médicos, os reitores, os guardas... "E estas figuras existem como entraves porque elas se ligam a uma podridão: esta da Razão"[93].

A Razão apodrecida é aquela identificada à Lógica enquanto um fim em si mesma e que estrangula o espírito. Portanto, se a

---

89. A. A., t. I, p. 328.
90. A. A., t. I, p. 335.
91. A.A, t. I, p. 340.
92. Este movimento de liberação do espírito em relação aos entraves da "terra" apresenta o mesmo sentido metafórico para Bachelard em seus estudos sobre os Quatro Elementos que constituem a Imaginação. Em seu livro *L'Air et les Songes*, no capítulo consagrado a Nietzsche, denominado "O Poeta dos Cumes", há a mesma figura que está apresentada no texto de Artaud. Nietzsche é o "poeta ascensional", ligado ao Elemento Ar, que quer-se desembaraçar da *Terra*, para reencontrar a frieza glacial das altas montanhas. É o movimento de ascensão do "Além-do-Homem", de Nietzsche, caracterizado por sua "Vontade de Potência" (cf. G. Bachelard, *L'Air et les Songes*, Librairie José Corti, 1943).
93. A. A., t. I, p. 343.

Lógica desenha uma via, ao mesmo tempo, aprisiona o espírito nesta única via, terminando por eliminar tudo o que é *diferente* em relação a um único centro estabelecido como "normal". Trata-se, para Artaud, de compreender que a lógica tradicional é *uma* das vias possíveis, e que há outras, pois "o espírito é maior do que o espírito, as metamorfoses da *vida* são múltiplas"[94]. Além disso, se é bem verdade que Artaud encontra-se num mundo "inomeável" e perdido em relação à Razão conceitual, no entanto, ao mesmo tempo, há lugar para um orgulho: o que provém da pesquisa da lucidez e de uma tomada de consciência do próprio pensamento que se apresenta como "o conhecimento pelo vazio, uma espécie de grito humilhado e que no lugar em que ele sobe e desce"[95]. Artaud pode dizer que seu espírito "abriu-se pelo ventre" e que é por "baixo" que ele acumula uma ciência intraduzível tomada por uma agitação congelada. Artaud não nega o espírito "lógico" para desembocar no "arbitrário", mas, antes, pede um *outro* tipo de saber que é silencioso perante a palavra intelectual, mas cujo silêncio deixa o Corpo falar, doravante.

A linguagem específica do corpo é a linguagem física, dos *gritos* de um homem ocupado em refazer sua Vida. Se Artaud recusa o sistema logocêntrico, ele não termina em não importa o quê, pois "imagina um sistema no qual todo homem participaria, o homem com sua carne física e as alturas, a projeção intelectual de seu espírito. É preciso levar em conta para mim... sua força de vida"[96].

Artaud procura quebrar os pares de opostos que atravessam o pensamento metafísico ocidental desde Platão, criticado explicitamente nas figuras do Papa e do Dalai-Lama; ou seja, as oposições entre alto/baixo, razão/instinto, inteligível/sensível. Artaud se volta para o que denomina de "forças informuladas" que deverão ser acolhidas pela razão, a fim de que elas se instalem no lugar do alto pensamento, tomando exteriormente a forma de um grito, saído de sua Carne, ou melhor, que é sua Carne:

> Há gritos intelectuais, gritos provenientes da *delicadeza* da medula. É isto que eu denomino a Carne. Eu não separo meu pensamento de minha vida. Eu refaço a cada uma das vibrações de minha língua todos os caminhos de meu pensamento em minha carne[97].

A carne, sentido e "ciência" do pensamento escondidos na vitalidade nervosa da medula, afirma que não existe uma inteligência sem vida ou uma intelectualidade absoluta. Há gritos intelectuais...

94. A. A., t. I, p. 343.
95. A. A., t. I, p. 350.
96. A. A., t. I, p. 351.
97. A. A., t. I, p. 351.

Artaud visa percorrer, tanto quanto revelar os caminhos ocultos do espírito na Carne denominada "L'Existence"[98].

Existência, pois, é retomada de consciência. Como isto se realiza através de uma ciência que explode em lentas pulsões, pois o conhecimento pelas palavras é insuficiente, Artaud chega a um sentido, porém a um sentido, doravante, "obscuro", nascido de uma leitura da Carne de onde brota o conhecimento da Vida:

> Para mim quem diz Carne diz antes de tudo *apreensão*... carne a nu com todo o aprofundamento intelectual deste espetáculo da carne pura e de todas as suas conseqüências no sentido, isto é, no sentimento[99].

Este sentimento é o conhecimento direto e a "communicação revirada" que se esclarece pelo interior. Nesta medida o sentimento é, principalmente, um *pressentimento*. O mesmo sucede em relação à Carne, identificada à sensibilidade.

A sensibilidade é a apropriação íntima, secreta, profunda e absoluta da dor de Artaud por ele mesmo, e, imediatamente, um conhecimento único, singular, desta dor, inutilizando com isto a "medida comum" (*commune mesure*) com que se tentaria "defini-lo", pois a dor o *diferencia* face ao *código* que mantém a sociedade. A apropriação carnal de uma dor absolutamente singular permite ao poeta apreender-se em sua *diferença* fundamental em relação ao código social[100] e inconsciente. Portanto, é uma questão falsa julgar Artaud segundo as regras do código moral e social dados, pois ele diz: "[...] eu não creio nem ao Mal nem ao Bem, se eu me sinto com tais disposições a destruir... o princípio disto está em minha carne"[101]. Mas se não se deve conceber a destruição proposta por Artaud num sentido "moral", por que então destruir?

Porque a razão, suporte dos códigos existentes, é mistificadora. A evidência se aloja naquilo que agita a "medula", na região da carne pura que nada tem a ver com a evidência do entendimento, como Descartes o queria. Artaud utiliza-se da noção de *Carne irrigada de nervos*

---

98. A. A., t. I, p. 352.
99. A. A., t. I, pp. 352-353.
100. Na "Lettre au Legislateur" ("Carta ao Legislador", A. A., t. I, p. 80), o tom é filosófico e político. O *inspecteur usurpateur* que se outorga o direito de dispor da dor dos homens é un *con*, um idiota, onde o que conta é a ineficácia. Em última instância o "ditador" da escola, que é um repressor, deve dar lugar a Artaud e ao seu direito de determinar *por si* o grau suportável de dor estreitamente ligada ao pensar. A questão da singularidade trazida pela dor não é uma questão psicológica nem exclusivamente "literária", mas uma tomada de posição face ao "Ocidente". A crítica ao logocentrismo não é uma balela do Quartier Latin – é uma crítica da racionalidade social repressiva.
101. A. A., t. I, p. 354.

que lhe permitirá acabar com a dissociação entre a razão e o coração, propondo uma nova linguagem que trabalha com imagens e não contra elas. Enquanto o racionalismo supõe que o conceito carregue em si a fulguração das coisas, Artaud, pelo contrário, afirmará que as imagens, que não estão submetidas ao conceito, apresentam-se como um conhecimento válido por si mesmo, "desvelam" o pensamento com lucidez, por não serem confundidas com a razão discursiva; as imagens pertencem a um domínio em que somente as leis do "Ilógico"[102] participam e onde triunfa a descoberta de um novo sentido.

Este novo sentido é uma conquista do espírito sobre si mesmo e, apesar de ser irredutível à razão discursiva, ele existe no interior do espírito. Este novo sentido

é a ordem, é a inteligência, é a significação do caos. Mas este caos, ele não o aceita tal qual, ele o interpreta... ele o perde. Ele é a lógica do Ilógico... Minha des-razão lúcida não teme o caos[103].

O "automatismo" do pensamento de Artaud é válido enquanto põe a nu as descobertas do espírito que a razão "clara e distinta" cartesiana não atinge. O que pertence ao domínio da imagem é irredutível à razão analítica e deve continuar no espaço imaginário, mas, ao mesmo tempo, há uma outra razão que se apreende a partir desse espaço imaginário. Esse duplo aspecto de um mesmo processo que se apresenta como assistemático em relação à razão discursiva, e que, no entanto, revela um outro tipo de racionalidade, torna-se possível na medida em que o pensamento deve-se ordenar segundo leis apreendidas em seu próprio interior. O pensamento é um Signo. Neste nível, não mais se pergunta pela "Verdade", pois, como em Nietzsche, a ilusão deixa de ser concebida como um erro material. Para Artaud, os sonhos são verdadeiros porque se enraízam na realidade da Vida: além disso, aquele que sabe sonhar é são, em oposição ao homem que está doente no meio dos conceitos. O sonho é "a impulsividade da matéria", em oposição "ao espírito do homem que está doente no meio dos conceitos"[104]. Todavia, conforme assinala Artaud, sua opção não se situa no nível do sonho e do informal

---

102. Encontra-se esta mesma idéia de um novo sentido fundado sobre as "leis" do *Ilógico* nos sonhos. Não há nem "princípio de Identidade", nem relação de causa-efeito. É a simbolização das imagens que fornecem o apoio ao novo sentido gerado pela imaginação. É a concepção freudiana a propósito da interpretação dos sonhos. E, do ponto de vista de uma interpretação do imaginário artístico e poético, ver, principalmente, as obras de Gaston Bachelard, sobre os Quatro Elementos: Ar, Terra, Água e Fogo, *La Poétique de l'Espace*, PUF, e *La Poétique de la Rêverie*, PUF.
103. A. A., t. I, p. 355.
104. A. A., t. I, p. 357.

em uma oposição mecânica ao Saber, mas o que ele procura é "[...] a reconciliação do ato material e do ato espiritual sobre um plano eficaz onde a questão não se põe mais, mas onde alguma coisa seja efetivamente mudada"[105]. A verdade não é questão de definição, nem de critérios para atingi-la[106]. A Verdade teatral é um encaminhamento para a Verdade total, que se destaca das contingências humanas, sendo análoga ao êxtase[107] ou à morte:

> Colocar seu espírito filosoficamente em estado de morte, por meio desta conquista intelectual, conquistar materialmente e na ordem sensível a equivalência deste estado filosófico, eis... a operação capital... a única que possa nos permitir de nos ater na Verdade, de obter a Verdade...[108]

A conquista dessa verdade contingente e orgânica é análoga à aparição alquímica do ouro, correspondente sobre o plano da matéria à unificação dos sólidos. Na Verdade teatral, trata-se de expulsar organicamente todos os valores inertes do mundo contemporâneo, até chegar a este fundo rochoso onde ela se localiza.

1.4. A LINGUAGEM DA SENSIBILIDADE ANTERIOR À LINGUAGEM CONCEITUAL

Definindo o Corpo como um horizonte possível de totalidade, Artaud constata que a exigência de totalização é contradita por sua existência psicológica. O paradoxo do Corpo emerge quando da aparição da doença como ausência de totalidade, contraposto a seu desejo de ser unificado. Enquanto a biologia e a filosofia, desde Kant, insistem sobre "finalidade interna" que permite a sobrevivência do

---

105. A. A., t. V, p. 89.
106. Note-se o quanto Artaud é anticartesiano, pois Descartes, como todo racionalista, começa procurando os critérios da Verdade, indagando se é possível haver algo sólido e indubitável para edificar o Saber. Para Artaud, problematizar a noção de Verdade, indagar quanto aos meios de atingi-la ou perguntar pelos seus critérios é, desde o início, colocar uma questão falsa, porque pressupõe exterioridade entre o verdadeiro e seu pensamento.
107. Do ponto de vista físico, o êxtase caracteriza-se por uma diminuição de todas as funções de circulação e por uma imobilidade quase completa. O êxtase está intimamente vinculado ao misticismo oriental, do ponto de vista existencial. Segundo Boutroux, do ponto de vista intelectual: "denomina-se... êxtase um estado no qual toda comunicação estando rompida com o mundo exterior, a alma tem o sentimento de que ela se comunica com um objeto interno que é o ser perfeito,... Deus... O êxtase é a reunião da alma a seu objeto. Nada de intermediário entre ele e ela... ela está nele, ela é ele... é mais do que a própria ciência... é uma união perfeita, na qual a alma sente existir plenamente..." (Boutroux, "Le Mysticisme", *Boletim do Instituto de Psicologia*, 1902, pp. 15-17).
108. A. A., t. V, pp. 111-112.

organismo graças à coordenação funcional da ação dos diferentes órgãos, Artaud segue uma via totalmente oposta sob a experiência de um corpo que se dispersa incessantemente, em virtude de seus órgãos. A abertura do corpo para o mundo só pode acrescer sua fragmentação, pois os órgãos se comunicam com o exterior, que é o não-corpo; neste sentido, o organismo esquece o "eu", porque a comunicação com o não-corpo estabelece um espaço incoerente, com destruições indefinidas. Eis por que Artaud afirma, contra o corpo "orgânico", o corpo "puro", "sem órgãos", porque estes últimos são parasitas.

A recuperação do Corpo enquanto auto-suficiente é necessária para Artaud *se* recuperar, pois a anulação do organismo corresponde à anulação da alienação[109]. Desse ponto de vista, o sexo é recusado como um fenômeno "sombrio"[110]. Enquanto *desejo* em direção ao outro, o sexo é negado, em função de sua reintegração no interior do corpo próprio. A sexualidade apresenta-se como um obstáculo ao corpo que quer-se reconstruir como uma totalidade auto-suficiente. O sexo opõe-se ao Pesamento; é "um fragmento desenraizado de carne"[111], alienando o corpo na exterioridade. A preocupação de Artaud em relação à unidade recuperada de seu Corpo sem órgãos, isto é, sem "regiões", é a recusa do Corpo organizado tal e qual lhe foi imposto. Há um duplo movimento: desorganização ou despedaçamento do Corpo orgânico e recuperação dos órgãos numa totalidade fechada sobre si mesma e não arriscando mais nenhuma perda, nenhum rapto:

> O homem está doente porque está mal construído. É necessário decidir-se a colocá-lo nu para lhe esgravatar este animalzinho que o tortura mortalmente – Deus – e com Deus seus órgãos... Enquanto vós lhe tereis constituído um corpo sem órgãos então tê-lo-eis liberado de todos os seus automatismos e entregado à sua verdadeira liberdade[112].

Este novo olhar sobre o Corpo é revolucionário, porque até então, o corpo era concebido no Ocidente como organismo, isto é, como o lugar do não-pensável ou do mal-pensável. Paradoxalmente, o corpo como o organismo, isto é, como uma totalidade de partes funcionais inter-relacionadas e relacionadas com o exterior, serve de modelo para a idéia da sociedade, definida como "corpo social" em

---

109. A alienação, forma máxima da perda de si, é determinada por uma relação com a alteridade enquanto exterioridade poderosa à qual se submete uma interioridade enfraquecida e dependente.
110. A. A., "Lettres de Rodez", tomo X.
111. A. A., t. I, p. 178.
112. A. A., "Pour en finir avec le jugement de Dieu".

cujo interior os organismos individuais tendem a ser reduzidos à condição de partes subordinadas ou de órgãos. Isto é, o organismo social devora o organismo individual que lhe serviu de modelo. O "corpo social" é admitido como realidade e valor supremo em detrimento de todos os corpos individuais próprios. O "corpo social", considerado como "a essência" do homem, vai colocar, ao mesmo tempo, o problema da alienação do homem em relação ao que não é seu corpo próprio.

A afirmação dos direitos do corpo próprio significa uma tomada de posição anti-social porque a sociedade é o que *existe* como o "duplo" que dissimula e que é recalcado por ela mesma: o Corpo, a Carne. Artaud procura trazer à luz o "não-dito" fundamental que é a verdadeira "força" e a verdadeira "energia" sobre as quais a sociedade pode-se constituir. O Corpo próprio é o que a sociedade ocidental recalca ao máximo, pois se constrói sobre o esquecimento dele. E este Corpo próprio reivindica seu direito de falar através do que Artaud denomina "o coração": "Sem dúvida a razão coordena, mas ainda é preciso que o coração tenha falado"[113].

O coração fala com a condição de que, para usar uma expressão de Kristeva, o "sujeito unário" seja destruído[114]. Artaud ultrapassa a noção de um "sujeito unário" que assegura a verbalização, a fim de se situar no espaço denominado por Kristeva de "processo da significância", isto é, das pulsões e operações semióticas pré-verbais (logicamente senão cronologicamente) anteriores ao fenômeno da linguagem[115]. A linguagem de Artaud, situando-se antes da gramática e da síntese, torna-se "bruta" ou "selvagem"; *musical*, semelhante à *Magia Egípcia*, composta de textos onde o sentido devia estar estreitamente em relação com sua vibração verbal e com a dez mil formas de pronunciar o texto, como um "tema musical" e suas variações, provocando uma vibração cada vez mais profunda, ramificada de histeria e nervos, até a "história externa". Este estado musical da linguagem, anterior à linguagem discursiva, aproxima Artaud de Rousseau no *Essai sur l'Origine des langues* (*Ensaio sobre a Origem das Línguas*).

Inicialmente, Rousseau caracteriza a palavra como o signo distintivo entre o homem e os animais, por um lado, e, entre as nações,

---

113. A. A., t. II, p. 221.
114. Cf. Julia Kristeva, *Le sujet en Procès*, p. 42, col. 10/18. Trata-se do sujeito que está submetido à lei do Uno, do Pai, e o objeto da Ciência tanto quanto do organismo social constituído pela família, pelo Estado, pelo grupo, pela tribo. Este "sujeito unário" é atravessado em sua estruturação por um "recalque" originário que Freud desdobrou em inconsciente/consciente. Nesta medida, Kristeva pode definir o "sujeito unário" como "o sujeito que se institui desta censura de ordem social".
115. Julia Kristeva, *op. cit.*, pp. 44-45.

por outro, as diferenças devendo-se a causas. A origem da linguagem é a necessidade de comunicação. No princípio, o homem escolheu duas linguagens "naturais", isto é, duas linguagens fundadas sobre signos sensíveis; a do movimento e a da voz. A linguagem do *movimento*, seja mediatizada pelo *gesto*, seja "imediatizada" pelo *tocar*; Rousseau toma a *vista* como o órgão sensível correspondente a esta linguagem do movimento. A linguagem da *voz* se endereça ao *ouvido*. Todavia, se estas duas linguagens são naturais, a linguagem gestual (do movimento) é mais fácil e menos convencional do que a linguagem do som (voz) menos variada e menos expressiva. Assim, Rousseau estabelece as seguintes relações: a gesticulação está para a pantomima assim como a gramática está para os símbolos dos egípcios; do mesmo modo, as palavras estão para os signos assim como o ato de falar está para o ato de mostrar. A linguagem gestual é anterior (cronológica e logicamente) à linguagem das palavras: "[...] A linguagem mais enérgica é aquela onde o signo diz tudo antes que se fale"[116] [...] "Assim fala-se aos olhos bem melhor do que aos ouvidos"[117]. Todavia, se os signos visíveis tornam a imitação mais exata, o interesse é principalmente suscitado pelos sons que não se tornaram ainda palavras.

Se permanecêssemos neste nível, a palavra não seria necessária, pois, como Rousseau escreve, se houvesse pessoas cegas, surdas e mudas, a comunicação seria possível através dos gestos; portanto, observa-se que um único sentido físico é suficiente para a linguagem. Em suma, a arte de comunicar nossas idéias depende menos dos órgãos que nos servem para esta comunicação, do que de uma faculdade própria ao homem, que o faz empregar seus órgãos para este uso. Mas, enquanto a linguagem dos gestos vincula-se às necessidades físicas, a linguagem do som vincula-se às paixões. É assim que a linguagem dos primeiros homens foi uma linguagem de poetas e não de geômetros; os primeiros homens falaram com uma linguagem viva e figurada. Neste sentido, Rousseau nota que começamos por sentir e não por raciocinar; a palavra nasceu das paixões e das necessidades morais, porque as paixões aproximam os homens enquanto as necessidades os separam. Portanto, as primeiras línguas foram principalmente "cantantes" e "apaixonadas" em vez de simples e metódicas. Assim também, para Artaud, a linguagem em estado "bruto" é musical, sendo a gramática posterior.

Segundo Rousseau, a primeira linguagem figurada vinculada às paixões torna-se "poesia", enquanto a linguagem conceitual vinculada à razão aparece mais tarde. A "palavra figurada" precede o

---

116. Jean-Jacques Rousseau, *Essai sur l'Origine des Langues*, PUF, p. 502.
117. Rousseau, *op. cit.*, p. 503.

"nome próprio", pois a primeira idéia apreendida a partir da relação entre o homem e o mundo que o circunda não é a verdade, mas uma *imagem* ilusória. O homem fala por exclamações vivas e não-articuladas. E observa-se que esta concepção de uma linguagem não-articulada, musical e pré-gramatical aproxima Rousseau de Artaud de uma forma marcante. Assim, para Rousseau, a primeira língua foi constituída por imagens e figuras de sentimento entendidas como uma "resposta" do homem à impressão do objeto observado, com a finalidade de comunicar sua paixão ao outro. As vozes naturais apresentam-se não-articuladas e os sons são variados. A diversidade dos sotaques multiplica as mesmas vozes, enquanto a variedade rítmica dá nascimento a uma nova fonte de combinações. A primeira língua é um canto da natureza que ecoa sobre a paixão do homem. Este emite sons não-articulados, que persuadem o outro segundo a eufonia e a beleza dos sons; é uma verdadeira linguagem pictórico-musical. Assim também, para Artaud, o trabalho sobre a materialidade da linguagem, musical e graficamente, é semelhante aos "hieróglifos" egípcios ou à escrita chinesa. E a esta linguagem "cantante", Rousseau tanto quanto Artaud opõe a linguagem das palavras, criada por convenção. Os sons são articulados e tornam-se palavras com um sentido preciso e definido, conceitual. Fala-se após uma submissão às leis da sintaxe e às da gramática, para convencer o outro através de um discurso racional centrado sobre o logos. A linguagem torna-se cada vez mais complexa; à linguagem fundada sobre a paixão substitui-se outra, fundada sobre as idéias "justas"; à linguagem do coração substitui-se a linguagem da razão; ao sotaque substitui-se a articulação. E, como se não bastasse, um novo modo de linguagem nasce: a escrita.

A escrita é um modo espacial da linguagem. Inicialmente, o ato de escrever é o ato de pintar os próprios objetos, seja através de figuras alegóricas (escrita egípcia), seja diretamente (escrita mexicana). Este estado da escrita supõe a existência de uma sociedade com necessidades nascidas das paixões. O segundo tipo de escrita é aquele ligado à representação das palavras e das proposições por caracteres convencionais. A língua já está formada e o povo já se encontra unido por leis comuns. Rousseau dá como exemplo a escrita chinesa que pinta os sons e fala aos olhos. Por último, a escrita decompõe a voz falante em um certo número de partes elementares, quer vocais, quer articuladas, a fim de formar todas as palavras e todas as sílabas. É a escrita inventada pelos povos comerciantes, para encontrar caracteres comuns a todo o mundo. E a estas três formas de escrever correspondem três formas para o povo viver conjuntamente na nação. À "pintura dos objetos" correspondem os povos selvagens; aos signos das palavras, correspondem os povos bárbaros; e, por último, à escrita alfabética correspondem os povos civilizados. É, justamente, em decorrência da coerção ligada à escrita alfabética, organizada segundo a sintaxe que Artaud tenta quebrar a linguagem gramatical, considerada por ele um entrave à manifestação de sua linguagem corporal.

Entre a arte da palavra e a da escrita há um "hiato", que aparece na distinção entre a expressão e a exatidão. Com o advento da escrita ortográfica as vozes e as diversas articulações são representadas pelos mesmos caracteres, fazendo com que se caia numa representação abstrata em relação à linguagem fundada sobre o canto. A escrita toma todas as palavras no que elas têm de *comum*. No entanto, se a palavra permite a variação das acepções pelos *tons*, a escrita não varia segundo a sonoridade. Ou seja, o espaço da escrita é frio e estático em relação ao espaço da voz, vivo e musical; assim também, para Artaud, há um menospreso da escrita em relação à verbalização, pois a primeira representa um espaço fixo e inconsciente, em oposição à força viva da palavra. Neste sentido, a "nostalgia" desta linguagem musical originária em Rousseau irá repercurtir em Artaud.

Já não temos idéia de uma língua sonora e harmoniosa que fale tanto pelos sons quanto pelas vozes. Rousseau cita um texto explícito de M. Duclos sobre a língua grega que era uma língua musical:

> Dioniso de Halicarnasse diz que a elevação do tom no acento agudo e o abaixamento no grave eram de uma quinta: assim o acento prosódico era também musical, principalemtne o circunflexo, onde a voz, depois de ter subido uma quinta, descia uma outra quinta sobre a mesma sílaba[118].

Contrariamente à língua grega, as línguas modernas não têm acento musical; têm apenas o acento prosódico e o acento vocal. E se acrescentarmos o acento ortográfico nota-se que não muda em nada a voz, nem o som, nem o ritmo. Como prova, Rousseau pede ao leitor que se situe exatamente pela voz em uníssono com um instrumento musical qualquer e pronuncie em seguida todas as palavras francesas acentuadas diversamente, mas todas em conjunto. Observar-se-á que todos os acentos exprimem-se sobre o mesmo tom; não há sons diferentes. Isto é, a musicalidade é acrescentada do exterior; falta uma musicalidade a partir da qual a linguagem se constituiria. Nesta medida, Rousseau e Artaud observam que as línguas modernas tornam-se cada vez mais lógicas e gramaticais, ganhando em clareza, em detrimento da *força viva*. É assim que uma língua torna-se cada vez mais fria, monótona e não-musical. O "arbitrário" do signo torna-se, doravante, a principal marca das línguas estabelecidas sobre a sintaxe gramatical.

---

118. Jean-Jacques Rousseau, *op. cit.*, cap. V, p. 514.

Sobre esta passagem entre os dois tipos de línguas Rousseau conta-nos que, no início das "sociedades em estado nascente", havia somente a sociedade da família, as leis da natureza, a linguagem *gestual* e alguns sons *não-articulados*. Com o desenvolvimento das "luzes", ao mesmo tempo que das relações sociais, a piedade, virtude natural ao coração do homem, leva-o à identificação com o ser que sofre, na figura do outro. A sociedade nasceu em função da subsistência, como as línguas nasceram em função da comunicação. Todavia, após esta "idade de ouro" em que a terra alimenta os homens e onde não há nenhuma necessidade que não seja satisfeita, a desigualdade aparece, como atesta minuciosamente o *Discours sur l'origine de l'inégalité parmi les hommes* (*Discurso sobre a Origem da Desigualdade entre os Homens*). Os homens cercam suas terras, a posse os divide em ricos e pobres, fracos e fortes, o desejo de poder e riqueza nasce e cresce; os homens mudam e adquirem novas necessidades que não são totalmente satisfeitas. Este estado de egoísmo e de guerra, exige o estabelecimento de um "pacto social" a fim de que os homens permaneçam juntos. Todavia, antes deste pacto, "no estado das sociedades nascentes", os homens sentem necessidade de uma linguagem que lhes permita falar entre si e se exprimir. As primeiras línguas nasceram de encontros agradáveis entre os homens; possuem a vivacidade das paixões agradáveis, filhas do prazer e do sentimento e não de necessidades. Rousseau, como Artaud, recusa uma linguagem originada pelo utilitarismo; e se esta linguagem utilitarista existe, ambos a consideram posterior à linguagem rítmica, corporal e gestual. É assim que Rousseau diz que as línguas ocidentais pertencem, antes, ao espaço da escrita do que ao espaço da palavra, enquanto as línguas orientais têm sua força nos acentos: "[...] Julgar a genialidade dos orientais pelos seus livros, é querer pintar um homem sobre seu cadáver"[119]. A escrita é como a morte em relação à musicalidade dos textos *orais*.

As primeiras articulações, diz Rousseau, nasceram com as primeiras vozes e os primeiros sons, com as diferentes paixões. As sílabas vinculam-se estreitamente à cadência e ao ritmo sonoro; os versos, a palavra e os cantos têm a mesma origem: "os primeiros discursos foram as primeiras canções... A poesia foi encontrada antes da razão... Dizer e cantar eram, no passado, a mesma coisa"[120]. A língua nasceu com a poesia e a música que regia a gramática. E este "estado primitivo" ou "selvagem"[121] mostra que há uma linguagem

---

119. *Idem*, p. 528.
120. *Idem*, p. 259.
121. Deve-se notar que, segundo Lévi-Strauss, o Pensamento Selvagem é este que corresponde à *Arte* e que é anterior ao pensamento *científico*, racional. Este pensa-

anterior à linguagem conceitual que trabalha com idéias; esta linguagem primeira pode ser chamada de "artística" em oposição ao pensamento discursivo. Assim também, para Artaud, a linguagem do Corpo enquanto carne sensível opõe-se à linguagem gramatical.

Rousseau recusa uma concepção sensualista da arte; isto é, os sons musicais afetam o homem enquanto funcionam como signos ou imagens de sentimentos morais e não enquanto representam puras sensações. Este princípio permite a Rousseau fazer uma distinção entre o domínio das belas-artes e o das ciências naturais, podendo, então, estabelecer uma diferenciação entre a beleza "natural" dos sons que formam um conjunto agradável fisicamente, e a beleza "artística" dos sons animados pelas inflexões melodiosas familiares a quem as escuta. Ou seja, a fruição artística e musical vincula-se diretamente à "cultura" do ouvinte. É preciso habituar e educar o ouvinte a fim de que ele saboreie a música artisticamente e não enquanto ruído. Mas, este papel artístico, ao mesmo tempo, deve estar em harmonia com as paixões materializadas na melodia. As inflexões das vozes constituem-se como os signos vocais das paixões; e Rousseau não se contenta em dizer que a música imita as paixões, mas, principalmente, que ela as "fala": "[...] sua linguagem não-articulada, mas viva, ardente, apaixonada, tem cem vezes mais energia do que a própria palavra"[122]. Novamente torna-se perceptível a relação entre Rousseau e Artaud, pois ambos chamam a atenção para uma linguagem musical, não-articulada, mais viva do que a linguagem das palavras. Enquanto Rousseau critica a pobreza e a monotonia do intervalo harmônico que submete os cantos a apenas dois modos, em favor da multiplicidade dos *tons oratórios*, Artaud denuncia, no nível da linguagem, "o imperialismo" do signo lingüístico em relação aos demais signos, porque este imperialismo favorece a monotonia em detrimento de uma linguagem não-articulada, musical e corporal.

Se indagarmos qual importância desta concepção da música, em Rousseau, encontramos em Bento Prado uma resposta[123]. Rousseau, escreve Bento Prado, prenuncia a "morte" de uma filosofia, ociden-

---

mento, que é "selvagem" e não pensamento "dos selvagens", existe mesmo nas sociedades modernas e co-existe com a ciência. Há, segundo L.-Strauss, dois tipos de *lógica*: uma *sensível*, que é a da arte, e, a outra, *racional*, que é a da ciência. Se considerarmos Nietzsche, constatamos que ele é muito mais radical, pois ele chega mesmo a dizer que o pensamento científico, calculador, perdeu o sentido da Vida, em oposição ao pensamento fundamental, o pensamento artístico. Esta concepção aproxima-se mais da de Artaud do que da de Lóvis Strauss.

122. Rousseau, *op. cit.*, p. 533.
123. Bento de Almeida Prado Jr., "Filosofia, Música e Botânica: de Rousseau a Lévi-Strauss", *Estruturalismo*, Tempo Brasileiro, n. 15/16, 2ª ed., pp. 173-182.

tal, denunciando através de uma certa idéia da razão, o próprio projeto de universalidade da tradição da filosofia clássica como "ideologia, prática antropofágica de uma consciência singular ou de uma certa cultura"[124]. Ora, o que Bento Prado nos propõe é que dirijamos nosso olhar para a "visão de uma paisagem selvagem"[125], que pode "vibrar na percepção e repercutir no corpo"[126], o que nos conduz a um uso *estético* da razão, mergulhada no espaço que mistura o sensível e o inteligível numa mesma teia. Em Rousseau, a descoberta dos limites da filosofia está ancorada na recusa de toda representação "filosófica" do homem, isto é, segundo Bento Prado, na recusa de qualquer perspectiva visando-o na sua identidade, esquecendo-se de procurá-lo no "movimento em que se destaca do outro"[127]. "Decentrado de sua pura imanência"[128], a arqueologia recuperara, através de Rousseau, uma ordem que precede o homem, inscrevendo-o no espaço da Etnologia, no espaço do Saber.

A leitura de Bento Prado chama a atenção, brilhantemente, para a relação entre Rousseau e Nietzsche quando ambos questionam a gênese da "Vontade do Verdadeiro". Nietzsche, na linha de Rousseau[129], desloca o problema da questão da Verdade para uma camada mais originária, perguntando: "Admitindo que queiramos o verdadeiro, por que não querer antes o não verdadeiro?"[130] Analogamente, Rousseau mostra um valor mais fundamental do que a "Vontade de Verdade". É assim que se instaura a distinção entre o homem "veraz" e o homem "verdadeiro", mostrando os limites da filosofia da representação, substituindo o Cogito cartesiano pelo "sentimento da Existência". Ao mesmo tempo, a humanidade liberta-se da metafísica e apóia-se, como em Artaud, na Vida. Com a linguagem musical, Rousseau volta-se contra o egocentrismo, e "transforma a consciência do auditor em relação aos outros e ao seu próprio corpo"[131]. Sendo cultura desde o seu "ponto zero" de linguagem, a música comove a alma somente se renunciar a mover o corpo; todavia, não é atribuída à música uma função representativa, pois não torna as coisas intelectualmente presentes, mas é, antes, uma outra alma e sua maneira de sentir que vêm à tona.

124. *Idem*, p. 173.
125. *Idem, ibidem*.
126. *Idem, ibidem*.
127. *Idem*, p. 174.
128. *Idem*, p. 173.
129. Cf. a nota de rodapé de Bento de A. Prado, *op. cit.*, p. 174.
130. Nietzsche, *Para Além do Bem e do Mal*, Aubier, p. 21, nota 2, citada por Bento de A. Prado, p. 174.
131. Bento de A. Prado, *op. cit.*, III, p. 179.

Se nos ativermos ao "espaço vazio", para usar uma expressão de Bento Prado, que separa e une, ao mesmo tempo, Rousseau e Artaud, encontraremos no pensamento de Rousseau, ao fazer a divisão entre o *canto* e a *palavra*, esse espaço.

A divisão entre o *canto* e a *palavra* é tal que eles se tornam duas linguagens que se combatem e se contrariam, até o ponto de considerar que é ridículo exprimir as paixões sérias pelos cantos: "[...] pois ele sabe que em nossas línguas estas paixões jamais têm inflexões musicais, e que os homens do norte, não mais que os cisnes, não morrem cantando"[132]. Nota-se, através deste texto, a divisão nítida entre a *palavra* que se torna um signo privilegiado, ligado ao espírito "sério", em oposição ao signo musical, considerado *superficial* e *secundário*. Para Rousseau a oposição palavra/melodia é retomada por Artaud, como oposição existente entre o *conceito* e uma linguagem *corporal* e *gestual*, como uma divisão que deve ser ultrapassada. No entanto, se observamos a semelhança marcante entre Rousseau e Artaud, do ponto de vista de uma linguagem musical, prévia à linguagem conceitual, precisamos notar também que há uma diferença entre ambos.

Rousseau admite que os sons musicais existem na melodia enquanto signos das afeições e dos sentimentos, mas cada um é afetado somente por acentos musicais que lhe são familiares; seus nervos se predispõem somente quando seu espírito os dispõe: "É necessário que ele compreenda a língua que se lhe fala, a fim de que isto que se lhe diz possa colocá-lo em movimento"[133]. Portanto, a diferença entre os nervos e o espírito tem a função de mostrar a separação entre os fenômenos "naturais" e os fenômenos artísticos, ligados aos sentimentos morais. Em Artaud é, justamente, a correspondência entre os *nervos* e a *linguagem*, mais do que a vinculação aos sentimentos morais, que torna possível uma linguagem musical, primitiva, anterior à linguagem das palavras. Para Rousseau, a linguagem musical é concebida de um modo diferente, devido à relação entre os sons e os sentimentos morais que Artaud quer ultrapassar. Há, assim, um paralelismo entre a linguagem-grito de Artaud oposta a linguagem-gramática, e o corpo sem órgãos oposto ao organismo. O núcleo é o mesmo, o que permite uma espécie de "síntese" entre Carne e Poesia.

1.5. O ARTIFÍCIO CINEMATOGRÁFICO

O objetivo de Artaud, ao propor uma linguagem física e musical, é mostrar que a linguagem fundada sobre as palavras é apenas uma

---

132. Rousseau, *op. cit.*, p. 533.
133. *Idem*, pp. 534-535.

das linguagens possíveis, e que no domínio da arte tal linguagem não é anterior à materialidade da linguagem artística, mas, principalmente, deve haver uma relação de "sincronização" entre as palavras e o material artístico. Se tomarmos o exemplo do cinema, Artaud nos diz que não há "representação" no verdadeiro cinema. Ele recusa a concepção de um cinema que seja o reflexo de um mundo que busca alhures sua matéria e seu sentido, do que na tela. Portanto, contra toda concepção intelectualista do cinema, Artaud afirma que:

> [...] encontra-se na origem de toda emoção, mesmo intelectual, uma sensação afetiva de ordem nervosa que comporta o reconhecimento a um grau elementar... sensível, de algo substancial, de uma curta vibração que lembra sempre estados, sejam conhecidos, sejam imaginados... O sentido do cinema puro estaria portanto na restituição de um certo número de formas desta ordem, num movimento e segundo um ritmo que seja a contribuição específica desta arte[134].

Em suma, entre a abstração visual linear do cinema e uma concepção psicológica que considera, antes de tudo, o aspecto dramático do filme, Artaud procura uma terceira via.

Esta terceira via é a que propõe um filme com situações puramente visuais e cujo drama decorreria esgotado na própria substância do olhar. Isto é, o sentido do filme não seria proveniente do desenrolar discursivo, na medida em que as imagens não se reduzem à tradução de um texto verbal. Artaud abole o uso da emoção que repousa apenas sobre um texto excluindo as imagens, assim como recusa uma "emoção verbal" que tem necessidade de apoiar-se sobre as palavras e de que as imagens girem em torno de um sentimento do "claro e racional". À linguagem fundada sobre a razão discursiva, Artaud opõe uma linguagem apreendida no próprio "visual", e onde a psicologia é devorada pelos atos:

> Não se trata de encontrar na linguagem visual um equivalente da linguagem escrita da qual a linguagem visual seria apenas uma péssima tradução, mas antes de fazer publicar a essência mesma da linguagem e de transportar a ação sobre um plano onde toda tradução tornar-se-ia inútil e onde esta ação agisse quase que intuitivamente sobre o cérebro[135].

Isto não quer dizer que Artaud proponha um puro formalismo que dissolveria a psicologia em figuras geométricas. Já observamos, na referência ao cubismo, que o poeta recusa a suposição de um formalismo puro; por outro lado, a psicologia humana deve existir aí, mas de um modo muito mais ativo e vivo do que nas imagens

---

134. A. A., t. III, pp. 22-23.
135. A. A., t. III, p. 23.

apoiadas sobre um texto verbal. A psicologia humana deve explodir em imagens. Estas devem derivar de si mesmas e seu sentido não deve ser procurado numa narração que se desenvolveria num encadeamento de raciocínios, mas sim, por uma espécie de necessidade interior que se impõe por si mesma. Em lugar da linguagem conceitual, o cinema substitui a "derme" da realidade, através das imagens que se deduzem umas das outras enquanto imagens, e terminam por impor uma síntese objetiva mais profunda do que as abstrações conceituais. As imagens cinematográficas criam "mundos" que nada exigem fora de si próprios; todavia, estes "mundos criados" falam uma linguagem inorgânica que comove o espírito por "osmose", segundo Artaud, e sem nenhuma transposição nas palavras. Observa-se que a matéria artística é exaltada, ela mesma, em sua "espiritualidade"; isto é, em suas relações com o pensamento do pensamento do qual derivou; a linguagem das palavras, neste momento, não diz a "última palavra". Mas, se as imagens constituem uma linguagem, pergunta-se se não há "som" nos filmes, na perspectiva de Artaud.

Não se pode afirmar que não exista uma linguagem falada nos filmes; existe, mas, segundo Artaud, a musicalidade desta linguagem é mais importante do que seu sentido discursivo[136], tanto assim que nos propõe, em sua adaptação de *Le Maître de Ballantrae*, sonorizar o discurso do mestre no deserto, com sua voz repercutindo nas solidões, ou, ainda, quando propõe sonorizar os apelos dos bandidos desgarrados, aturdidos com o barulho do vento e os latidos dos cachorros selvagens e dos lobos. Artaud chega mesmo a propor sonorizar o silêncio do deserto, com ruídos que nos permitam escutar o vento.

Nos filmes empregam-se palavras articuladas para fazer "explodir" as imagens; as vozes estendem-se no espaço como objetos. Neste sentido, o público deve considerar as palavras sobe o plano visual. Há uma organização da voz e dos sons, tomados em si mesmos e não enquanto "conseqüência física" de um ato. Não se coloca a questão a propósito do acordo entre as palavras e os fatos. É o movimento que reúne os sons, as vozes, as imagens e as interrupções de imagens num mesmo mundo objetivo que conta. Neste sentido, o cinema constitui uma linguagem no mesmo nível que a poesia, a pintura e a música. E como em todas estas práticas artísticas, o cinema é um exemplo favorável a Artaud para mostrar que, apesar do cinema ser

---

136. Deve-se notar que a mesma noção sobre um tal uso da linguagem das palavras encontra-se nos textos de Artaud sobre a constituição do Teatro da Crueldade, quando afirma que é preciso dar à linguagem das palavras a mesma importância que as palavras têm nos sonhos; isto é, elas se apresentam, principalmente, como palavras-imagens, simbólicas (no sentido onírico) do que enquanto palavras-conceitos.

uma prática artística que trabalha diretamente com imagens, não é uma arte da "representação", pois é certo que toda imagem, seja a mais seca, seja a mais banal, chega sempre transformada na tela. As leis do pensamento causalista caem por terra para dar lugar a uma outra lógica, a do pensamento profundo, que quebra o princípio lógico de Identidade[137]. É assim que Artaud afirma:

> Eis por que o cinema parece-me principalmente feito para exprimir as coisas do pensamento, o exterior da consciência... O pensamento claro não nos basta... O cinema reaproximar-se-á cada vez mais do fantástico... quanto ele é em realidade todo o real... ou melhor será do cinema como da pintura, como da poesia... na medida em que a ordem estúpida e a clareza habitual são seus inimigos[138].

Através deste texto vê-se que a razão discursiva é ultrapassada em função de uma lógica fundada sobre "leis" da Vida oculta do pensamento. Estamos numa outra camada, onde as imagens são ditadas pela profundidade do pensamento. Não se deve procurar aí uma lógica que não existe nas coisas, mas, principalmente, interpretar as imagens que possuem sua significação apreendida de seu exterior "sensual" imbricado no interior do pensamento. Artaud descarta toda concepção que reduz a função do cinema a nos contar uma história; o filme desenvolve, mais do que uma história, uma cadeia de explosões do espírito que se deduzem umas das outras, como o pensamento se deduz do pensamento, sem que este reproduza a seqüência racional dos fatos. Se podemos falar em sentimento, é somente na medida em que este resvala entre as imagens. O cinema torna-se uma linguagem que provoca uma repercussão "mágica"[139], que isola a linguagem cinematográfica de qualquer espécie de representação de um real exterior, a fim de fazer as imagens participarem da vibração da mesma e do nascimento inconsciente do pensamento. Além do sentido lógico das imagens, o filme vive de sua vibração, de seu choque e de sua mistura. Desta forma, é necessário investigar,

---

137. O princípio de Identidade: $A = A$, $A \neq B$ é ultrapassado em função de uma lógica simbólica, como a dos sonhos. Observa-se também que, em Nietzsche, este problema se coloca na teoria do Eterno Retorno. Este não significa o retorno do Mesmo, mas, antes, o próprio Devir ou o Ser enquanto se afirma disto que passa ou do Devir. Ou seja, a *Identidade* no Eterno Retorno não designa a natureza disto que volta, mas, ao contrário, o fato de voltar para isto que "difere". Assim, o Eterno Retorno depende ele mesmo de um princípio que não a *Identidade*, mas que deve preencher as exigências de uma verdadeira razão suficiente.

Apesar das diferenças entre Nietzsche e Artaud, o "fundo" de seus pensamentos a propósito do princípio de *Identidade* permanece o mesmo.

138. A. A., t. III, pp. 84-85.

139. Encontra-se esta mesma noção de uma linguagem "mágica" a propósito da linguagem utilizada no Teatro da Crueldade.

segundo Artaud, as razões profundas e os impulsos velados dos atos "lúcidos" no nascimento oculto e nas flutuações do sentimento e do pensamento[140]. É assim que Artaud estabelece uma comporação entre o cenário do filme denominado *La Coquille et le Clergyman* (*A Concha e o Clérigo*) e o mecanismo de um sonho:

> É dizer a que ponto este cenário pode assemelhar-se e aparentar-se à *mecânica de um sonho* sem ser verdadeiramente um sonho ele mesmo, por exemplo... o espírito entregue a si mesmo e às imagens, infinitamente sensibilizado... pronto para recuperar suas funções primeiras, suas antenas voltadas para o invisível, a recomeçar uma ressurreição da morte[141].

Reencontra-se, aqui, a mesma idéia já aparecida nos textos sobre a relação entre o pensamento e a literatura, e que é a de recuperar a "materialidade" do pensamento, que se torna uma linguagem que "se deixa falar".

Se o cinema se torna uma linguagem, ele nos conta alguma coisa, mas sem ser reduzido a uma "cópia" ou a uma representação fiel de uma exterioridade dada. Seu papel é o de colocar-se no lugar do olho humano e de fazer um trabalho de eliminação organizada, retendo apenas o que considera ser o melhor, isto é, os aspectos do real que são filtrados e apresentados à sensibilidade dos que vão acolhê-los, de uma forma significativa. O cinema apresenta-nos um mundo que foi previamente cortado por uma máquina que funciona como um "olho humano", estreitamente ligado a uma vontade humana particular, precisa e, todavia, arbitrária, ao mesmo tempo. Portanto, se o cinema impõe uma ordem em face dos objetos, pode-se dizer que esta ordem é *válida*, mais do que verdadeira[142], e esta validade, por sua vez, apóia-se sobre critérios fundados sobre a percepção e sobre nossa sensibilidade, mais do que sobre uma cadeia de raciocínios. Instalamo-nos, no exemplo do cinema, uma lógica do sensível, pois, apesar das imagens se dirigirem à nossa sensibi-

---

140. Encontra-se uma concepção análoga em Bachelard, a propósito do sentido das imagens poéticas, enraizadas na profundidade de nosso pensamento o mais íntimo. Portanto, como esta passagem em Artaud, Bachelard propõe-nos em seus textos sobre os Quatro Elementos que constituem a Imaginação Poética, o mesmo esquema. Há um movimento de interpretação dos textos que vai das coisas (ditas reais) a uma camada, a mais profunda do pensamento, que se apresenta como um "élan" ou uma "força ativa", que dá um sentido às imagens poéticas. Tanto Bachelard, quanto Artaud, nesta passagem de suas obras, ocupam-se de um pensamento misturado às imagens, ancorado no sensível.

141. A. A., t. III, p. 91.

142. Esta noção da arte que não apresenta um sentido verdadeiro é o tema fundamental em Nietzsche, em relação à arte. O artista é o que detém o poder porque propõe a potência do "falso", em oposição ao homem científico que procurou a "verdade" de um mundo objetivo.

lidade, elas se apresentam, após sua escolha inicial, com um rigor incontestável; a figura de um filme é definitiva e sem apelo, porque a ação das imagens está sob a interdição de mudar. Há, portanto, uma necessidade das imagens que nasce do acaso e de um "envolvimento mágico" do visual em relação à nossa sensibilidade, pois o desenrolar e o aparecimento rápido das imagens escapam às leis e à própria estrutura do pensamento discursivo, a fim de mergulhar na face "oculta" do pensamento. Em suma, por um lado, Artaud observa que a verdadeira significação do cinema encontra-se nas imagens, mas, por um, isto não significa que é preciso eliminarem-se as palavras, mas, principalmente, mudar sua função de um "Discurso Primeiro" para considerá-las como um elemento fundido à "prática visual".

Em lugar de uma explicação fundada sobre a concepção ocidental da razão, a linguagem cinematográfica é a revelação da *barbárie* dos nossos atos. A própria imagem realiza a noção de *síntese objetiva*, apresentando-se como uma verdadeira *revolução*, através da linguagem imagística do "sobressalto" que é a metáfora artística da própria convulsão da realidade. Há, portanto, uma revolução completa da óptica, da perspectiva e da lógica, reforçando a luta de Artaud contra a representação e a identidade. Os filmes são "psíquicos" porque apresentam a alma em sua pureza dada e não "psicológicos", pois não se trata neles de um saber científico sobre a alma. O filme aparece como visionário, revelação (conhecimento do oculto) e iluminação (recepção da luz); portanto, é a arte como anti-razão, onde o *maravilhoso*[143] toma corpo nas figuras da alucinação, da magia e do sonho. O cinema aparece como Liberação (revolução) na forma de uma seqüência de "estados de espírito" ou de "pensamento", que não reproduzem uma seqüência razoável nem de fatos, nem de idéias[144] não sendo, portanto, nem intelectual, nem dramático.

A preocupação de um operador de cinema em relação à linguagem das palavras será a de um trabalho de harmonização entre o texto e as imagens; a simples sincronização não é suficiente, pois a simples correspondência biunívoca entre as palavras e as imagens não chega a juntá-las na mesma prática cinematográfica, de forma significativa. Para eliminar este destacamento entre o texto e as imagens é necessário utilizar da dublagem que pressupõe todo um trabalho prévio em relação aos sons. É preciso aplicar, antes de tudo,

---

143. Esta noção do *maravilhoso*, característica das imagens cinematográficas propostas por Artaud, reaparece em autores contemporâneos tais como Borges e Cortázar, cujos contos poderiam ser cenários de Artaud. Cf. David Arrigucci, *O Escorpião Encalacrado*, São Paulo, Perspectiva 1973.

144. Observar que *fatos* e *idéias* são o campo privilegiado da representação.

a *dicção* que ultrapassa a simples utilização de um discurso falante, a fim de considerar a tonalidade das palavras e a sonoridade musical, porque o texto deve estar diretamente enraizado no movimento visual das imagens. É assim que Artaud escreve: "O *dubling*, isto é a dublagem, mas por equivalência de som, por equivalência de dicção"[145].

É porque Artaud enfatiza a adaptação entre o texto e as imagens, que pode recusar a *chefs-d'oeuvre* ("obras-primas") considerados por ele como pessoas que pertencem a uma elite, incompreensíveis em relação à multidão. Ao culto dos *chefs-d'oeuvres* do passado, que não são bons a não ser para o passado, segundo Artaud, é necessário responder às formas de sentir atuais com uma linguagem acessível a todos. É preciso descartar os "maneirismos", isto é, hábitos imutáveis de uma linguagem, a fim de restabelecer um contato com o ritmo de nosso tempo. Aos estetas formalistas, Artaud grita:

> Reconheçamos que isto que foi dito não é mais para ser dito, que uma expressão não vale duas vezes... que toda palavra pronunciada é morta e age apenas no instante em que é pronunciada, que uma forma empregada não serve mais e convida somente a pesquisar uma outra, e que o teatro é o único lugar no mundo no qual um gesto feito não se recomeça duas vezes[146].

É preciso combater os *chefs-d'oeuvre* porque são literários, fixados em "formas" separadas de nosso tempo e cultuadas enquanto divindades. Contra esta idolatria, estreitamente ligada ao conformismo burguês, é que Artaud se baterá. Conformismo que confunde as idéias com as "formas" fixadas de uma vez para sempre, ignorando que "uma expressão não vale duas vezes" cultivando o morto para afastar o vivo, dissimulando a revolução teatral. Conformismo que distancia o público que não é esteta, porque este mesmo público é acusado de ter "mau gosto", no momento em que este "mau gosto" é julgado somente após uma fixação em regras e em modelos preestabelecidos que não são mais vivos, pois não correspondem mais à sensibilidade da época e deixam escapar o principal, isto é, que uma forma, uma vez empregada, só tem valor como incitação à procura de outra.

Esta nova sensibilidade da época que Artaud aponta através do exemplo do cinema aproxima-se das concepções de Walter Benjamin, quando este indica que o espaço e o tempo da Física Clássica deram lugar a uma nova concepção de espaço-tempo não-linear, operando transformações na técnica das artes, agindo sobre a própria invenção e alterando a noção mesma da arte[147]. É neste quadro que

---

145. A. A., t. III, p. 110.
146. A. A., t. IV, p. 91.
147. Cf. Walter Benjamin, "A Obra de Arte na Época de sua Reprodutibilidade Técnica", em *Teoria da Cultura de Massa*, Luiz Costa Lima (org.), Rio de Janeiro,

o cinema aparece, para Walter Benjamin, enquanto uma prática que altera toda a significação tradicional da arte. A obra de arte, por princípio, sempre foi suscetível de ser reproduzida, todavia, as *técnicas* de reprodução são um fenômeno inteiramente novo. Da fundição e do relevo por pressão utilizados pelos gregos, passando pela gravura em madeira, a litografia, até a fotografia que contém o filme falado em gérmen, há um processo histórico dialético das artes e técnicas de reprodução.

No entanto, a noção-chave para Walter Benjamin se situa na *aura* da obra de arte, isto é, "[...] o *hic et nunc* da obra de arte, a unicidade de sua presença no próprio local onde ela se encontra... sua autenticidade... na época da reprodutibilidade técnica, o que é atingido na obra de arte é sua *aura*"[148]. Com a reprodução técnica, anula-se o problema do objeto original, podendo o objeto reproduzido ser transportado para lugares ou situações diversas do original. Conseqüentemente, a *autenticidade* da obra de arte é abalada, bem como o testemunho histórico do objeto, que perde sua "autoridade"[149]. Neste sentido, o cinema, nascendo de uma nova técnica reprodutiva, abala a tradição, como também o queria Artaud, salientando seu aspecto destrutivo ou catártico (nos termos de Benjamin), liquidando o elemento tradicional na herança cultural.

Instaurando-se uma nova percepção com o declínio da "aura": "[...] única aparição de uma realidade longínqua, por mais próxima que ela possa estar"[150], o filme corresponde à necessidade de se apoderar do objeto do modo mais próximo possível à sua imagem, *não* quanto à sua cópia, mas em sua reprodutibilidade. No filme, a técnica de produção exige e funda sua técnica de reprodução; cai por terra o valor ritualístico e de culto da obra de arte única, sendo substituído por outra forma da "práxis", segundo Benjamin, a política, aparecendo em primeiro plano o "valor expositivo" da produção artística. Ao se apresentar para o olhar da câmera, o ator de cinema sente-se exilado de si mesmo, devendo agir com sua personalidade viva e

---

Saga 1969. "No decorrer dos grandes períodos históricos, com relação ao meio de vida das comunidades humanas, via-se, igualmente, modificar-se o seu modo de sentir e de perceber. A forma orgânica que é adotada pela sensibilidade humana – o meio no qual ela se realiza – não depende apenas da natureza, mas também da história" (p. 212).

148. *Idem*, pp. 210-211.

149. "[...] Um fato verdadeiramente decisivo e o qual vemos parecer pela primeira vez na história do mundo: a emancipação da obra de arte com relação à existência parasitária que lhe era imposta pelo seu papel ritualístico. Reproduzem-se cada vez mais obras de arte que foram feitas justamente para serem reproduzidas [...] Mas, desde que o critério de autenticidade não é mais aplicável à produção artística, toda a função da arte fica subvertida. Em lugar de se basear sobre o ritual, ela se funda, doravante, sobre uma outra forma de práxis: a política" (Walter Benjamin, pp. 215-216).

150. *Idem*, p. 213.

inteira, mas sem a "aura". A "ilusão" do filme só existe após haver sido feita a montagem das seqüências. A realidade enquanto tal é uma quimera, pois é somente através do artifício da aparelhagem que ela existe no filme. Assim, "nada demonstra melhor que a arte abandonou o terreno da 'bela aparência', fora do qual acreditou-se por muito tempo que ela ficaria destinada a definhar"[151]. É por isso que o *cameraman*, para Benjamin, é comparável a um cirurgião e não a um curandeiro – este fica à distância, aquele intervém de modo operatório. O cinema é revolucionário, principalmente, sob dois aspectos: seja por fazer-nos melhor perceber as necessidades que dominam nossa vida, ao sublinhar os detalhes ocultos do cotidiano, seja ampliando um imenso campo de ação até então insuspeitado, pelo uso, por exemplo, da câmera lenta, dos *closes*, colocando ao claro um inconsciente visual, semelhante ao movimento da psicanálise, no campo da psique do indivíduo. Fazendo com que tão logo o olhar capte uma imagem tenha que, imediatamente, deslocar-se para outra, faz com que não haja mais espaço para a contemplação. O olhar não se fixa jamais; a sucessão das imagens tem influência traumatizante no espectador; são quadros descontínuos, que se desenrolam num tempo não-linear[152], como a linguagem antidiscursiva que Artaud propõe a fim de expor seu pensamento, na forma de explosões de estados de espírito. Aquilo que para Benjamin é a capacidade do cinema para ir ao âmago de nossa realidade, isto é, desvendar a fragmentação no próprio modo de produzir a obra de arte, é também para Artaud a possibilidade de exprimir o âmago do pensamento contemporâneo como explosão psíquica.

---

151. *Idem*, p. 223.
152. "Para o homem moderno, a imagem do real fornecida pelo cinema é infinitamente mais significativa (do que a da pintura) pois se ela atinge esse aspecto das coisas que escapa a qualquer instrumento – o que se trata de exigência legítima de toda obra de arte – ela só o consegue porque utiliza instrumentos destinados a penetrar, do modo mais intensivo, no coração da realidade", *idem*, p. 228.

2. A Recusa do Duplo Opressor

2.1. A "ORDEM" DA LOUCURA FEITA LINGUAGEM EXISTENCIAL

Constatamos que a destruição da linguagem das palavras, e principalmente da gramática, tinha a finalidade de recuperar um estado pré-verbal, musical e não significante em relação à linguagem discursiva. Desta forma, o Duplo opressor que se apresentava sob a forma do *logos* explode e cede seu lugar à retomada da materialidade da linguagem. Prosseguindo com este mesmo processo de destruição do Duplo, outros elementos aparecem para o pensamento de Artaud: inicialmente, *Deus*, ligado à noção de *ordem*. Verifiquemos mais de perto.

Artaud começa por renegar o batismo, endereçando uma notificação ao Papa. A figura deste último encarna a opressão, na medida em que defende a Pátria e a Família enquanto valores transcendentes que esmagam o indivíduo. Se existe o valor do *mal*, é porque a religião recusa a vida terrestre considerada como alguma coisa ligada ao mal e volta-se para uma felicidade além desta vida terrestre. Esta deve ser constituída por sacrifícios, sujeição aos sacerdotes e numa esperança de felicidade além-túmulo. A luta contra a noção de Deus se dá, para Artaud, como uma luta contra uma falsa-palavra ou um falso-valor que bloqueia o espírito. O Papa apresenta-se como a exterioridade em relação ao *corpo* de Artaud, como aquele que lhe rouba o corpo sob a mistificação de esclarecer a verdade a seguir.

Ou seja, enquanto o Papa é a palavra direta de um Deus que é um usurpador da linguagem do corpo, a única verdadeira, ele e a religião devem ser combatidos. Nesta perspectiva, Artaud afirma que foi ele e não Cristo quem foi crucificado no Gólgota. Deus apresenta-se como aquele que dispôs de Artaud até o absurdo. Portanto, Deus significa a *antivida*, na medida em que, por Ele, Artaud foi reduzido a um "autômato que anda, mas um autômato que sentiria a ruptura de sua inconsciência"[1]. Uma tensão instala-se aqui: de um lado, Artaud é mantido vivo, mas, de outro, ele é um "vazio" feito de negações que o distanciam de si mesmo. A recusa de Deus toma, então, o sentido de uma tentativa para recuperar a vida do próprio Artaud, assim como para instaurar uma ruptura com a fatalidade"[2].

Esta fatalidade apresenta-se como um processo de raciocínios que gira no vazio, como "esquemas"[3] que a vontade não chegaria a

---

1. A. A., t. I, p. 314.
2. É curioso notar que se Deus representa a ordem, o destino, a fatalidade e a determinação absoluta de cada gesto, afeto, palavra, movimento dos órgãos etc., o suicídio poderia ser algo determinado por Deus e aí não seria prova de liberdade. Mas, tal concepção não aparece em Artaud. Ao contrário de Pascal, para quem é preciso, necessariamente, apostar *em* Deus, para Artaud é preciso *matar* Deus. Sendo assim, Artaud é mais radical do que Pascal, pois o mero apostar *contra* Deus poderia ser uma vontade do próprio Deus sobre Artaud. Portanto, enquanto Deus *existir*, o Acaso não é um bem, mas é odioso; a solução radical é eliminá-lo, a fim de que o suicídio de Artaud seja a condição necessária para seu re-nascimento autêntico. Pascal e Artaud são dois pensadores trágicos, anticartesianos, mas que prosseguem por vias opostas; Artaud e Nietzsche caminham paralelamente quanto à questão da "Morte de Deus".
3. Em Artaud, a incapacidade do pensamento em fixar esquemas possíveis vincula-se diretamente à despossessão de si mesmo em relação ao Duplo, tanto quanto à incapacidade de um pensamento que está mergulhado no fragmentário. A palavra "esquematismo" reenvia, na tradição filosófica, ao "esquematismo transcendental" kantiano ou ao "esquematismo dos conceitos puros do entendimento" (cf. *Crítica da Razão Pura* – A. 137/47; B. 176/86). Ele consiste na função intelectual pela qual os conceitos puros do entendimento, inaplicáveis por si próprios e diretamente aos objetos da experiência, são substituídos neste uso por "esquemas" que permitem esta aplicação. Os "esquemas transcendentais" constituem uma representação intermediária, homogênea, por um lado, ao conceito puro, naquilo que ela tem de empírico, mas, por um outro lado, ela reenvia às percepções, naquilo pelo que ela pertence à ordem do sensível, e que permite a subsunção indireta das percepções sob as "categorias". Segundo Bergson, a palavra "esquema" apresenta-se como um desenho geral, movimento de totalização de um processo ou de um objeto. É assim que ele escreve: "Nós desenhamos, com um traço contínuo após ter observado o modelo ou nele termos pensado. Como explicar uma tal falcudade a não ser pelo hábito de desembaraçar imediatamente a organização dos contornos mais usuais, isto é, por uma tendência motora a figurar tudo de um traçado, o esquema?" (Bergson, *Matière et Mémoire*, ch. II, pp. 98-99).

Apesar das diferenças de concepções a propósito da palavra "*esquema*", nota-se que há um sentido que os reúne: a idéia de uma *ação* do pensamento que reúne os dados dispersos e fragmentários das percepções e das imagens sensíveis. O esquema é uma operação de síntese realizada pelo entendimento.

fixar. Ao movimento de recusa de Deus corresponde um movimento de retorno em direção à *lucidez*.

Artaud é crucificado ou está crucificado de 1930 a 1940, por ordem da Segurança Geral Francesa, do "serviço de inteligência", Guépeou e da polícia do Vaticano. Artaud crê-se senhor de sua dor e, neste sentido, denuncia a lei que proíbe a tomada de estupefacientes, pois ele crê que cada homem é um único juiz quanto à quantidade de dor física ou de vacuidade mental que pode honestamente suportar. A ciência médica, neste ponto de vista, representa o arbitrário. Porque ela não é superior ao conhecimento imediato que se pode ter de si próprio: "Eu sou o único juiz disto que está em mim"[4]. "Eu sou testemunha,... a única testemunha de mim mesmo"[5]. Esta concepção, que está no centro do pensamento de Artaud, é o que permite sua linguagem fragmentária, o "jato" de palavras que se apresentam como transformações imperceptíveis do pensamento de Artaud em voz baixa e que têm como único juiz apenas o próprio Artaud. Por conseguinte, as obras possuem um sentido para Artaud somente na medida em que se apresentam como seus "resíduos" inaceitáveis para o homem dito "normal" (o que obedece às leis do discurso logocêntrico) porque não conhece e não re-conhece Artaud. Somente Artaud se conhece, assim como conhece seu pensamento. O julgamento exterior é impossível e inócuo.

Artaud recupera um campo considerado tabu desde o advento da razão clássica – a loucura – na medida em que para ele a linguagem se enraíza, na loucura de seu pensamento fragmentário que é posto, agora, como significante. Artaud exprime aquilo que Foucault busca ao escrever em *A História da Loucura*: mostrar que a loucura nasce da concepção de uma razão que tem necessidade de seu contrário para existir enquanto razão.

Em primeiro lugar, é o próprio Foucault que nos justifica uma *História da Loucura*, quando escreve no Prefácio:

> É necessário fazer a história deste outro lado da loucura... pelo qual os homens, no gesto de razão soberana que aprisiona seu vizinho, comunicam e se reconhecem através da linguagem sem mérito da não-loucura... Tratar de recuperar (*rejoindre*), na história, este grau zero da história da loucura, onde ela é experiência indiferenciada, ...não ainda dividida da própria divisão[6].

Em última instância, o que está em questão desde o início é a censura que estabelece o corte entre razão/não-razão a partir de um "vazio" entre a razão e o que não é ela.

---

4. A. A., t. I, p. 84.
5. A. A., t. I, p. 108.
6. Michel Foucault, *Histoire de la Folie*, Prefácio, p. 8, 1961, col. 10/18. Ed. bras. Perspectiva, São Paulo, 1979.

A finalidade de Foulcault é de se instalar lá onde a loucura e a não-loucura, razão e não-razão estão implicadas, uma existindo em relação à outra, na troca que as separa.

De um lado, a loucura apresenta-se no corte: razão/não-razão que delega o médico para a loucura; de um outro lado, uma razão abstrata vista como ordem, constrição física e moral, e exigência de conformidade, que considera a loucura como um desvio social perigoso. Artaud denunciou esta constrição e esta exigência de conformidade social, em seus escritos. É preciso fazer falar a *linguagem da loucura* além da psquiatria que é, segundo Foucault, apenas um "monólogo da razão sobre a loucura". Artaud poderá falar de modo significante e uma "arqueologia da loucura" pode ser escrita. Observando os gregos, Foucault nos diz que, apesar da Dialética de Sócrates, o *logos* grego não tinha contrário. Quando se penetra na Idade Média, a Loucura, a Demência ou a Desrazão são figuras que já começam a se apresentar como uma ameaça, um pouco obscura, ainda, contra a ordem da razão.

A loucura é situada em conjunto com as doenças físicas, principalmente com os leprosos que representam um grupo que sofreu uma exclusão da sociedade. Os doentes são circundados por um círculo sagrado porque recuperam sua saúde *em* e *por* esta própria exclusão; os doentes serão salvos pelo sofrimento. Sua exclusão compreende uma outra forma de comunhão que será retomada mais tarde numa cultura diferente, mas cujas formas subsistirão, isto é, mais tarde, os pobres, os vagabundos e as "cabeças alienadas" terão a mesma função que os doentes. O princípio é o de uma divisão que é exclusão social, mas, do ponto de vista espiritual, uma reintegração. O princípio de cura e de exclusão passam a se identificar, delimitados no espaço sagrado do milagre. O ato de expulsar os loucos não possui apenas um sentido utilitário social, mas, além disso, há significações mais próximas do rito. A exclusão dos loucos, confiados a marinheiros tem o papel de assegurar que partirão para longe e serão prisioneiros de sua própria partida. É uma purificação e uma passagem para a incerteza do acaso, pois, segundo Foucault, todo embarque é, em potência, o último: "É para o outro mundo que ele vem quando embarca. Esta navegação do louco é ao mesmo tempo a separação rigorosa, e a absoluta Passagem... Ele é posto no interior do exterior, e inversamente"[7]. O louco é o prisioneiro da Passagem, fechado no navio, prisioneiro no meio da mais livre das rotas. A água e a loucura pertencem ao imaginário do homem europeu da Idade Média.

---

7. *Idem*, p. 22.

Todavia, no século XV, as imagens da loucura passam a exercer uma potência de fascinação que se manifesta pelas figuras dos animais, que passam a constituir a secreta natureza do homem. Escapando à domesticação, a animalidade fascina o homem por sua desordem e sua "loucura estéril". Todavia, *sob* esta desordem aparente há uma fascinação da loucura porque ela é Saber.

A loucura é um Saber esotérico, fechado, constituído por formas estranhas. O louco, neste momento, representa aquele que detém este Saber inacessível ao homem de razão; este Saber proibido prediz o reino de Satã e o fim do mundo, a felicidade e o castigo supremo. São as figuras do Apocalipse, guerreiros da louca vingança. E Foucault escreve claramente: "A vitória não é nem de Deus nem do Diabo, é da loucura"[8]. A fantasia é suscetível de uma coerência. No entanto, no nível literário, a loucura reina sobre as fraquezas humanas; doravante, ela atrai, mas não fascina. É a época de Erasmo a considerar que não há formas humanas da loucura; esta não reflete o real, mas dá ao homem a verdade de si mesmo, que ele percebe. A loucura é definida como uma "sátira moral". E, conseqüentemente às ilusões nascidas da loucura e das imaginações desregradas, a arte nasce; portanto, o dever de qualquer crítica moral é de denunciar as ilusões e a relação imaginária que os artistas entretêm com eles mesmos. E é, ainda, este princípio que permite a muitos críticos, em nossa época, desprezar o reino do *falso*, em oposição ao mundo da ciência, o reino do *verdadeiro*. Mas Nietzsche e Artaud têm a pena bem forte para combater este preconceito. Enfim, o último tipo de loucura nesta época: a da paixão desesperada, da decepção no amor, ludibriado pela fatalidade da morte que tem como saída apenas a loucura ou o delírio. Neste sentido, a loucura jamais desemboca na razão ou na verdade; abre somente para a destruição e para a morte. Todavia, justamente por não ser verdadeira, a cura, enquanto é ligada ao que se apresenta como falso, faz surgir o verdadeiro problema como seu contrário; portanto, a loucura funciona no fundo, como um signo da verdade e da razão que têm necessidade do falso a fim de vir à tona. E é fundado sobre esta loucura que o teatro aparece, neste instante, segundo Foucault: "Nesta extravagância, o teatro desenvolve sua verdade, que é a de ser ilusão. Isto que é, no sentido estrito, a loucura"[9].

Depois de se compreender a loucura como uma partida, ligada ao barco, eis a loucura ligada ao hospital. "O internamento sucede ao embarque", segundo Foucault. Uma vez dominada, a loucura faz parte das medidas da razão e da verdade; estamos no século XVIII,

8. *Idem*, p. 36.
9. *Idem*, p. 50.

que aceita a loucura nas cidades, mas para dominá-la e reduzi-la ao silêncio. O hospital geral, no Renascimento, e um poder estabelecido entre a polícia e a justiça; é a ordem-terceira da repressão, manifestada, principalmente, em Bicêtre e em Salpetrière. Sob a aparência médica, o hospital é somente uma instância da ordem burguesa. O internamento é coisa de "polícia", como Artaud o denunciará, também, mais tarde, pois o ócio é considerado como fonte de todas as desordens. O desempregado é amparado economicamente pela nação, mas às custas de sua liberdade individual, pois ele deve aceitar a constrição física e moral do internamento. O hospital geral toma uma significação econômica, porque sua função de repressão é útil; estes que estão fechados trabalham para a prosperidade de todos. O trabalho é, ao mesmo tempo, uma garantia moral e um exercício ético, e toma o valor de uma ascese e de uma punição, pois o internamento representa o bem contra o reino do mal, ao qual os loucos pertencem, segundo a concepção da Idade Clássica. Há uma cumplicidade entre a polícia e a religião para mostrar que a ordem é adequada à virtude; isto que, no fundo, escondia uma polícia da religião para a permanência da cidade. Em suma, a razão triunfa sobre uma desrazão desvairada e desacorrentada que está arrancada de sua liberdade imaginária, a fim de se submeter às leis da razão soberana e da moral.

Na Idade Clássica a loucura, pertencendo ao mundo da desrazão, constitui-se como um escândalo que deve ser ocultado pelo internamento dos insensatos. O internamento está associado à idéia de ser colocado em lugar secreto, porque a loucura é uma desonra. No entanto, sob o silêncio dos asilos, a loucura é erigida em espetáculo público, com Sade, que oferecerá a loucura como distração para a boa consciência de uma razão segura de si mesma. Portanto, há uma contradição na Idade Clássica que oculta e revela a loucura, apontando-a. Esta começa a ser observada, sem o medo de sofrer uma punição. Os asilos tomam o aspecto de uma gaiola que abriga uma violência animal, que representa um perigo social, como os escritos de Artaud, mais tarde, colocando em questão os valores sociais; e por este questionamento, o próprio Artaud é considerado um perigo social. Assim também o Teatro da Crueldade deixa falar uma "fatalidade" que ultrapassa as regras morais e sociais aceitas, como o mostra *A Tragédia dos Cenci* e é esta loucura em estado de natureza, sem relação com nada mais do que ela mesma, que o classicismo recalcava porque o louco era considerado mais do que um simples doente: ameaçava a ordem social com sua agressividade animal.

No século XIX o médico reproduz o momento do Código Cartesiano em relação ao tempo do sonho, da ilusão e da loucura. Uma ordem social exata se impõe do exterior, pela força, a fim de conduzir progressivamente o espírito dos maníacos à verdade. O papel das casas de internamento toma um tom "moral", de retorno ao Bem e de fidelidade à lei. Por um lado, a loucura vale como desrazão, e, enquanto desrazão, é expulsa pelo discurso da razão, que tem o objetivo de restituir a verdade. De um outro lado, a loucura é considerada como uma doença. Portanto, as casas de internamento representam um "terror", e esta idéia aparece em Sade e em Artaud, também. À medida que se avança no século XIX os protestos contra o internamento tornam-se mais vivos: cada vez mais a loucura se torna a vergonha dos internados, a imagem de sua razão vencida e reduzida ao silêncio. O louco é o mais visível e o mais insistente dos símbolos da potência que interna. Quando Artaud grita contra seu internamento, é contra a obstinação dos poderes que ele grita, e sua luta contra as forças estabelecidas, contra a família, contra a Igreja, retoma no coração mesmo do internamento, a luta contra a opressão da razão. A loucura executa o papel da punição suplementar; isto é, uma adição de suplício que mantém a ordem no castigo uniforme das casas de correção. A loucura representa, de um lado, a potência que a aprisiona, e, de outro, ela é o símbolo da repressão e de tudo que pode haver de razoável fundado nela. Em suma, num movimento circular, a loucura aparece como a única razão de um internamento de que ela simboliza a profunda desrazão. Os loucos figuram a injustiça em relação aos outros (racionais). O homem de razão representa a autoridade sob a qual os loucos devem-se sujeitar.

A entrada de Artaud bem como sua permanência no asilo psiquiátrico é a declaração de sua morte, de seu assassinato, pois Artaud priva-se de si mesmo. Sua crítica à medicina é uma crítica contra um dos aspectos da ordem repressiva social que mantém seus membros em vida através da morte de indivíduos marginalizados sob a denominação de "doentes mentais", na medida em que perturbam a ordem político-social existente:

> Este mundo tem necessidade de cultivar cobaias para sua secular coleção de esqueletos... de alienação. Eu digo que a loucura é um golpe montado e que sem a medicina ela não teria existido. E há uma bem estranha cumplicidade entre os médicos e a magia negra... É preciso que a morte se mantenha... em vida em alguma parte, e que as prisões, os hospitais, as reclusões dos portos,... principalmente os asilos de alienados sejam este meio de manter a morte presente...[10]

Os asilos psiquiátricos são, aos olhos de Artaud, verdadeiros receptáculos de "magia negra", violentando os indivíduos que neles se encontram "protegidos" pela própria sociedade. É assim que Ar-

---

10. A. A., t. XII, pp. 214-215.

taud acusa os médicos desses asilos, chamando-os de "sádicos conscientes e premeditados"[11]. Afirma que se não houvesse médicos não haveria doentes: os médicos instauram a própria doença, parasistas que, para viver, necessitam dos mortos assassinados em vida. Além disso,

[...] os médicos são os inimigos nascidos do delírio, atribuição de uma realidade e de um ser a alguma coisa que não existia, enquanto que o delírio, isto é, a imaginação reivindicadora, é a regra da realidade[12].

E, se Heráclito nos dizia que "não podemos nos banhar duas vezes nas mesmas águas de um rio", Artaud nos diz que:

A vida é isto que não se repete jamais, que não passa jamais pelo mesmo ponto, que não volta mais para malhar sua origem nos batimentos de um mesmo coração[13].

Artaud reconhece que jamais será o mesmo, após sua estadia neste asilo que o destrói, afastando-o cada vez mais de si mesmo e de sua lucidez.

Do ponto de vista ético, o confinamento tem como conseqüência assegurar uma continuidade entre o mundo da loucura e o da razão, mas praticando uma segregação social que garanta à moral burguesa uma universalidade de fato que lhe permita impor-se como um direito a todas as formas da alienação. E os que acusam Artaud de não-senso são os que crêem que não há mais uma língua comum entre a loucura e a razão e que à linguagem do delírio somente pode responder uma ausência de linguagem, pois o delírio não é fragmento de diálogo com a razão: ele não é linguagem de modo algum. Todo o esforço de Artaud consiste em afirmar sua linguagem em fragmentos enquanto uma linguagem tão válida quanto a linguagem considerada literária. Mas, para que isto seja possível, é necessário abandonar a conversão da medicina em justiça e da terapêutica em repressão. Artaud (como antes dele, Sade) recupera a experiência trágica. Artaud, Nietzsche, Hölderlin e Nerval resistem ao aprisionamento moral, indo até ao grito e ao furor. Foulcault escreve a propósito de Nietzsche, Van Gogh e Artaud:

entre a loucura e a obra, não houve acomodação ...nem comunicação das linguagens... sua contestação agora não perdoa; seu jogo é de vida ou morte. A loucura de Artaud não resvala nos interstícios da obra; ela é precisamente a *ausência de obra*... seu vazio central provado e medido em todas as suas dimensões que nunca terminam. O

11. A. A., t. XII, p. 216.
12. A. A., t. XII, p. 218.
13. A. A., t. XII, p. 219.

último grito de Nietzsche, proclamando-se ao mesmo tempo Cristo e Dioniso [...] é bem a negação mesma da obra...[14]

A loucura na obra de Artaud é um signo de sua própria ausência, uma ruptura absoluta da obra, sua abolição. Todavia, todos os recomeços de Artaud, todas as palavras pronunciadas contra uma ausência de linguagem retiradas de uma atmosfera de sofrimento físico e de terror que circunda o vazio, todo este processo *constitui sua obra*. Portanto, há um paradoxo, pois, por um lado, Artaud só pode falar de uma ausência: a da obra, mas, por outro, a loucura se torna uma decisão que revela o não-senso e o patológico como um signo de culpabilidade do mundo. Como Foulcault ressalta, pela primeira vez no mundo ocidental o mundo torna-se culpado, pela mediação da loucura. O mundo tem o dever, doravante, de dar razão desta desrazão e para esta desrazão. E nós retomamos, ainda uma vez, o texto de Foucault:

> *Lá onde há obra, não há loucura*; e portanto a loucura é contemporânea da obra, desde que ela inaugura o tempo de sua verdade... astúcia e novo triunfo da loucura... ele (o mundo) é medido segundo a desmedida de obras como estas de Nietzsche, de Van Gogh, de Artaud...[15]

Ao lado deste discurso da loucura, Artaud toma partido pela tomada dos estupefacientes. Estes têm a função de fazer recuperar a lucidez, apesar de sua diferença em relação ao sentido habitual. O ópio, segundo Artaud, somente é atacado por um ponto de vista social estreito, que deve ser recusado: "Meu ponto de vista é nitidamente anti-social"[16]. O ópio está condenado pelas autoridades sociais porque ele pode destruir a *ordem* que torna possível o conjunto da sociedade. Mas, este argumento aparece como um argumento falso, segundo Artaud, porque há almas perdidas para o resto da sociedade. Em última instância, o consumo do ópio é um meio de loucura que pode desorganizar a sociedade, mas ele traduz um estado de desespero que se enraíza na própria sociedade. O ópio se apresenta como um meio de lutar contra a opressão, constituída no corpo social organizado, definido como uma "usurpação de poderes... *contra* a inclinação *natural* da humanidade"[17]. Artaud proclama que a própria natureza é "anti-social na alma"[18]. Em suma, através do ópio, é denunciada a opressão que toma a forma do social. Artaud percebe

---

14. M. Foucault, *idem*, pp. 301-302.
15. *Idem*, p. 304.
16. A. A., t. I, p. 319.
17. A. A., t. I, p. 320.
18. A. A., t. I, p. 320.

a opressão sócio-política e a denúncia como o faz um "anarquista", especialmente ao dizer que é preciso suprimir as causas do desespero humano, mais do que querer recuperar as pessoas perdidas, pois, se elas existem, são "produtos" necessários da ordem social, que é anti-humana. A acusação de Artaud contra a lei que proíbe a tomada das drogas funda-se, também, sobre o argumento de que sua proibição amplia seu consumo e ele se torna proveitoso para os que sustentam a medicina, o jornalismo e a literatura. Através deste argumento, Artaud atinge o fundo do problema da droga, como problema social. Põe a nu o mecanismo *ideológico* da sociedade industrial de consumo que recupera todos os elementos que possam destruí-la, em função de sua própria preservação, sob a cobertura de uma linguagem *moralista*. Portanto, para Artaud, essa moral é somente uma falsa moral.

Todavia, Artaud observa que as pessoas "perdidas" o são por natureza, por um "determinismo inato"[19]. A partir deste argumento ele pode estabelecer um paralelo entre o *suicídio*, o *crime*, a *idiotia* e a *loucura* como "figuras" semelhantes na medida em que obedecem a uma "fatalidade". E a estas "figuras" ele acrescenta outras que cumprem a mesma função, isto é, manifestam aquilo que *difere* em relação à ordem social estabelecida: a *afasia*, a *meningite*, o *roubo* e a *usurpação*. E todos estes elementos estão situados no mesmo plano da linguagem utilizada por Artaud, linguagem que difere, também, em relação à linguagem considerada nos modelos clássicos como literária[20]; no entanto, a linguagem de Artaud existe em sua

---

19. A. A., t. I, p. 320.
20. O critério da validade da linguagem, para Artaud, recusa os moldes clássicos tanto quanto o hábito de julgar a linguagem do ponto de vista de quem ouve, a fim de se situar do ponto de vista deste que *quer* alguma coisa dizendo-o. Observamos que Nietzsche tem o mesmo critério em relação à linguagem, quando pensa numa "filosofia ativa". A única regra, para Nietzsche, é de tratar a palavra como uma atividade real, de se colocar no ponto de vista deste que fala: "Este direito de senhor em virtude do qual dá-se nomes vai tão longe que se pode considerar a origem mesma da linguagem como um ato de autoridade emanando dos que dominam. Eles disseram: Isto é tal e tal coisa, eles vincularam a um objeto e a um fato tal vocábulo, e por aí foram por assim dizer apropriados" (Nietzsche, *Généalogie de la Morale*, I, 2). É assim que a lingüística ativa procura descobrir *este* que fala. Ela se coloca questões tais como: "Quem se serve de tal palavra, a quem a aplica? E em qual intenção?" À questão metafísica posta por Sócrates e por Platão: "Qu'est-ce-que...?", derivada do corte entre a Essência e a Aparência, o Ser e o Devir, Nietzsche substitui pela questão: "Qui?" "Quem portanto? deverás perguntar. Assim falou Dionisios, depois ele se calou da forma que lhe é particular, isto é, como um sedutor" (Nietzsche, *V.O.*, Projeto de Prefácio, 10, trad. Albert, II, p. 226). Sob esta questão Nietzsche quer saber a vontade que considera alguma coisa, que lhe dá um *valor*. É a questão *Trágica,* pois Dioniso é o Deus que se esconde e se manifesta, ele é querer, ou este *que* quer (*V.P.*, I, p. 204). Temos um pensamento pluralista, como em Artaud, que quebra a linguagem clássica literária, e mostra que há outras linguagens possíveis.

especificidade, como, além disso, os outros elementos acima assinalados. E, assim como há homens que se perderão sempre, sem que isto possa ser imputado à sociedade, segundo Artaud, assim também com sua linguagem em relação à literatura.

2.2. A CRÍTICA AO NIILISMO CRISTÃO – NIETZSCHE E ARTAUD

É Nietzsche que nos anuncia a morte de Deus, mais precisamente de um Deus que era o único: "Não está nisto precisamente a divindade, que haja deuses, que não haja um Deus?"[21] E, como para Artaud, a morte de Deus é necessária para reencontrar a Vida verdadeira que não deve ser nem justificada, nem tornada a ser comprada, mas afirmada. Para afirmar a Vida, Nietzsche encontra Dioniso, o deus afirmativo e afirmador, que se opõe a Sócrates, o primeiro "gênio" da decadência, porque ele julga a Vida pela Idéia. A Vida é esmagada sob o peso do negativo e ela se torna indigna de ser desejada por si mesma. E, em seguida, à oposição Dioniso-Sócrates, substitui-se a verdadeira oposição: "Dioniso contra o crucificado"[22]. O cristianismo que não é nem apolíneo, nem dionisíaco, nega os valores estéticos, os únicos que a *Origem da Tragédia* reconhece. Ao "niilismo" do cristianismo, Nietzsche opõe a *afirmação dionisíaca*.

Para Nietzsche, o martírio é o mesmo em Dioniso e em Cristo, mas com sentidos opostos. Num deles, a Vida justifica o sofrimento; no outro, o sofrimento testemunha contra ela, faz da Vida alguma coisa que deve ser justificada. Para o cristianismo, a Vida é essencialmente injusta por si mesma; é culpada e se redime pelo sofrimento. Isto significa que deve ser salva de sua injustiça, mas, salva por este mesmo sofrimento que a acusava. Por essa *via crucis* forma-se a "má consciência" ou "a interiorização da dor"[23]. Por um lado, o cristianismo incita a consciência a ser culpada; por outro, ele multiplica a dor e a justificação pela dor. Duas formas complementares de negar a Vida, como também Artaud observa, em relação

---

21. Nietzsche, *Z.*, III, Obras Completas, Aguilar. Usaremos abreviações a fim de indicar os títulos dos textos de Nietzsche. Reenviamos o leitor a consultar a obra de Nietzsche referentes a *Obras Completas* Aguilar, salvo para "La Naissance de la tragédie", *Mediations*, Paris, Gonthier, 1964: *Assim Falou Zaratrusta* – Z.; *Para a Genealogia da Moral* – G.M.; *Anticristo* – A.C.; *A Gaia Ciência* – G.C.; *Humano, Demasiado Humano* – H.H.; *Considerações Extemporâneas* – Co.Ex.; *Vontade de Potência* – V.P.; *Ecce Homo* – E.H.

22. Nietzsche, *E.H.*, IV, p. 9; *V.P.*, III, p. 413; IV, p. 464.

23. *G.M.*, II.

à religião. Esta, segundo Nietzsche, interioriza a dor a fim de oferecê-la a Deus, e esta frase de Nietzsche poderia pertencer a Artaud. "Este paradoxo de um Deus posto em cruz, este mistério de uma inimaginável e última crueldade"²⁴. Ao Deus cristão, Nietzsche opõe Dioniso, o deus para quem a Vida é essencialmente justa; não resolve a dor interiorizando-a, mas afirma-a no elemento de sua exterioridade. A oposição de Dioniso e do Cristo desenvolve-se ponto por ponto como a afirmação da Vida e a negação da Vida. Sem falar em Dioniso, Artaud admite o mesmo princípio ao estabelecer a oposição entre um Duplo que nega a Vida e a Crueldade que afirma a Vida.

Nietzsche oferece uma seqüência de oposições: a "mania" dionisíaca à mania cristã, a laceração dionisíaca à crucificação, a embriaquez dionisíaca a uma embriaguez cristã, a ressurreição dionisíaca à ressurreição cristã e a "transvaliação" dionisíaca à "transubstanciação" cristã. Nietzsche critica a idéia de um salvador que ao mesmo tempo é vítima e consolador, noção originada na má consciência. Do ponto de vista de um salvador, "a vida deve ser o caminho que leva à santidade"; do ponto de vista de Dioniso, "a existência parece bastante santa por si mesma para justificar por sobre acréscimo uma imensidão de sofrimento"²⁵. Enquanto a laceração dionisíaca é o símbolo da "afirmação múltipla", o Cristo crucificado, figura que aparecerá também em Artaud, significa a Vida submetida ao trabalho do negativo. E a oposição de Dioniso ou de Zaratustra ao Cristo termina por se constituir como uma oposição à própria Dialética que Hegel dissera ser o "calvário do negativo"²⁶.

Através desta crítica ao cristianismo, no fundo, o que Nietzsche ressaltava, era a questão a propósito do sentido da Existência. Os cristãos, convertidos em "honestos burgueses", serviram-se do sofrimento como de um meio para provar a injustiça da Existência, mas ao mesmo tempo, como um meio para lhe encontrar uma justificação superior a divina²⁷. A Existência aparece como desmedida e como

24. *G.M.*, I, p. 8.
25. *V.P.*, IV, p. 464.
26. Cf. nota 1 da "Introdução" do presente trabalho.
27. "Na imagem da cruz, outrora considerava-se ao mesmo tempo o signo e o instrumento do martírio, ainda imediatamente sensível. Mas a religião protestante é iconoclasta. Enfiou o instrumento do martírio dentro da alma humana para que seja um impulso inapagável e sob esse impulso hoje o homem produz instrumentos para se apropriar do trabalho e do espaço vital. [...] O sofrimento desde sempre ensinou a razão de modo seguro. Reconduz os rebeldes, os desviados, os malucos e os utopistas; os reduz ao corpo, a uma parte do corpo. Na dor tudo é nivelado, cada um se torna semelhante a cada um, o homem ao homem, o homem ao animal. A dor absorve toda a vida que agarrou; os seres são apenas um invólucro de dor [...] Quando outrora os Inquisidores disfarçavam sua horrível função a serviço de um poder ávido de presas, fin-

crime; neste sentido ela se torna passível de um julgamento moral e, principalmente, de um julgamento de Deus. E, por conseguinte, se a Existência é culpada ela acrescenta a designação dos erros e das responsabilidades, a perpétua acusação, o *ressentimento*. Seja no ressentimento ("é tua culpa"), seja na má consciência ("é minha falta"), todos os dois têm como princípio a idéia de responsabilidade. A esta idéia de responsabilidade, cristã, Nietzsche opõe a irresponsabilidade:

> *Dar à irresponsabilidade seu sentido positivo*; quis conquistar o sentimento de uma plena irresponsabilidade, tornar-se independente da bajulação e da blasfêmia, do presente e do passado[28].

E esta idéia de uma irresponsabilidade, isto é, no sentido de uma independência da bajulação e da blasfêmia, aparecerá para Artaud, quando reivindica uma independência de seu pensamento em relação aos julgamentos exteriores a ele.

A noção de uma Existência culpada e responsável tem necessidade de um Deus único e justiceiro, em lugar dos deuses espectadores e "juízes do Olimpo", como na época dos gregos antigos. À culpabilidade da Existência, Dioniso opôs e recuperou sua verdade múltipla: a inocência da pluralidade e do devir.

Recuperar a *inocência* é reencontrar o sentido de uma Existência que não procura responsáveis fora de nós ou mesmo em nós, pois "não existe o todo: é necessário... perder o respeito do todo"[29]. A inocência se constitui como a verdade do múltiplo, ou como a Existência afirmada e apreciada, a força não separada, a vontade não desdobrada. E esta noção da inocência como uma vontade não desdobrada é análoga em Artaud, quando este procura recuperar sua Vida expulsando seu Duplo. Pode-se dizer que Artaud procura a "inocência" da Existência, ou sua afirmação, como Nietzsche. E pode-se estabelecer uma aproximação de Nietzsche, Artaud e Heráclito, quando este último considera a Vida essencialmente justa e inocente. A Existência é compreendida a partir de um instinto de jogo; ela se constitui como um *fenômeno estético*, não um fenômeno

---

gindo que tinham sido encarregados disto para o bem das almas errantes ou para lavar os pecados, já consideravam o céu como um Terceiro Reich, ao qual aqueles que são pouco dignos de confiança e os que provocam escândalos só poderiam chegar passando pelo campo de concentração [...] A introdução do cristianismo tendo fracassado, em resposta a inquisição prática o furor, furor que mais tarde, no fascismo, conduz abertamente ao repúdio do cristianismo. O fascismo reabilitou completamente o sofrimento" (Horkleimer, *Eclipse de la raison*, Paris, Payot, 1974, pp. 213, 232 e 233).

28. *V.P.*, III, pp. 383 e 465.
29. *V.P.*, III, p. 489.

moral ou religioso. Artaud, Nietzsche e Heráclito, todos os três fazem do devir uma afirmação ou um jogo[30] a dois tempos, que conforme Nietzsche, se compõe com um terceiro termo: o jogador, o artista ou a criança. É Nietzsche que nos apresenta o jogador-artista-criança, Zeus-criança: Dioniso envolvido por seus brinquedos divinos; a primeira figura: o jogador que se abandona temporariamente à Vida, e temporariamente fixa seu olhar sobre ela; a segunda figura: o artista que se coloca temporariamente em sua obra, e temporariamente além de sua obra; e a terceira: a criança que brinca, retira-se do jogo e aí volta. É o jogo do devir que joga consigo mesmo, como o Aiön, conforme Heráclito, é uma criança que joga discos; à Hybris Heráclito opõe o instinto de jogo. E reencontramos no Teatro da Crueldade este instinto de jogo sob a forma de uma linguagem hieroglífica sobre o espaço da cena.

Artaud critica a moral estabelecida como falsa moral. A noção de "moral" é, por si mesma, não-moral, enquanto deriva de uma

---

30. Para Gérard Lebrun (cf. "A Dialética Pacificadora", *Almanaque* n. 3, 1977), a concepção tradicional da razão desde Aristóteles e Platão compreende o *combate* como algo odioso. O *polemos* heraclitiano é esquecido e adulterado em seu verdadeiro sentido de "mera tensão entre os contrários". Conseqüentemente, nada mais insano do que uma leitura falsa de Nietzsche ao ler a Vontade de Potência como frenesi criminoso ou violência sanguinária. Diz ele: "(Como se, no entanto), a abjeta palavra de ordem nazista *Endlosung der Jüdischen Frage* não fosse, ao pé da letra, expressamente antinietzschiana" (p. 34). É a *má* leitura do *polemos* como paroxismo e catástrofe que impede de conceber o devir como um combate onde: "*oposição* não significa *separação*" (p. 37). É preciso descartar a leitura que o Entendimento faz, sobre uma "ontologia da separação", compreendendo o "vir-a-ser" como um "vir-a-ser" outro. A "unidade" do devir de Heráclito não é a unidade concebida pelo entendimento que pressupõe a justaposição de elementos dispersos sob uma forma comum. "A diferença é que a harmonia heraclitiana, em lugar de ser imposta por uma arbitragem exterior, provém do próprio jogo das determinações em conflito: não é o efeito de uma reunificação artificial, mas do movimento pelo qual cada elemento, aparentemente oposto, no modo da separação, se reúne a si em *seu* oposto. O *Vir-a-ser* é o nome dessa conivência incessante que o conflito descreve, dessa pacificação silenciosa que é a condição do combate" (p. 38). É por isso que, enquanto para Hegel o *polemos* é neutralizado, chegando a uma "totalização sem resto", numa imperial harmonia onde os termos antagonistas mantêm-se em seus lugares, Nietzsche recupera o *polemos* heraclitiano, mostrando que cada elemento *só* é pensável *através* da luta; a *guerra* perdura eternamente, sem desembocar numa totalidade plena. Toda *solução* é banida para Nietzsche. É assim que Lebrun nos diz: "É essa justiça, encarregada de manter a potência sob tutela, que Nietzsche começa a circunscrever, em seu comentário de Heráclito, ao apresentá-la como o contrário do *jogo*. Dizer que o Deus de Heráclito é jogador e dizer que ele proíbe toda apreciação sobre o valor ou a sabedoria do devir e também (e no entanto) que nem por isso o devir se tornou o reino do caos. Por isso Heráclito ousa apresentar como uma boa nova a afirmação da auto-suficiência do devir, assim como Zaratustra não estará blasfemando ao proclamar a soberania do 'Acaso' " (p. 41). É essa mesma concepção de *jogo* que permite unir Artaud, Nietzsche e Heráclito no mesmo espaço "inocente" do Vir-a-ser como *polemos*.

mistificação em função do proveito de alguns que exploram os demais. Reencontramos sua descrição da *Genealogia da Moral*. Neste livro, Nietzsche avalia detalhadamente o tipo "reativo" (ressentimento, má consciência e ideal ascético) e o princípio sob o qual ele triunfa. Por que Nietzsche se preocupa com o tipo "reativo"? Porque este é um obstáculo à arte da avaliação ou da interpretação que constitui a principal tarefa da *Genealogia* e inverte a hierarquia constituída pelo Alto e o Nobre, por um lado, o Baixo e o Vil, por outro. O primeiro termo de cada um destes pares (o Alto e o Nobre) designa a afirmação, a tendência a "subir" e as forças ativas; o segundo (o Baixo e o Vil) designa o niilismo, o peso e as forças reativas. O pensamento de Nietzsche é um esforço para criticar o valor dos valores; isto é, a avaliação de onde procede seu valor ou o problema de sua criação. Portanto, o Alto e o Baixo, o Nobre e o Vil apresentam o elemento diferencial de onde deriva o valor dos valores. E o papel da *Genealogia* de significar o elemento diferencial dos valores.

A noção de "moral" constitui-se quando as forças reativas triunfam ao se apoiarem sobre uma ficção, a força ativa torna-se reativa, sob o efeito de uma mistificação. E é este mesmo princípio que dirige a crítica de Artaud contra a "moral". Este caráter de ficção da moral aparece, por exemplo, quando Nietzsche, na primeira Dissertação, fala do ressentimento como "uma vingança imaginária"[31]. Na segunda Dissertação, ele sublinha que a má consciência não é reparável "de eventos espirituais e imaginários"[32]. E, enfim, na terceira Dissertação, ele apresenta o ideal ascético como este que reenvia à mais profunda mistificação[33]. Como Artaud, Nietzsche denuncia a virtude em si mesma, isto é, a mediocridade da "verdadeira" moral. Artaud e Nietzsche criticam a "verdadeira" moral porque se funda sobre falsas opiniões consideradas como verdade absolutas e universais, Nietzsche escreve:

Os mais sutis [...] mostram e criticam o que aí pode existir de loucura nas idéias que um povo faz sobre sua moral, ou que os homens fazem sobre qualquer moral humana, sobre a origem desta moral, sua sansão religiosa, o preconceito do livre-arbítrio etc., que se lhes afigura por esta própria moral[34].

A crítica à moral aparece, em última instância, para Nietzsche e para Artaud, como uma necessidade de mostrar que a divisão entre as ações consideradas como "louváveis" e "más", fundada sobre a

---

31. *G.M.*, I, pp. 7 e 10.
32. *G.M.*, II, p. 18.
33. *G.M.*, III, p. 25.
34. *G.C.*, p. 345.

noção de "desinteresse", é essencialmente mistificadora, pois a moral em si esconde, sempre, o ponto de vista utilitário que oculta o ponto de vista de um "terceiro passivo"; isto é, segundo Nietzsche, este "terceiro passivo" louva o caráter desinteressado porque dele tira proveito: "O próximo louva o desinteresse porque tira um benefício"[35]. Os motivos da moral estão em contradição com seus princípios. Aquele que defende a moral termina por se tornar agressivo, mas com uma agressividade reativa, semelhante a um escravo que tem o sentimento de vingança que pertence à moral dos fracos e das forças reativas. Todavia, não é preciso crer que Nietzsche e Artaud fazem a apologia de um caos. Artaud encontra o critério de um juízo moral nele mesmo: manifestar seu pensamento de forma autêntica. Nietzsche tenta estabelecer uma hierarquia de valores segundo aquele que propõe valores. Por isso aceita a palavra dos senhores: "Eu sou bom, *portanto* tu és mau", mas, recusa a palavra dos escravos: "Tu és mau, *portanto* eu sou bom". Ou seja, Nietzsche aceita somente a conclusão como negativa ou como uma conseqüência de uma afirmação de uma força ativa. Pode-se dizer que, ora Nietzsche, ora Artaud colocam como único princípio moral a força ativa de alguém que cria valores, tendo a si próprio como juiz. É isto que Artaud denomina Vida e que leva Nietzsche a dizer:

> São os bons eles próprios, isto é, [...] os potentes, [...] que julgaram suas ações boas, [...] estabelecendo esta classificação em oposição a tudo o que era baixo, mesquinho, vulgar[36].

Conseqüentemente, tanto Nietzsche quanto Artaud condenam a Dialética, quer por considerá-la como uma ideologia do ressentimento, como em Nietzsche, quer por tomá-la como uma negação da verdadeira Vida do pensamento, como em Artaud.

A crítica à moral e à noção de Deus aparece para Nietzsche e para Artaud como uma crítica à ficção de um mundo supra-sensível ou de um Duplo (segundo Artaud) que está em contradição com a Vida. Graças a esta ficção, as forças reativas, segundo Nietzsche, são representadas como superiores. E Nietzsche estende a acusação à noção de Deus, criticando o sacerdote, como Artaud critica o Papa. Nietzsche escreve:

> Declarar a guerra ao nome de Deus, à Vida, à natureza, à vontade de viver. Deus, a fórmula para todas estas calúnias do aquém, para todas as ilusões do além...[37]

35. *G.C.*, p. 21.
36. *G.M.*, I, p. 2.
37. *A.C.*, p. 18.

O sacerdote abusa do nome de Deus: ele denomina de reino de Deus um estado de coisas em que é o sacerdote que fixa os valores...[38]

Num mesmo movimento, Nietzsche questiona a má consciência, produto de uma volta para o interior, contra si, em que a força ativa torna-se realmente reativa[39]. Como conseqüência da má consciência, mergulha-se na dor, considerada como conseqüência de uma falta. Neste instante, quando se dá um "sentido interno" para o sofrimento, este se torna, ao mesmo tempo, o meio da saúde. Nietzsche dirá: "[...] cura-se da dor infeccionando a ferida"[40]. Já na *Origem da Tragédia*, Nietzsche afirmava que a tragédia morre ao mesmo tempo que o drama se torna conflito íntimo e que o sofrimento é interiorizado. A tragédia é "alegria", segundo Nietzsche; nasceu da afirmação múltipla de Dioniso; recupera-se a idéia de um Teatro de Crueldade, para Artaud, que recusa um sentimento de culpa ou uma dor interiorizada em relação ao público que participa da cena que é "dionisíaca" no sentido nietzschiano.

Nietzsche e Artaud querem terminar com a noção de uma dívida em relação à divindade, dívida que se amplia em direção à sociedade, ao Estado e às instâncias reativas. Nietzsche e Artaud denunciam um Deus que se oferece ele mesmo em sacrifício a fim de pagar as dívidas do homem; Deus se pagando a si mesmo, libertando o homem, porque este se tornou irremissível por si mesmo. A responsabilidade da dívida torna-se um sentimento de culpa enfatizado pelo sacerdote. No fundo, é somente a noção de um Deus moral que é recusada por Nietzsche e Artaud. Não se deve esquecer que o Teatro da Crueldade é hierático e sagrado; assim também Nietzsche encontra um sentido do paganismo como religião[41], além disso, um sentido ativo dos Deuses gregos[42] e o budismo, religião niilista, mas sem espírito de vingança nem sentimento de culpa[43]. Em última instância, quem deve morrer é o Deus "testemunha", segundo Nietzsche, ou o Deus como o Duplo que rouba o corpo de Artaud. Mas, pergunta-se: este assassinato de Deus romperá definitivamente com a moral cristã? A esta questão Nietzsche e Artaud respondem que é necessário ultrapassar esta idéia "reativa", pois ela se vincula, ainda, a uma problemática nilista (no sentido nietzschiano) que deve ser substituída pela *Afirmação da Vida*. Seja a noção de comunidade, do homem verídico ou do homem-social, todos estes

38. *A.C.*, p. 26.
39. *G.M.*, II, p. 16.
40. *G.M.*, III, p. 15.
41. *V.P.*, IV, p. 464.
42. *G.M.*, II, p. 23.
43. *A.C.*, pp. 20-23.

diferentes termos são apenas máscaras no lugar de Deus[44]. O que é preciso apagar é o par Deus-Homem e, por extensão, o homem europeu. É marcante, novamente, a analogia entre Nietzsche e Artaud, pois ambos criticam a concepção do homem europeu enquanto superior, a fim de procurar em outras culturas um outro tipo de humanidade. É necessário ter os "pés leves", como as antigas Divindades, em oposição a um Cristo-Deus que se assume ele mesmo assumindo o real, e vice-versa, para suportar "o peso do fardo".

Tanto a crítica à moral quanto a noção de Deus, permitindo uma aproximação entre o pensamento de Artaud e o de Nietzsche, teve como ponto de partida o problema da tomada dos estupefacientes de sua justificação. Esta mesma problemática leva, também, para um outro rumo no qual interessa a relação estabelecida por Artaud entre a morte e os estupefacientes. O primeiro termo aparece em alguns pavores pânicos da infância, ou nos terrores irracionais de uma ameaça extra-humana. A morte apresenta-se como um signo do que se denomina de "irreal" e que é somente um aspecto de uma realidade mais vasta. A mesma função de alargamento é cumprida pelos estupefacientes. A morte como os estupefacientes ampliam o campo de possibilidades do pensamento, que ultrapassa os quadros estreitos da razão discursiva a fim de mergulharem no domínio do imaginário onde as relações "não-habituais" tornam-se possíveis.

> Tudo isto que na ordem das coisas escritas abandona o domínio da percepção ordenada e clara, tudo isto que visa criar uma inversão das aparências, a introduzir uma dúvida em relação à posição das imagens do espírito umas em relação às outras, [...] tudo isto que inverte as relações das coisas dando ao pensamento transformado um aspecto ainda maior de verdade e de violência... coloca-nos em relação com estados mais refinados do espírito no seio dos quais a morte se exprime[45].

Esta inversão das aparências que aparece com a tomada dos estupefacientes, como na impressão da morte, amplia sua lógica, manifesta a vidência e a verdade do pensamento e se reencontra também

---

44. A respeito da morte de Deus, cf. Heidegger: "Holzwege", "Le mot de Nietzsche Dieu est mort", trad. fr., *Arguments*, n. 15. E sobre esta mesma noção, em Hegel, cf. os comentários de M. Wahl em *Le Malheur de la conscience dans la philosophie de Hegel* e M. Hyppolite, em *Genèse et structuture de la phénoménologie de l'Esprit*. Para Hegel, a morte do Cristo significa a oposição ultrapassada, a reconciliação do "finito" e do "infinito", a unidade de Deus e do indivíduo, do "Universal" e do "Particular", o "Em-si" torna-se "Para-si". Neste sentido, Deleuze afirma que "toda a teoria da má consciência deve ser compreendida como uma reinterpretação da consciência infeliz hegeliana... que..., aparentemente destruída, encontra seu sentido nas relações diferenciais de forças que se escondem sob oposições falseadas" (Deleuze, *Nietzsche et la Philosophie*, PUF, 1973, cap. V, n. 4, p. 181).

45. A. A., t. I, p. 151.

nos *sonhos*. E este encontro com a febre dos sonhos não se identifica ao arbitrário, pelo contrário, Artaud procura outras leis diversas destas da lógica tradicional:

> Eu me entrego à febre dos sonhos, mas é para deles retirar novas leis. Procuro a multiplicação... o olho intelectual no delírio, não a profecia do acaso[46].

Portanto, há um *sentido*, apesar de não se chegar à fronteira de um sentido claro e discursivo. Artaud termina dizendo que os sonhos são verdadeiros, em sua linguagem constituída por símbolos. É através da noção de um "delírio com sentido" que morte, droga e sonho estão articulados.

O simbolismo, para Artaud, longe de se apresentar como uma ornamentação aparece nitidamente como uma "forma profunda de sentir"[47]. Esta concepção reaparece na poesia de Maeterlinck, onde o simbolismo é considerado enquanto: "Uma certa forma de unir – em virtude de quais misteriosas analogias – uma sensação e um objeto, e de colocá-los sobre o mesmo plano mental..."[48] Segundo Maeterlinck as imagens têm um sentido e elas aprofundam o sujeito, revelando sensações obscuras e relações desconhecidas do pensamento, resultando tanto na negação do *princípio de causalidade, quanto na do princípio de identidade*. Portanto, há um duplo aspecto no simbolismo exemplificado por Maeterlinck: primeiramente, o símbolo esclarece o que é obscuro; em segundo lugar, o símbolo torna-se "vivo". Isto é, os "problemas" (o ato de pensar e os dados do pensamento) passam do estado de idéia ao estado de realidade. Trabalhar a linguagem dos símbolos significa instalar-se na dimensão do "problemático", ou seja, segundo Artaud, isolar os dados do pensamento, dando a impressão de "vivê-los". É o que Artaud denomina de "sensualidade concreta"[49]. Nesta medida, Maeterlinck sabe pensar por que nos torna sensíveis as etapas de seu pensamento: "Com ele tem-se verdadeiramente a sensação de descer ao fundo do problema"[50].

Quanto a este aspecto dito "problemático", seu alcance é o de desprender uma imagem que se torna uma lição; a dimensão do "problemático" constitui-se com "um volume, uma altura, uma densidade"[51]. O simbolismo de Maeterlinck nega a forma entendida como uma arquitetura, em função de um espaço profundo e volumoso. Seu pen-

46. A. A., t. I, p. 356.
47. A. A., t. I, p. 244.
48. A. A., t. I, p. 245.
49. A. A., t. I, p. 246.
50. A. A., t. I, p. 247.
51. A. A., t. I, p. 248.

samento apresenta-se, doravante, "geograficamente", e não por cadeias dedutivas, como em Descartes, por exemplo. Contra o pensamento linear, Maeterlinck introduz na literatura a riqueza múltipla da subconsciência; ou seja, as imagens de seus poemas organizam-se segundo um princípio que não é o da consciência habituada ao discurso da razão clássica. Há uma mistura entre o sujeito literário e o mundo que o circunda. Não há mais ruptura entre o sujeito e o objeto: "Maeterlinck se comenta com as imagens mesmas que lhe servem de alimento"[52].

Neste nível, *pensar* é dar vida às aparências, é *criar*: "Poeta, ou melhor *pensador*. Vivificador de aparências... criador..."[53] A uma concepção monista que admite um princípio último em relação ao qual tudo seria derivado, Maeterlinck propõe um "panteísmo indefinido (forma física de seu misticismo natural"[54]. A dimensão do pensamento se alarga devido à sua própria penetração. Pode-se dizer que não há mais um pensamento dedutivo que teria como seu ponto de partida premissas de onde se deduziriam as conseqüências lógicas como no Silogismo Aristotélico; mas, doravante, há um pensamento que se pesquisa, e neste movimento de pesquisa, obriga-se a ultrapassar suas premissas. Portanto, pode-se dizer que não há mais "tempo primeiro", mas, "tempo segundo", apenas. É o devir e o ultrapassamento que contam e não o imóvel. O pensamento põe, sempre, possibilidades novas. Situamo-nos no *risco* tanto quanto no *perigo* de um pensamento que abandona o repouso da lógica tradicional, a fim de se jogar em outras espaços até então desconhecidos.

O devir do pensamento é possível na medida em que o pensamento não é concebido como um ponto fixo, mas, principalmente, como um processo de "sínteses mentais". Esta concepção aparece nitidamente quando Artaud fala a respeito de Paul Klee. Para este último, as coisas do mundo organizam-se através de paradas do pensamento, das induções e deduções de imagens, à procura de seu sentido subjacente. Há um movimento de vaivém entre o pensamento e as coisas exteriores. O primeiro se volta para a exterioridade, ao mesmo tempo que as coisas exteriores se tornam coisas "mentais", isto é, "trabalhadas" pelo pensamento.

---

52. A. A., t. I, p. 249. A respeito da mistura entre o sujeito e seu meio circundante, conferir os escritos poéticos de Bachelard sobre os Quatros Elementos que constituem o Imaginário, assim como *La Poétique de l'Éspace* e *La Poétique de la Rêverie*, do mesmo autor, já citado.
53. A. A., t. I., p. 249.
54. A. A., t. I, p. 249.

2.3. A "REVOLTA" DE ARTAUD E A CRÍTICA AO SURREALISMO

Artaud pensa numa revolução; mas, vejamos qual é seu sentido.

Em primeiro lugar, ele pensa numa revolução no plano da linguagem, pois, se sua poesia e seu teatro nada têm a ver com a literatura tradicional, ele é capaz, todavia, por necessidade, de se servir dela como todo o mundo. Utiliza-se da linguagem para libertar totalmente o espírito. Portanto, ele vai ao Surrealismo: "Temos unido o termo *surrealismo* ao termo *Revolução* unicamente para mostrar o caráter desinteressado, destacado, e mesmo totalmente desesperado, desta revolução"[55]. Mais do que uma mudança nos costumes dos homens, Artaud tem por objetivo lhes demonstrar a fragilidade de seus pensamentos. Isto é, ele quer mostrar que "a verdade" é somente uma opinião aceita e fixada como o único valor possível. Com isto, estamos de volta à relação com Nietzsche.

Em sua crítica a uma moralidade absoluta, Nietzsche fala a partir do que denomina de seu "perspectivismo". Afirma que não há fenômeno moral, mas uma interpretação moral dos fenômenos; assim, também, não há ilusões do conhecimento, mas o próprio conhecimento é uma ilusão, uma falsificação, "um erro que se torna orgânico e organizado"[56]. Seja posta a verdade como "essência", Deus, instância suprema... é necessário "colocar em questão o valor da própria verdade"[57]. O "verdadeiro", aliado ao bem e ao divino, comporão um quadro de valores superiores à Vida; e estes valores superiores representam as forças reativas. Com a noção de "verdade", manifesta-se uma imagem dogmática: inicialmente, porque se diz que o pensador enquanto tal ama e quer o "verdadeiro" e que o pensamento enquanto tal possui formalmente o "verdadeiro", como o caráter inato da Idéia, ou o *a priori* dos conceitos, ou o "bom senso" universalmente partilhado. Em segundo lugar, estabelece-se a ruptura entre o espírito e o corpo, as paixões ou os interesses sensíveis; neste sentido, o erro seria apenas o efeito das forças exteriores que se opõem a seu pensamento. Em terceiro lugar, é preciso um método que seja um artifício pelo qual conjuramos o erro. Se o método é bem aplicado, ele é válido além do tempo e do espaço; isto é, universal. Em oposição a esta concepção dogmática da verdade, Nietzsche afirma que: "Toda verdade é de um elemento, de uma hora e de um lugar: o minotauro não sai do labirinto"[58]. Artaud falava de

---

55. A. A., t. I, p. 325.
56. Nietzsche, *V.P.*, I e II.
57. *Idem, G.M.*, III, 24.
58. *V.I.*, III, 408.

uma expressão que não vale duas vezes e de um gesto que não recomeça duas vezes. Como Nietzsche, também Artaud se opõe à idéia da verdade como um absoluto, um universal e, portanto, uma fixação abstrata. É necessário se reportar as forças reais que constituem o pensamento, pois, não há uma verdade que, antes de ser *uma* verdade, não seja a efetuação de *um* sentido ou a realização de *um* valor.

Colocando em questão a unidade de um pensamento que quer o verdadeiro, Artaud enfatiza a "Revolta"[59], mais do que uma revolução. E esta "revolta" coincide com o Surrealismo não enquanto este é compreendido como uma forma poética, mas enquanto "ele é um grito do espírito que se volta para si mesmo e está bem decidido a triturar desesperadamente seus entraves..."[60] O espírito que se procura opõe-se nitidamente ao espírito contido e delimitado pelos ensinamentos da Universidade cuja "visão cega" é criticada por Artaud, ao escrever uma carta de denúncia, endereçada aos reitores. Pode-se dizer que há um movimento duplo e simultâneo: por um lado, a revolução de Artaud é, principalmente, uma revolta que reencontra o Surrealismo; e, de outro lado, a revolução surrealista apresenta-se suscetível de ser aplicada a todos os estados do espírito, a todos os gêneros de atividade humana, a todos os preceitos morais estabelecidos e a todas as ordens do espírito:

> Esta revolução visa a uma desvalorização geral dos valores, à depreciação do espírito, à desmineralização da evidência, a uma confusão absoluta e renovada das línguas, ao desnivelamento do pensamento. Ela visa à ruptura e à desqualificação da lógica... até a extirpação de suas limitações primitivas. Ela visa à reclassificação espontânea das coisas segundo uma ordem mais profunda e mais fina, e impossível de se elucidar pelos meios da razão ordinária, mas uma ordem assim mesmo...[61]

Através deste longo trecho, Artaud se atém ao Surrealismo enquanto instrumento que, ao "desmineralizar as evidências" cria uma *ruptura* com a lógica sobre a qual a razão ordinária (isto é, o pensamento ocidental) se acha sedimentado pondo em questão a hierarquia dos valores estabelecidos[62]. Todavia, longe de chegar ao arbi-

---

59. A. A., t. I, p. 326.
60. A. A., t. I, p. 326.
61. A. A., t. I, p. 344.
62. Estabelece-se, novamente, a relação de Artaud com o pensamento nietzschiano, em seu projeto de uma "Transmutação de Valor". E esta "Transmutação" nasce da necessidade de ultrapassar o reino de nilismo que se exprime seja nos valores superiores à Vida, seja nos valores reativos que tomam o lugar, seja no mundo sem valores do último dos homens. É sempre a vontade como vontade de nada. A tarefa, segundo Nietzsche, é de mudar o elemento; isto é, mudar o elemento dos próprios valores, substituindo a negação pela "Afirmação". É, então, somente que se pode dizer que se inverteu todos os valores conhecidos até este dia.

trário, que é o exato contrário da razão, Artaud quer estourar o par: razão/irrazão, lógica/irracional, extirpar os entraves primitivos dessa lógica, redescobrir uma ordem mais profunda e mais refinada que escapa à razão ordinária.

Nascida como ruptura face à lógica e aos valores estabelecidos, esta ordem constitui-se a partir de uma *ruptura* entre Artaud e o mundo. Isto significa que Artaud não fala a fim de se fazer compreender, sujeitando-se ao julgamento dos outros, mas ele fala a partir de sua "interioridade", para chegar à compreensão de si mesmo. Portanto, se Artaud aceita o Surrealismo, é menos para estabelecer cânones ou preceitos, mas, sobretudo porque o Surrealismo se apresenta como um movimento de quebra dos valores estabelecidos: "O Surrealismo, mais do que crenças, registra uma certa ordem de repulsas. O Surrealismo é antes de tudo um estado de espírito, ele não preconiza receitas"[63]. O Surrealismo, sendo sobretudo um estado de espírito, não permite classificar segundo a partição Surrealistas/não-Surrealistas. Sua finalidade é o de se ater ao espírito que é o único juiz, e diante do qual o mundo não pesa em demasia – não se trata de crenças, mas de repulsas.

Enquanto *revolta*, o Surrealismo toma o valor de um *desenraizamento*, tanto assim que será recusado por Artaud no instante em que ele (o Surrealismo) liga-se ao Comunismo. Ou seja, Artaud censura o Surrealismo por abandonar uma ação de revolta que se desenrolava nos quadros íntimos do cérebro, a fim de terminar no domínio da matéria imediata. Para Artaud, a verdadeira revolução é a que o torna senhor de sua ação:

> Que cada homem não queira considerar nada além de sua sensibilidade profunda, de seu ego íntimo, eis para mim o ponto de vista da Revolução integral... As forças revolucionárias de um movimento qualquer são estas capazes de descentrar o fundamento atual das coisas, de mudar o ângulo da realidade[64].

Enquanto o movimento surrealista é entendido como um movimento de "agitação de valores" ele é válido para Artaud, mas, no momento em que esta revolução toma um nome, isto é, quando se

---

Além disso, quando as forças reativas quebram sua aliança com a vontade de nada, e vice-versa, isto inspira ao homem, segundo Nietzsche, o desejo de se destruir ativamente. Zaratustra canta o homem da destruição ativa, este que quer ser ultrapassado e se coloca na rota do além-do-homem. Pode-se dizer que Artaud representa uma "destruição ativa", pois ele também quer destruir os antigos valores estabelecidos, reativos, para que sejam "transmutados" em uma potência "afirmativa". Artaud encontra-se no ponto "decisivo" da filosofia dionisíaca: o ponto onde a negação exprime uma "afirmação da Vida".

63. A. A., t. I, p. 345.
64. A. A., t. I, p. 365.

compromete com um "ponto fixo": o Partido Comunista – Artaud se separa dos Surrealistas. O que Artaud recusa é a revolução como um "tabu". E esta idéia vai reaparecer a respeito do teatro, também. A todos os que vêem na prática teatral uma "tentativa contra-revolucionária"[65], Artaud propõe um teatro revolucionário, menos em decorrência da utilização de textos políticos, mas, principalmente, graças à *participação* do público no espetáculo. A revolução comunista, desta perspectiva, é vista por Artaud como a pior e a mais reduzida das revoltas; ele chegará, mesmo, a dizer: "Uma revolução de preguiçosos"[66]. Artaud crê que a verdadeira revolução não está numa simples transferência do poder, assim como é insuficiente uma revolução fundada sobre o conceito de "modo de produção" e que concebe a dominação das máquinas como um meio para facilitar a liberação dos trabalhadores. Para Artaud "[...] a Revolução a mais urgente a se realizar está numa espécie de regressão no tempo"[67]. "Que é necessário colocar bombas em alguma parte, [...] não se duvida, mas na base da maior parte dos hábitos do pensamento presente..."[68]

Pode-se dizer que Artaud recusa a revolução comunista enquanto é considerada como um "fetiche" e que é a forma pela qual é vista e aceita pelos Surrealistas[69]. A revolução vista como um *Deus*, uma *divindade* ou uma *idéia abstrata*, diante dos quais se deve ajoelhar, precisa ser destruída, assim como todos os ídolos e todos os proprietários capitalistas que vivem da exploração dos trabalhadores

65. A. A., t. II, p. 32.
66. A. A., t. II, p. 32.
67. A. A., t. II, p. 32.
68. A. A., t. II, p. 33.
69. Para Artaud é necessário mudar o ângulo da realidade para que haja uma revolução mais radical do que pretendem os surrealistas, estendendo-se, até mesmo, à ruptura com o comunismo dos surrealistas que é de "má fé". A verdadeira contribuição do surrealismo situa-se, pois, no descentramento espiritual do mundo, no desnivelamento das aparências e na transfiguração do *possível*. Sendo assim, segundo Artaud, o Surrealismo peca por não levar até as últimas conseqüências esta revolta fecunda, ao se "fechar" no PCF (e nos PCs em geral), pois os surrealistas têm uma concepção em suas produções que é incompatível com a noção de um "progressismo linear", adotado pelos PCs em geral. A lucidez de Artaud face ao problema político se situa em três níveis: primeiramente, reconhece seus limites pessoais; em segundo lugar, possui uma concepção de revolução válida e radical, na medida em que a revolução não é transmissão de poderes; e, por último, contra as totalidades totalitárias do PCF, a que os surrealistas aderem num sectarismo contrário e contraditório com sua prática artística. Portanto, para Artaud, tendo-se em vista a própria prática antidemocrática no interior do PCF, a revolução teatral é a via escolhida para romper a barreira público-platéia, onde, instantaneamente, o autoritarismo totalitário é recusado, num processo mais radical do que um discurso ideológico contra o autoritarismo que se volta contra si mesmo, terminando por ser, em sua própria carne, autoritário.

assalariados, ajoelhados diante de seus "senhores patrões". A crítica de Artaud contra o Surrealismo toma, como sempre, o tom de uma *desmistificação*. Uma desmistificação das *palavras*, pois, atrás dos termos: Ilógico, Desordem, Incoerência, Liberdade, os surrealistas reencontram a Necessidade, a Lei, as Obrigações e o Rigor, através da submissão ao marxismo que se apresenta como uma "revolta de fato"[70] e faz do Surrealismo, "má fé". Portanto, há um duplo movimento do Surrealismo: de um lado, uma atitude "moral" de revolta contra os valores pré-estabelecidos; por outro lado, inércia nesta atitude inicial, pela submissão a um programa político que lhe é contrário.

Da aventura surrealista, diz Artaud, resta uma via fecunda em relação à literatura, derivada da cólera e do desgosto brilhante dirigido contra a coisa *escrita* e que aproxima da verdade essencial do cérebro. Todavia, se o Surrealismo abre esta via, ele próprio não chega a nada. Ao contrário, Artaud crê que, com as imagens e a boa utilização dos sonhos, poder-se-ia chegar a uma nova maneira de dirigir os pensamentos e de se conservar no meio das "aparências".

O que Artaud propõe é levar o gesto da revolta surrealista até o fundo; isto é, situar-se na única lógica válida, a que se sujeita às exigências que tocam a sensibilidade do próprio poeta e de sua Existência. A acusação de Artaud ao Surrealismo é a de que este último vê somente a metamorfose social externa como única via para a revolução, quando esta é uma via à qual se chega por *sobreacréscimo*. O plano social e o plano material, em direção aos quais os surrealistas dirigem suas veleidades de ação, reduzem-se a uma representação inútil e subentendida. Artaud convida os verdadeiros revolucionários a pensar a liberdade autêntica que é *individual*:

[...] Tenho comigo todos os homens livres, todos os verdadeiros revolucionários que pensam que a liberdade individual é um bem superior a este de não importa qual conquista obtida sobre um plano relativo[71].

Artaud conclui a respeito da revolução que: primeiramente, toda *ação real*, seja ou não espontânea, é inútil; em segundo lugar, Artaud adota o ponto de vista de um pessimismo em relação ao plano social, mas um pessimismo que se nutre de sua *lucidez*, a de um estouro dos valores estabelecidos.

À questão de saber se Artaud nega a ação, pode-se responder que *sim*, enquanto aquela se dá como uma ação real vinculada ao plano relativo, por exemplo, o nível social; mas, pode-se responder

---

70. A. A., t. II, p. 366.
71. A. A., t. I, p. 371.

que *não*, à mesma questão apresentada, porque Artaud propõe uma ação[72], mas que é ditada pelos sentidos exacerbados, isto é, a ação fundada sobre o ritmo da linguagem do corpo. Portanto, se Artaud recusa a *Revolução-tabu*[73] é para realizar de uma forma mais estrita e mais precisa a "práxis" revolucionária como *Revolta*, entendida como questionamento radical do que está petrificado por ser habitual e pré-estabelecido, para tornar a dar Vida ao movimento revolucionário, desmineralizando as evidências, tanto da ordem estabelecida quanto de uma revolução que conserva traços dessa ordem que deveria ser destruída. Acreditamos que o combate de Artaud visa a tudo quanto se tornou fetichismo ou idéia-tabu; doravante, a revolta deve ser vista como um processo. Além disso, o próprio Artaud torna-se um processo, na medida em que seu pensamento é linguagem e a linguagem é pensamento e ambos, essencialmente poético-teatrais, isto é, ação – poesia e práxis. "A poesia por essência é irredutível ao intelecto puro e ainda menos redutível à inteligência racional"[74].

72. Em Spinoza, a idéia de ação não está articulada necessariamente a um alvo (pelo contrário), é a paixão ou a passividade que precisa de alvos, mas, sim, está articulada à interioridade ou imanência entre agente-ato-resultado; por isso, para Spinoza *pensar é agir*. A diferença entre ação e paixão depende da diferença intrínseca entre a "causa adequada" e a "causa inadequada". Cf. tese de livre-docência – Marilena de Souza Chauí: "A Nervura do real-Spinoza e a Questão da Liberdade" (apresentada ao Departamento de Filosofia da FFLCH da USP, 1976, vol. I e III). No volume II, diz-nos a autora: "[...] trata-se ainda de demonstrar que a atividade e a passividade são formas globais de relações inter-humanas e de relações com o mundo, de sorte que os *homens* (e não um homem) são passivos quando diminuem reciprocamente suas realidades e são ativos quando aumentam reciprocamente suas realidades. Na paixão, agente e paciente são igualmente passivos e a servidão é divisão interna originária: nela somos pacientes agentes" (*op. cit.*, pp. 558-559). A relação entre Spinoza e Artaud pode ser estabelecida ao nível do *desejo*; isto é, para Spinoza estes "[...] é a própria essência do homem, visto ser a causa eficiente que nos determina a fazer coisas que favoreçam a potência de agir e a evitar coisas que a entravem" (p. 561). Para Artaud, a ação do "corpo sem órgãos" vai de encontro à ação do corpo próprio em Spinoza, que se move segundo um móvel imanente ou intrínseco.

Esta tese é reforçada pelo seguinte trecho: "[...] a alma é também força interna para produzir sua própria alegria e seu próprio desejo" (p. 563). Cumpre observar que, a partir desse espaço comum entre os dois autores, Spinoza coloca na *reflexão* a verdadeira liberdade, enquanto que, para Artaud, a força da verdadeira liberdade se faz gesto, "corpo sem órgãos" do homem-teatro que é Artaud.

73. Há um trecho esclarecedor da crítica de Artaud a Breton por seu engajamento político. Artaud é contra os sistemas, doutrinas e partidos enquanto estes controlam o processo revolucionário, de forma autoritária: "[...] sempre sofri ao vos ver dobrar, vós Bréton, aos quadros, às regras e às denominações Humanas que se manifestam nos Sistemas, nas Doutrinas e nos Partidos" (A. A., t. VII, p. 261).

74. A. A., t. II, pp. 283-284. É marcante a analogia entre Artaud e Nietzsche a respeito da recusa da identificação entre o *pensamento* e a *razão (Logos)*. Com efeito, consideremos os seguintes textos de Nietzsche onde ele propõe um pensamento que

O termo *poético*, segundo Artaud, significa a revelação incontestável de um poeta verdadeiro que se procura. A linguagem poética, concebida como uma partitura musical, provoca ressonâncias misteriosas, porque se acha fundada sobre quartos de tom. O poeta se torna uma linguagem onde o tempo, a nuança e o tom são ditados em função de uma mistura entre seu interior e o exterior da materialidade da língua. Ao espírito da letra, o poeta opõe a "letra do espírito", semelhante a um diapasão. Se há lirismo, este se manifesta por gritos, palavras abruptas e imagens-força que constituem a linguagem.

Se é no nível da linguagem poética que Artaud concebe uma revolução possível é porque esta aponta os limites da ordem capitalista:

> Vós pensais que a ordem capitalista e burguesa na qual vivemos pode ainda se segurar e que ela resistirá aos eventos. Penso, de minha parte, que ela está prestes a rachar... Penso que ela vai rachar: 1. porque ela não tem mais em si algo a fazer face às necessidades catastróficas da hora. 2. porque ela é *imoral* sendo construída exclusivamente sobre o lucro e o dinheiro[75].

Carta a Louis Jouvet, 5/1/1932. Esta carta, de 1932, quando o nazifascismo caminha a passos largos pela Europa, quando os sinais da revolução espanhola estão no ar, é uma carta de tom anarquista, são só porque diagnostica a impossibilidade do capitalismo para enfrentar a catástrofe atual (tendências comunistas também o afirmavam), mas sobretudo porque assinala a imoralidade da exploração capitalista. Não é apenas a "lógica interna do sistema" que está revelando sua impotência, mas é sua injustiça que está exigindo a mudança. Injustiça que Artaud sentiu na própria carne, pois a ordem capitalista é o que quer impedir o surgimento de sua poesia. Lutar pela revolução da arte como revolução dos valores de uma ordem *prêt à craquer* (prestes a rachar), eis o objetivo do Teatro da Crueldade. E, como veremos adiante, o tom anarquista reaparece quando, refletindo sobre a revolução teatral, exprimir a exigência nova de que o público participe em lugar de contemplar (como no

---

pensa *contra* a razão: "O que será sempre impossível: ser racional" (Nietzsche, Z.). Neste sentido, Nietzsche, como Artaud, não opõe os direitos do coração, do sentimento, do capricho ou da paixão à razão; ambos recusam o irracionalismo que nasce da oposição clássica entre a razão e o sensível e que identifica, sempre, o pensamento à razão. Segundo Nietzsche, no verdadeiro irracionalismo, trata-se apenas do pensamento, nada mais do que pensar. O que Nietzsche e Artaud opõem à razão é o próprio pensamento, ou "o que se opõe ao ser racional é o próprio pensador" (Nietzsche, *Co. In.*, I, 1). Assim, o pensamento reconquista seus direitos e se faz "legislador contra a razão" (Nietzsche, *E.H.*, IV, 1).

75. A. A., t. III, pp. 286-287.

teatro petrificado da tradição) ou de distanciar-se (como no teatro comunista de Brecht). Vejamos, agora, como o Teatro da Crueldade é atual[76], sem contudo cair na descrição dos eventos sociais.

76. Segundo Artaud, a idéia de *atualidade* se atém ao interesse de *tornar presente* sua obra, até os últimos dias de sua vida, ou de *atualizá-la*. Todavia, referente à atualidade do teatro da Crueldade (ex. *Os Cenci*, t. V, p. 249) ou no Teatro Alfred Jarry (t. III, p. 202), o termo passa a significar uma *universalidade* própria ou de acordo com as necessidades deste tempo (t. II, p. 30), sem cair na descrição dos eventos da época: "Atualidade de sensações e de preocupações, mais do que de fatos" (t. II, p. 34). Há uma plasticidade do termo *atualidade*. Romper com a atualidade, pois o teatro deve-se libertar de sua linguagem representativa: "[...] romper com a atualidade, quanto seu objeto não é o de resolver conflitos sociais ou psicológicos,... mas de exprimir objetivamente verdades secretas..." (t. IV, p. 84). Se Heliogábalo é de uma "in-atualidade" profunda, é porque recusa os problemas à moda e banais, superficiais, a fim de instaurar uma atualidade superior: "Preocupações, nisto que elas têm de profundo..." (t. IV, p. 117). O que é interessante nos eventos não se refere a eles mesmos mas "este estado de ebulição moral no qual eles fazem cair os espíritos; este grau de tensão extrema... É o estado de caos consciente onde eles não cessam de nos mergulhar..." (t. IV, p. 139). É uma atualidade que recusa os eventos, que mostra o mal-estar universal e como a humanidade se sente às margens do abismo. O Teatro da Crueldade é o meio de nos ajudar a ultrapassar a nossa angústia, como as festas teatrais da Antiguidade ajudavam aos homens exorcizar seu temor dos deuses. A atualidade comporta a noção de uma ameaça obscura, um abismo, um perigo que, a cada instante, está prestes a nos engolir.

A atualidade de Shakespeare, por exemplo, é a de ser conforme ao estado de perturbação atual dos espíritos (t. IV, p. 119). E, identificando Crueldade à Vida, A Conquista do México aparece como *atual* em relação aos problemas de um interesse vital para a Europa e para o mundo: *A Conquista do México* põe a questão da colonização" (t. IV, p. 151). E, ao mesmo tempo, a atualidade da civilização mexicana transcende aos eventos: "[...] o esplendor e a poesia sempre atuais do velho fundo metafísico sobre o qual estas religiões estão construídas" (t. IV, p. 152). Como todos os termos da obra de Artaud, a unidade se dá na multiplicidade de significações.

3. Definição e Inserção Histórica do Teatro da Crueldade

3.1. O ESPAÇO HISTÓRICO DO TEATRO DA CRUELDADE – JUSTIFICAÇÃO DE SUA EXISTÊNCIA

Artaud define a Crueldade no 1º Manifesto do Teatro Alfred Jarry (1926):

> Nós representamos (jogamos) nossa vida no espetáculo que se desenrola em cena; e para o espectador, seus sentidos e sua carne estão em jogo [...] Ele deve estar bem persuadido de que somos capazes de fazê-lo gritar[1].

Vinte anos mais tarde, afirma ser o Teatro da Crueldade uma "terrível e inelutável necessidade".

A crueldade não é sangue ou terror, nem Grand-Guignol; não é física nem moral, mas *ontológica*, vinculada ao sofrimento de existir e à miséria do corpo humano destruído. No entanto, é necessário ressaltar que esta Crueldade, ontológica, não exclui a violência, o sangue vertido, mas recorre a eles apenas ocasionalmente, pois a verdadeira Crueldade é de essência metafísica. O sadismo, as atrocidades e os assassinatos que ocorrem nas peças do Teatro da Crueldade são apenas provisórios e *não* necessários. Há uma dualidade (despedaçamento) mais fundamental da Existência, que separa o cor-

---

1. A. A., t. II, pp. 13-14.

po do espírito e contra a qual se ergue o Teatro da Crueldade: "guerra que desejo fazer provém da guerra que fizeram a mim"[2].

O Teatro da Crueldade pretende ser terapêutico, enquanto uma "cura cruel" recorrendo sistematicamente à "dissonância" A Crueldade é, pois, a manifestação do conflito primordial incessante que destrói o homem e o mundo. Ora, a fim de reconstruir um novo homem, através de um "corpo sem órgãos" o Teatro da Crueldade aparece como a gênese criadora deste novo homem. Há, pois, um duplo movimento inseparável: de um lado, a destruição da Existência, e, de outro, a reconstrução corporal de um novo homem, indo até o "sopro" primordial da Vida.

Artaud é sensível à sua época como aquela em que o mundo tem fome, não só no sentido de carência de alimentos, mas também fome de uma cultura verdadeira. O objetivo de Artaud é o de extrair do que se denomina de Cultura na época (1932-1937), idéias cuja força vital é idêntica à da fome. E se é fundamental comer, é, ainda, mais importante não gastar nossas energias com a única preocupação de devorar imediatamente a *força* de ter fome. O momento em que surge o Teatro da Crueldade, como signo da "confusão" da época, está em convulsão. O nazi-fascismo espalha-se pela Europa e o stalinismo desfaz as esperanças de uma revolução mundial liberadora[3].

---

2. A. A., t. IV, p. 176.
3. Em 1933 a Alemanha deixa de ser República Federal, para transformar-se em Estado centralizado, unitário e totalitário, por obra do Partido Nacional Socialista, chefiado por Adolph Hitler, que se tornou seu chanceler. Em 1935, por via de um plebiscito, a Alemanha, que então também se denominava Terceiro Reich, recuperou o território do Sarre. Em 1936 reocupou a região da Renânia, remilitarizou a fronteira com a França, constituiu, com a Itália, o eixo Roma-Berlim, e, pouco depois, concluiu uma aliança com o Japão. A ascensão do Nazismo proclama a superioridade da raça alemã, através da valorização da crueldade e da violência. E é curioso lembrarmo-nos de que a cultura alemã cria o mito das Walkírias, virgens louras, que acompanhavam os guerreiros, em suas lutas; os mitos alemães giram em torno de guerras e lutas; seus heróis são bravos guerreiros.

O nazismo constituiu-se como o equivalente alemão do fascismo. Possuía em comum com outras formas dessa doutrina o endeusamento da raça e do chefe, com absoluto desprezo em relação aos direitos do indivíduo. A comunidade nacional era considerada como um ser real coletivo, independente dos indivíduos isolados. Se, no âmbito nacional, a raça era colocada no centro de todas as formas de atividade, afirmava-se, em escala mundial, seu direito à subjugação de raças mais fracas, "a um lugar ao sol", conforme se proclamava nos discursos. Neste sentido, o nazismo retomou a tradição imperialista germânica e conseguiu a realização dos anseios expressos por numerosos pensadores que o precederam. Por outro lado, a afirmação dos direitos de uma raça germânica, baseada nas teorias racistas de Chamberlain, Lagarde, Stöcker, Lueger e outros, resultou em perseguição violenta aos membros de outras raças, particularmente os judeus. O nazismo é *totalitário* porque há um único partido a serviço do Estado e, ao mesmo tempo, domina-o; *racista*, porque serve de instrumento de uma política racial a serviço do Führer, segundo o qual a raça ariana é superior às de-

O México que Einseistein consagrara é etnologicamente de formação mais índia do que espanhola. Há cerca de 61% de mestiços de índios e europeus, 29% de indivíduos com predomínio de sangue europeu e 1% de negros. Esse México, onde Artaud viveu por certo tempo, ensina-lhe a criticar o etnocentrismo, a concepção da superioridade do branco europeu. Artaud utiliza o racismo vigente na época, virando-o contra si próprio:

mais, devendo ser mantida sua pureza, contra a inferioridade dos judeus que querem corrompê-la. Expressão do *Volk*, isto é, da unidade racial repousando sobre a comunidade de sangue, o Estado representativo-liberal só pode ser não-senso. E, por fim, *é belicista*, porque o Partido Nacional Socialista reúne homens radicalmente "puros" organizados sobre uma base militar e orientados para a ação violenta. Como dirão os frankfurtianos, o nazifascismo é a expressão suprema do Capitalismo, sua verdade.

Na União Soviética, Joseph Stalin entra no Partido Social Democrata Russo e leva a cabo uma ação revolucionária. Com o assassinato de Trotsky, Stalin preocupa-se com a Revolução num só país e com a passagem do socialismo ao comunismo, em que se faz necessária a *repressão*, para a supressão da burguesia e suas idéias. Abolindo a propriedade privada e assimilando o Estado à ditadura do proletariado, este último só seria suprimido devido a condições extrínsecas ao país socialista, devendo, no entanto, continuar na sociedade comunista.

Na China, Mao Tsé-tung desenvolve sua teoria da guerra revolucionária em sua obra *Os Problemas da Guerra Revolucionária na China* (1936), na qual a guerra é considerada a forma suprema da luta à qual se recorre a fim de suprimir as contradições entre as classes, as nações, os Estados. Tendo os trabalhadores e os camponeses enquanto forças revolucionárias, a Revolução conduz à libertação nacional e ao estabelecimento do socialismo.

Na Itália (1923-1945), aparece o fascismo, irmão-cúmplice do nacional-socialismo alemão. *Fasci*, que significa "elemento de base do partido", deve sua teoria a Mussolini. O Estado representa a ordem política numa Sociedade Nacional e *não* uma coleção de indivíduos. Constituindo-se numa "estadocracia", seu lema é: "tudo no Estado, nada fora do Estado, nada contra o Estado"; este, por sua vez, é necessariamente totalitário, controlando a vida social e individual. Há um único partido, constituído por uma elite formada na disciplina militar; Estado e partido constituem-se num todo indissociável.

Na Espanha inicia-se a luta revolucionária cujo desfecho sangrento encontra-se na vitória do Fascismo franquista em 1936 e consolidada em 1937.

Na França, Laval torna-se Ministro dos Negócios Estrangeiros, inspirando a política do Ministério, apoiando os planos expansionistas da Alemanha e da Itália. Em 1936 os partidos esquerdistas formam uma Frente Popular e vencem as eleições. Léom Blum, que organizara o novo Ministério, é substituído por Camilo Chautemps, que, por sua vez, é substituído por Eduardo Daladier, em 1938.

No chamado Terceiro Mundo, a África e a Índia encontram-se sob dominação colonial, e na América Latina o Fascismo começa a se expandir sob o ideal dos Estados Corporativos, como será o "Estado Novo" no Brasil em 1937.

O México, onde Artaud viveu e buscou inspiração para o Teatro da Crueldade, vive um período, historicamente, em que o presidente Lázaro Cárdenas (1934-1940) distribuiu mais terras do que todos os demais presidentes reunidos. Por outro lado, fortaleceu-se a ação dos sindicatos que receberam apoio governamental em suas disputas com os patrões. O governo encampou as companhias de petróleo inglesas e norte-americanas que se recusaram a dar aumento de salário exigido por seus empregados. Por ocasião da der-

E assim também se nós pensamos que os negros cheiram mal, ignoramos que para tudo isto que não é a Europa, somos nós, brancos, que cheiram mal... como o ferro corado a branco pode-se dizer que tudo isto que é excessivo é branco; e para um asiático a cor branca tornou-se a insígnia da mais extrema decomposição[4].

Se o branco aparece como "decomposição", cadáver e caveira, a civilização mexicana e a balinesa oferecerão vias que possibilitarão a Artaud (e ao Teatro da Crueldade) tomar a noção de cultura enquanto *protesto*, revolta contra sua identificação a um Panthéon. "Por que fazer teatro numa época em que se encontra a fome em todo lugar?" É a questão que Artaud coloca, inicialmente, em relação ao papel do teatro, enquanto prática cultural; o que pressupõe, ao mesmo tempo, perguntar pelo papel da cultura e de sua força viva.

Em primeiro lugar, Artaud constata uma ruptura entre as coisas e as palavras ou entre as idéias e os signos. E escreve:

...l'action faite verbalement,
que le Verbe est le Verbe,
le Verbe donne la mesure de notre impuissance,
notre séparation du réel,
Verbal,...[5]

A ruptura entre as coisas e as palavras é o que dá sentido à pergunta de Artaud: por que fazer teatro nesta época?, pois a distância coloca a seguinte alternativa: ou os sistemas culturais existem inconscientemente e as pessoas não têm mais necessidade de novas informações culturais transmitidas pelos livros, ou os sistemas culturais não têm nenhuma eficácia sobre as pessoas. Isto é, Artaud parte de uma *contradição*: ou a cultura está em nós como Vida e o livro e o sistema são inúteis, ou a cultura não está em nós e a desaparição do livro e do sistema é irrelevante. A separação entre nossos pensamentos e atos, entre as coisas, as palavras e as idéias é uma monstruosidade, mas esta monstruosidade é justamente o que se chama de a civilização. É essencial notar que as duas alternativas deixam clara a existência de uma cultura petrificada, e morta, contra

---

rota dos republicanos na Guerra Civil Espanhola, o governo facilitou a transferência para o México de numerosos refugiados espanhóis. Nessa mesma época estimularam-se consideravelmente as características nacionais da cultura mexicana. O General Camacho, substituindo Cárdenas na presidência, frisou o cunho pacífico das reformas sociais em curso, evitando uma revolução social. Anunciou uma política de paz com a Igreja e com as companhias estrangeiras. Em 1942 todas as disputas entre o México e os Estados-Unidos estavam resolvidas, e neste mesmo ano, o México declarava guerra ao Eixo.

4. A. A., t. IV, Prefácio, p. 14.
5. [...] a ação feita verbalmente, / quanto o Verbo é o Verbo, / o Verbo dá a medida de nossa impotência, / nossa separação do real, / Verbal,... A. A., t. IV, Apêndice, p. 277.

a qual Artaud opõe uma "cultura em ação", isto é, uma cultura aplicada nas ações das pessoas e que se confunde com a noção de uma nova "civilização". Todavia, Artaud adverte-nos em relação a noção de "homem civilizado" identificada à de "homem cultivado" que se define como "um homem informado sobre sistemas, e que pensa em sistemas, formas, signos, representações"[6] [...] "É um monstro para quem se desenvolveu até o absurdo esta faculdade que nós temos de extrair pensamentos de nossos atos, em lugar de identificar nossos atos a nossos pensamentos"[7]. Se a civilização é o petrificado porque separa palavras e coisas, palavras e ações, ações e coisa, o combate a essa separação exige a destruição do monstro que "tira pensamentos dos atos". Artaud exige a "sincronização" entre as coisas, as palavras e os atos, ou entre as coisas e as idéias, pois somente desta maneira a cultura recuperará sua força viva.

A noção de cultura deve, pois, ser questionada. Não se trata de abandoná-la nem à civilização, mas de anular a separação entre elas e a Vida. E se cultura e civilização são meios humanos de corromper o *divino*, a recuperação delas se faz pela reunião da cultura e da Vida, constituindo-se numa poesia atroz, numa *vingança* das coisas a revelar que os crimes são provas de nossa impotência face à Vida. O vínculo entre Vida e Divino é uma atrocidade poética e Cruel, que se faz Teatro da Crueldade. Descartada a concepção da cultura enquanto Panthéon ou um culto idólatra, a cultura passa a significar um "meio refinado de compreender e de exercer a Vida"[8]. A *Vida*, neste texto, ligada à cultura, é enfatizada, ainda, por Artaud, quando este escreve:

> [...] É bom que grandes facilidades em excesso desapareçam e que formas caiam no esquecimento, e a cultura sem espaço nem tempo e que detém nossa capacidade nervosa reaparecerá com uma energia acrescida. E é justo que de tempos em tempos cataclismas se produzam que nos incitem a voltar à natureza, isto é a reencontrar a Vida[9].

O México e Bali ressoam na tentativa de Artaud quando vê no totemismo primitivo um exemplo desta cultura viva procurada, onde não se é mais um simples espectador, mas um ator. Ao ideal ocidental de uma arte que se oferece à contemplação do espectador, lançando o espírito fora de uma força de exaltação (como na filosofia kantiana), Artaud opõe a participação do totemismo primitivo[10].

---

6. A. A., t. IV, p. 12-13.
7. A. A., t. IV, p. 13.
8. A. A., t. IV, p. 14.
9. A. A., t. IV, p. 15.
10. Uma vez mais, é possível confrontar Nietzsche e Artaud. Para Nietzsche a cultura é "adestramento e seleção" (cf. Nietzsche, *Co. In.*, II, 6; e *V.P.*, IV), isto é, ela exprime a violência das forças que se amparam do pensamento a fim de torná-lo ativo

E é sintomático que Artaud se distancie da Europa a fim de se voltar para a cultura mexicana, onde há uma idéia "interessada" da arte, isto é,

[...] uma idéia "mágica" e "egoísta" oposta à concepção de uma contemplação "desinteressada" da arte. Sob as "formas artísticas" o totemismo primitivo desvela as *forças* (*Manas*) que se identificam de um modo mágico com aquelas formas [...] quando pronunciamos a palavra Vida, é necessário entender que não se trata da Vida reconhecida pela exterioridade dos fatos, mas desta espécie de frágil e movente foco ao qual não tocam as formas[11].

É assim que a destruição das formas e da linguagem clássica significa atingir a Vida, entendida como a arte de refazer o teatro. Vida e teatro estão estreitamente ligados. Chegamos à identificação do Teatro da Crueldade à Vida: "Vida-manifestação: Teatro-manifestação e Crueldade-rigor, pois intensidade, pois presença de Vida"[12]. E esta "presença de vida" liga-se a catástrofes como tremores de terra, colisões, irrupções de vulcões, de uma forma denominada de "Sublime"[13]. no sentido empregado por Artaud, quando diz

e "afirmativo". A cultura se opõe, sempre, à idéia de um método, porque este último supõe uma boa vontade do pensador, entendida como "uma decisão premeditada". Mas, a cultura, pelo contrário, é uma violência sofrida pelo pensamento, que coloca em jogo todo o inconsciente do pensador; e esta idéia de uma violência sofrida pelo pensamento aparecia, já nos gregos, sob o nome de "Paidéia". No entanto, segundo Nietzsche, a atividade genérica da cultura tem por finalidade: "formar o artista, o filósofo" (cf. Nietzsche, *Co. In.*, II, 8). Pelo contrário, as principais atividades "culturais" das Igrejas e dos Estados nas sociedades formam, principalmente, a "martirologia" da própria cultura. E quando um Estado favorece a cultura, é apenas para se favorecer a si próprio; e esta concepção de Nietzsche contra esta idéia de cultura é idêntica à de Artaud.

Nietzsche distingue duas significações do termo "cultura". Primeiramente, a cultura no sentido histórico, isto é, tudo isto a que se obedece numa população, uma raça ou uma classe; é uma concepção "reativa". Em segundo lugar, a cultura é entendida num sentido "pré-histórico", isto é, como "a moralidade dos costumes que *precede* a história universal". E, como conseqüência desta segunda concepção, o homem torna-se ativo, potente e livre: "o homem que pode prometer" (cf. Nietzsche, *G.M.*, II, 2). Neste sentido, o indivíduo autônomo e supermoral constitui o "Super-Homem". Seja Nietzsche, seja Artaud, recusam considerar a noção de cultura como um processo de sujeição do homem à lei; o indivíduo legislador e soberano deve-se definir pela potência sobre si mesmo. Nietzsche denomina este homem de: "o irresponsável", "livre e leve", assim como, para Artaud, é ele quem *fala*; ele não tem mais nada para responder. Para Nietzsche, bem como para Artaud, é necessário que o instrumento cultural desapareça no produto. A moral concebida enquanto regras historicamente estabelecidas se destrói nos dois pensadores; Nietzsche escreve: "A justiça acaba, como qualquer coisa excelente neste mundo, por se destruir a si própria" (cf. Nietzsche, *G.M.*, 10).

11. A. A., t. IV, p. 18. Numa outra direção, mas com ênfase na mesma questão, pode-se ler *A Serpente Emplumada* de D. H. Lawrence.

12. A. A., t. IV, Apêndice, p. 279.

13. A "categoria" do Sublime oposta ao Belo é uma antítese clássica no domínio das teorias filosóficas. Segundo Kant, o Belo e o Sublime são duas espécies coordena-

que existe Sublime e Poesia no crime, na natureza de certos crimes de causas indiscerníveis. Esta *energia* cósmica ou esta *força* encontrará sua expressão integral no teatro, de um modo marcante, nítido e poético, isto é, sob a forma de uma *poesia mágica*.

Dizemos poeticamente como diríamos artisticamente com esta idéia de charme inútil, de jogo gratuito e fugaz que se liga para todo mundo ao termo negro, mágico de poesia [...] Ora, gostaríamos de entregar à poesia seu sentido dinâmico e virulento, mas virtudes de coisa mágica. E conceber então a magia, como um desprendimento de energias reais, segundo uma maneira de um ritual preciso...[14]

Neste sentido, o verdadeiro teatro constitui-se como a magia do real, identificando-se a uma noção de Vida que faz estourar os quadros da realidade visível e habitual. Para Artaud, "Se o teatro duplica a vida, a vida duplica o verdadeiro teatro"[15]. A noção de Duplo, como já observamos anteriormente, é essencial em Artaud. Partindo da duplicação de sua própria Existência, Artaud vê o mundo em termos de dualidade. Por um lado, Deus, a família, a polícia, o reitor, o médico, o crítico literário, são "duplos" que *roubam* Artaud de si mesmo. Por outro lado, numa acepção poética, os "duplos" são as *metáforas* do Teatro da Crueldade, suas figuras, seus espelhos. É assim que: a peste, a alquimia, o Oriente, a metafísica, [...] são os Duplos do Teatro da Crueldade. E a metáfora essencial é dada pela noção de Vida:

O teatro deve ser considerado como o Duplo não desta realidade cotidiana e direta da qual ele pouco a pouco se reduziu a ser apenas a inerte cópia, tão vã quanto

das de um mesmo gênero. O Belo se caracteriza por seu caráter finito e terminado; o Sublime questiona a idéia do Infinito, quer sob forma de grandeza (Sublime Matemático), quer sob forma de potência (Sublime Dinâmico). E enquanto que o Belo se constitui como uma harmonia, o Sublime é uma luta entre o entendimento e a imaginação, isto é, este último compreende um ultrapassamento das leis do entendimento pela imaginação (Kant, *Kritik der Ur teilskraft*, I, 1, livro II, §§ 23 a 29). Todavia, esta oposição entre o Sublime e o Belo não é sempre admitida pelos pensadores. Para Guyau, por exemplo, "O Sublime tem as mesmas raízes que o Belo... ele supõe... uma certa racionalidade interior" (*Morale sans obligation ni sanction*, p. 215). Assim também, segundo Paul Souriau, "o sublime é o Belo no superlativo" (Lettre de M. F. Mendré).
Num sentido mais amplo, o Sublime aparece ligado à idéia de elevação, de nobreza. Voltaire escrevia: "É sublime e o simples que formam a verdadeira beleza" (*Vict. Philosophique*, art. Esprit). No sentido moderno, a palavra Sublime exprime, principalmente, um julgamento de admiração entusiasmada, quer na ordem moral, intelectual ou estética. O termo Sublime, no sentido empregado por Artaud, é mais próximo do pensamento de J.-J. Gourd, quando este o define como "o incoordenável na ordem estética", isto é, "isto que supõe e ultrapassa, por um acréscimo de intensidade, as leis normais da estética" (cf. Gourd, *Philosophie de la Réligion*, segunda parte, ch. III).

14. A. A., t. IV, Apêndice, p. 281.
15. A. A., t. V, p. 272.

edulcorada, mas de uma outra realidade perigosa e típica, onde os princípios, como os golfinhos, quando mostram sua cabeça, apressam-se de voltar à obscuridade das águas[16].

O Duplo, então, não é reflexo, nem cópia do teatro; mas o próprio teatro (assim, por exemplo, a peste *é* o teatro) é o princípio da linguagem por correspondências e por signos, e tem a função de tornar sensível a unidade múltipla da Vida. O Teatro da Crueldade é um teatro da "ambivalência": a ilusão aí é verdadeira, há uma destruição construtiva e uma desordem ordenada. Rigor e anarquia misturados fazem do Teatro da Crueldade a "gênese da criação", o espaço onde se dão as antinomias, fontes da Vida. A vida no teatro torna-se um "jogo" da Vida apresentando-se como gratuidade dos atos em relação à atualidade: encontram-se nas peças teatrais atos gratuitamente absurdos e frenéticos, ao mesmo tempo, semelhantes à peste.

A relação entre Teatro da Crueldade e peste torna-se possível porque, tanto o ator, quanto o indivíduo pestilento apresentam uma gratuidade análoga, isto é, uma revolução sem proveito da realidade. A peste mata, sem destruição de matéria, assim como o autor apresenta ao público personagens de uma forma intempestiva, sem que nada aí se passe, realmente. O teatro, como a peste, constituem-se enquanto verdadeira epidemia. A peste provoca uma desorganização física, que leva à morte, sem destruição da matéria corporal; assim também a ação do ator possui uma força espiritual que se enraíza no sensível e não necessita da realidade cotidiana.

O fenômeno da peste aparece, no texto de Artaud[17], como espelho de uma relação explícita entre a peste e o poder, quando assinala que o rei vê a *ordem* cair por terra. A guerra contra a peste é feita pelo autocrata: a fim de que não haja destruição da ordem, ele se dá ordens que desrespeitam a ordem vigente. Assim, a peste, no *sonho* do rei (o déspota salvador), se faz registro escrito; os arquivos de Cagliari são diferentes dos relatos clínicos de Marselha, e diferentes do Decameron. *Decameron*:

[...] pode-se perguntar se a peste descrita pelos médicos de Marselha era bem a mesma que esta de 1347, em Florença, de onde saiu o *Decameron*. A história, os livros sagrados, de que a Bíblia, alguns velhos tratados médicos, descrevem do exterior todos os tipos de pestes de que eles parecem ter retido muito os traços mórbidos do que a impressão desmoralizadora e fabulosa que elas deixaram nos espíritos. São provavelmente eles que tinham razão[18].

16. A. A., t. IV, p. 58.
17. A. A., t. IV, pp. 19 a 39.
18. A. A., t. IV, p. 22.

Os arquivos de Cagliari, a Bíblia e o Decameron são diferentes do relato clínico; o aspecto desmoralizante e fabuloso é mais importante do que os traços mórbidos, pois o que se revela é a peste como fato metafísico, político e religioso, como fatalidade e afinidade misteriosa. É esta peste que permite compreender o significado da ausência de lesão corporal ou orgânica, bem como o que permite o surgimento de uma verdadeira metafísica do corpo em torno dos pulmões e do cérebro, ligados à vontade e à consciência. A peste como "fisionomia espiritual de um mal", como algo que destroça o corpo individual e o corpo social sem deixar marcas visíveis, é o núcleo do texto de Artaud sobre a peste. As marcas da peste estão nos arquivos e relatos e não nos corpos por ela afetados; a peste é "liberdade espiritual". É a hora em que as coisas se vingam e a poesia nasce do lado mau das coisas. O branco (que é decomposição) é o contraponto da decomposição negra e pestilenta, que é a emergência de Vida, assim como o Teatro da Crueldade é revelador, como a peste:

> Se o teatro é como a peste, não é porque ele é contagioso, mas porque como a peste ele é a revelação, o empurrão, o impulso para o exterior de um fundo de crueldade latente pelo qual se localizam sobre um indivíduo ou sobre um povo todas as possibilidades perversas do espírito. Como a peste ele é o tempo do mal, o triunfo das forças negras, que uma força ainda mais profunda alimenta até a extinção[19].

Esta aproximação entre o teatro e a peste permite dizer que ambos provocam alterações. De um lado, a peste mata sem destruir os órgãos, e, por outro lado, o teatro provoca no espírito quer de um povo, quer de um indivíduo, uma revolução. Os cataclismas naturais, as revoluções e a desordem da guerra descarregam-se na sensibilidade de quem os observa, como uma epidemia. O teatro termina num delírio coletivo. O intelecto está estreitamente ligado à sensibilidade e não mais se encontra o tradicional corte metafísico entre o corpo e o espírito. O teatro exerce um envolvimento mágico que fascina quem dele participa, pois: "o espírito crê nisto que ele vê e faz isto que ele crê"[20]. O teatro e a peste provocam um delírio comunicativo[21] num sentido análogo. É um "exorcismo" total do espírito, levado ao extremo, ao mesmo tempo que as forças da natureza emergem. O teatro exerce o papel de revelar todos os conflitos la-

---

19. A. A., t. IV, p. 37.
20. A. A., t. IV, p. 33.
21. Este aspecto de "transe" ou de um "delírio comunicativo" no Teatro da Crueldade é metaforicamente análogo ao delírio coletivo do "carnaval", enquanto festa religiosa, e ao ritual da "macumba", que desenvolveremos posteriormente, sem *jamais* identificar o Teatro da Crueldade a estes dois fenômenos.

tentes, ocultos em nós, restituindo suas forças sob a forma de símbolos.

Estes símbolos, no teatro, apresentam-se como o signo de forças já maduras, mas que haviam sido conservadas em servidão, ocultas; no entanto, agora, explodem em imagens marcantes e absurdas em relação à ordem social. Encontramo-nos num nível a-moral, isto é, onde não há mais moral possível[22]. Neste sentido, pode-se dizer que a significação política do Teatro da Crueldade está numa provocação dos sentidos, a fim de libertar o inconsciente recalcado, através de uma revolta virtual que conduz as coletividades a tomarem atitudes heróicas. Mas, estas atitudes heróicas não devem ser entendidas a não ser enquanto ligadas a uma poesia que sacraliza a revolta:

> Pois se o teatro é como a peste, não é somente porque age sobre coletividades importantes e que ele transtorna num sentido idêntico. Há no teatro como na peste algo ao mesmo tempo de vitorioso e de vingativo[23]. [...] Uma verdadeira peça de teatro mexe com o repouso dos sentidos, libera o inconsciente comprimido... impõe às coletividades reunidas uma atitude heróica e difícil[24].

O Teatro da Crueldade conduz ao extremo ultrapassamento das leis sociais, tendo como motor a força de uma paixão compulsiva identificada ao perigo absoluto. Todavia, este absoluto da paixão não se identificará, jamais, ao arbitrário. Ao contrário, a paixão Cruel se identifica à idéia de rigor, compreendido como uma *tomada de consciência* ou de *lucidez* que ultrapassa os valores estabelecidos. O Teatro da Crueldade reconduz o espírito ao princípio de seus conflitos, nascido de um corte entre espírito e matéria, tanto quanto da desvalorização do segundo termo em relação ao primeiro. O Teatro da Crueldade impulsiona para o exterior um fundo que estava latente e que deve ser colocado à luz do dia, revelado por um ato de lucidez. É neste sentido que Artaud considera o Teatro da Crueldade como o tempo do "Mal" ou o triunfo das "forças negras". O Teatro da Crueldade descobre o que estava oculto; seu papel é o de reconduzir à lucidez e à desmistificação, ao mesmo tempo. Se o teatro, como a peste, é uma epidemia, esta é salvadora, na medida em que provoca uma crise nas coletividades que só podem reencontrar seu equilíbrio após uma destruição. Em suma, a lucidez, visada pelo Teatro da Crueldade, aparece nitidamente no texto seguinte de Artaud:

---

22. E este questionamento de valores reencontra o pensamento de Nietzsche, uma vez mais, segundo o qual é preciso destruir o princípio dos valores.
23. A. A., t. IV, p. 33.
24. A. A., t. IV, p. 34.

[...] a ação do teatro como esta da peste é benfeitora, pois impulsionando os homens a se verem tais como eles são faz cair a máscara, descobre a mentira, a falta de energia, a baixeza, a hipocrisia..., e revelando às coletividades sua potência sombria, na força oculta, ela os convida a tomar em face do destino uma atitude heróica e superior que elas jamais teriam tido sem isto[25].

Ou seja, o teatro como a peste, do ponto de vista social, atinge e viola qualquer um, porque ambos, enquanto epidemias, deslizam da ordem individual para a ordem social[26].

Assim, a revolução no teatro é a provocação de um caos perigoso e decisivo, ao mesmo tempo, condição indispensável da própria Existência de um teatro que nasce de uma "anarquia que se organiza". Ao restituir o valor da cena e do espaço, o Teatro da Crueldade restabelece o direito de palavra ao que foi recalcado no pensamento ocidental como alguma coisa secundária e inferior, quer se denomine de extensão, espessura, matéria, mal, sensível, corpo ou cena. O Teatro da Crueldade, sem representar mecanicamente sua época, pode levar a uma transformação profunda das idéias, dos princípios e dos costumes. Retomemos este texto em que Artaud trata de nos mostrar a atualidade viva do teatro: "Mas, dir-se-á, um teatro tão longe da vida, dos fatos, das preocupações, nisto que elas têm de profundo e que é a apanágio de alguns, não!"[27]

3. 2. O RIGOR E A FATALIDADE DA CENA E SUA OPOSIÇÃO AO TEXTO LITERÁRIO

A um teatro que se sujeitaria ao *autor* e ao *texto,* Artaud opõe a *cena.* É preciso uma troca entre dois espíritos: "Há que se restabelecer uma espécie de intercomunicação magnética entre o espírito do autor e o espírito do encenador"[28]. No entanto, esta sorte de intercomunicação entre estes dois espíritos não significa um psicologismo, pois o *metteur-en-scène* ("encenador") deve fazer abstração de sua própria lógica e de sua compreensão pessoal. Artaud deseja *rigor* e não psicologia.

Para obtê-lo, o poeta pede dois esquecimentos. O primeiro: é preciso nos esquecermos, a fim de nos levar a um afastamento do "psicológico". O segundo: é preciso esquecer o teatro (ocidental),

---

25. A. A., t. IV, p. 39.
26. A relação feita por Artaud entre o Teatro/Peste/Destruição/Revolução Social é análoga às figuras da Peste e do jogo, da Peste e do Teatro que aparecem em *O Sétimo Selo* de Bergman, em que somente os saltimbancos se salvam.
27. A. A., t. III, p. 117.
28. A. A., t. II, p. 11.

para o afastamento da tradição. Artaud visa chegar a uma linguagem teatral constituída por imagens que recusam ser uma simples "cópia" do real, ou uma relação de "verossimilhança", ou seja, descarta uma lógica mimética[29]. O "ilógico" não aparece como o ilusório oposto à verdade, mas ligado à Vida apreendida em imagens, exigindo a supressão do lado superficial do espetáculo.

Uma vez que o lado estritamente "espetacular" do teatro foi suprimido, a preocupação de Artaud volta-se para a participação[30] do público: "Viriam aqui não mais propriamente para ver, mas para participar. O público deve ter a sensação de que ele poderia sem operação muito sábia fazer isto que os atores fazem"[31]. Esta participação, ligada à Vida e à lucidez, nega um certo tipo de teatro, caracteristicamente ocidental, a fim de recuperar o verdadeiro teatro: Artaud deseja um "teatro absolutamente puro"[32].

A constante renovação da linguagem cênica do Teatro da Crueldade coloca em questão a concepção européia do teatro que considera o diálogo como ponto de partida e de chegada. Todavia, se o trabalho de encenação é fundamental no teatro, isto não significa que sua função seja a de mero adjuvante decorativo de um texto: a encenação, neste caso, nada mais seria do que um elemento inútil e parasita. Trata-se de recuperar uma função mais orgânica da encenação enquanto uma linguagem particular. Recuperar a significação do teatro, para Artaud, significa esperar "o dia em que toda representação dramática se desenvolverá diretamente a partir da cena, e não como a segunda montagem de um texto definitivamente escrito e que se basta a si mesmo, e se limita a suas possibilidades"[33]. Em última instância, é à linguagem da *Palavra* que Artaud se dirige, enquanto esta é considerada como um meio único de expressão. O teatro aparece, então, como material privilegiado que oferece outras possibilidades de expressão, além daquelas puramente verbais. A expressão teatral implica que "O teatro se confunde com a destruição mesma do mundo formal. Ele põe a questão da expressão pelas for-

---

29. Num sentido mais amplo, o termo *mimético* ou *mimetismo* significa todas as formas de imitação. Do ponto de vista estético, a "teoria da imitação" *(Mimesis)* remonta à fórmula de Aristóteles, segundo a qual "o princípio de todas as artes está na *mimesis*" (Aristóteles, *Poética*, cap. I, 1447 a-b). O termo reaparece com Sêneca: "*Omnis ars naturae imitatio est*" (*Sêneca, Cartas a Lucilius*, 1.65, § 2). E para os contemporâneos, a teoria da imitação foi retomada por Lipps e Ch. Baldwin, mas, num sentido já diferente do sentido primitivo do termo. Nesta medida, Artaud é antiaristotélico.

30. Retomaremos esta questão, no momento em que nos detivermos nas concepções de teatro de Brecht e de Artaud, ressaltando suas semelhanças e suas diferenças.

31. A. A., t. II, p. 15.

32. A. A., t. II, p. 19.

33. A. A., t. V, p. 17.

mas e convida a tomá-la comodamente com o real, pelo humor, criador de poesia"[34]. A tarefa da linguagem teatral é de *dissociação*, de *desintegração* de um real supostamente sólido e estável. Através desse questionamento teatral humorístico, que abala organicamente a própria sensibilidade do público, o Teatro da Crueldade pode propor uma "metafísica intelectual", como nos diz Artaud:

[...] este questionamento humorístico do real... conduz à metafísica intelectual de um lado, orgânica, de outro, pelas possibilidades de dissociação mágica e religiosa da linguagem empregada[35].

O Teatro da Crueldade é ritual e mágico, porque ligado a forças afetivas, mitos de uma cultura simbolizada por gestos que expressam uma necessidade mágica e espiritual. Todavia, isto não significa que os gestos traduzam idéias ou conceitos, de maneira unívoca. O gesto tem a capacidade de evocar de forma poética o reflexo dessas idéias a serem apresentadas. O teatro é o lado físico acessível da magia, propondo ao público uma linguagem poética, mítica, diferente do teatro ocidental europeu, psicologista. À vida ordinária, o teatro opõe um estado de vida poético esplêndido, absurdo, mágico e hierático, mas falso[36]. Como exemplo desse ritual em teatro, Artaud nos propõe a peça *A Conquista do México*. O conflito é sugerido através da montagem cênica. Do visual ao sonoro, tudo tende a despertar no público a idéia de uma consciência revoltada e desesperada da parte das personagens. Pela combinação entre as partes dialogadas e as não-dialogadas do espetáculo, o público participa do sentimento de conflito, que deve ser sugerido, como uma música que não pode ser descrita com palavras, mas envolve o ouvinte, fascinando-o. Essa analogia entre a montagem cênica e a música é-nos sugerida diretamente por Artaud, quando este escreve:

---

34. A. A., t. V, p. 17.
35. A. A., t. V, p. 17.
36. Analogamente, para Nietzsche, a arte cria ilusões que elevam o falso à mais alta potência afirmativa, fazendo da "vontade de enganar" algo que se afirma na potência do falso. A "vontade de enganar" é a "vontade artística", a única capaz de rivalizar com o ideal ascético (cf. Nietzsche, *G.M.*, III, 25). É assim que, para o artista, a "Aparência" não significa mais a negação do real neste mundo, mas, seleção, correção, afirmação da realidade repetida. O artista trágico diz *sim* a tudo o que é problemático e terrível, pois é "dionisíaco". A Verdade é "Aparência" realizada pelos artistas dionisíacos, pesquisadores de novas possibilidades de Vida: "[...] É o mundo enquanto erro que é tão rico em significação, tão profundo, tão maravilhoso" (Nietzsche, *V.P.*, projeto de prefácio, 6); "[...] A arte, santificando precisamente a *ilusão*, e colocando a *Vontade de enganar* do lado da boa consciência, é por princípio bem mais oposta ao ideal ascético do que a ciência" (Nietzsche, *G.M.*, III, 25).

As formas musicais ou picturais de sublinhar suas formas, de enfatizar suas purezas serão construídas no espírito de uma melodia secreta, invisível espectador, e que corresponde à inspiração de uma poesia sobrecarregada de sopros e de sugestões[37].

Essa sugestão é rigorosa, pois os gestos figuram como hieróglifos vivos tornados sensíveis em cena, objetivamente, numa pantomima regulada precisamente como a notação de uma partitura musical.

Ao produzir seus próprios meios de escritura, o teatro reencontra sua verdadeira linguagem, que é espacial, constituída por gestos, atitudes, música, mímica, onomatopéias, ruídos combinados rigorosamente, de tal modo que todos esses elementos quer visuais, quer sonoros, têm tanta importância intelectual e significação sensível, quanto a linguagem que se utiliza de palavras. Os signos teatrais serão "inventados" na medida em que forem pensados diretamente em cena e as palavras nascerão para concluir os discursos líricos constituídos por signos sonoros e visuais dinamizados em cena. O texto torna-se escravo do espetáculo que tem suas próprias leis e meios de escrita especificamente seus. Cria-se, ao lado da linguagem falada, uma outra forma de linguagem física e concreta (espacial) dotada da mesma importância intelectual e da mesma faculdade de sugestão que a discursiva. Não se trata, pois, de restringir o campo de significação, mas, pelo contrário, de ampliá-lo, mostrando a possibilidade de uma significação colocada corpo a corpo com o sensível da cena. O efeito mágico da linguagem cênica forma um todo com o aspecto intelectual, sem a necessidade de sujeitar-se ao texto:

Pois eu creio que é urgente para o teatro de tomar consciência, uma vez por todas, disto que o distingue da literatura escrita. Por mais fugidia que seja, a arte teatral está baseada sobre a expressão no espaço... tudo no espetáculo visa à expressão por meios físicos que engajam tanto o espírito quanto a sensibilidade[38].

De um lado, o Teatro da Crueldade, enquanto um processo de alquimia, é uma verdadeira transmutação de signos visuais e sonoros; por outro lado, a cena oferece uma linguagem com função análoga à linguagem essencialmente verbal, na medida em que o espetáculo do Teatro da Crueldade é composto e fixado antes de ser apresentado. Ou seja, há, no próprio cerne da linguagem espacial do Teatro da Crueldade, um princípio anárquico e dissociativo da linguagem poética, oferecido como um leque de analogias pré-fixado num código hieroglífico.

37. A. A., t. V, p. 25.
38. A. A., t. V, pp. 40-41.

A cena apresenta-se como o lugar de eleição de uma certa poesia, onde a extensão se manifesta mais do que a palavra, onde o domínio físico e orgânico dos meios sonoros e visuais dão à realidade teatral uma significação que se basta a si mesma, excluindo outras interpretações além de si. Os temas das peças são utilizados como pretextos em relação à linguagem mágico-teatral. "Esta tentativa em que a parte espetacular virá para o primeiro plano tentará extrair a noção de um espetáculo feito não para a vista ou para o ouvido, mas para o espírito. Os gestos aí serão equivalentes a signos, signos encantatórios"...[39] Essa linguagem passará de um órgão dos sentidos a outro, estabelecendo analogias, associações imprevistas entre séries de sons, entonações e objetos. Através dessa linguagem física e objetiva da cena, o espírito será atingido, por intermédio de todos os órgãos, com todos os graus de intensidade. O Teatro da Crueldade torna-se um jogo, porém, não se reduz a um simples divertimento gratuito; pelo contrário, ao recorrer a meios físicos, sensíveis a todos, sua finalidade é a de cativar o público a fim de considerar os temas míticos propostos, participando integralmente do espetáculo.

Ao olhar o teatro de seu tempo, Artaud se vê confrontado com uma alternativa: se o teatro é um jogo e se possui a função de distração, torna-se aleatório e supérfluo, mas, se é uma realidade verdadeira, isto é, dotada de sentido, coloca um problema a ser resolvido, qual seja, encontrar os meios por cujo intermédio o teatro retomará sua realidade. Artaud opta pela existência do teatro, enquanto uma realidade com significação viva. Como a cultura, o teatro dirige sombras; de um lado, quebrando a linguagem para tocar a Vida, destrói falsas sombras, não se fixando nas formas; de outro lado, dá nascimento a outro gênero de sombras em torno das quais ergue-se o espetáculo da Vida: "[...] quando pronunciamos a palavra Vida é necessário compreender que não se trata da Vida reconhecida pela exterioridade dos fatos, mas desta espécie de frágil e movente foco ao qual não tocam as formas"[40]. Ao mesmo tempo que a questão de um "teatro puro" é colocada, Artaud pede, imediatamente, um público capaz de "tomar partido conosco"[41]. Portanto, uma vez mais, a *participação* do público acha-se na raiz e na possibilidade da existência do teatro. Este teatro é apresentado, inicialmente, sob o nome de "Teatro Alfred Jarry", o teatro *ideal*[42].

39. A. A., t. V, p. 121.
40. A. A., t. IV, p. 18.
41. A. A., t. II, p. 20.
42. Já os surrealistas e dadaístas se proclamavam seguidores de Alfred Jarry, como aparece nos *Manifestes du Surréalisme*, Gallimard, 1963 (pp. 39 e 112), col. Idées, de Bréton. *Ubu-Roi* aparece como a encarnação do ego nietzschiano-freudiano,

Este teatro é considerado ideal porque há um dinamismo interior do espetáculo em relação direta com as angústias e as preocupações de toda a vida de quem o assiste. O teatro separa-se de um realismo estrito da ação, para enfatizar a "força comunicativa da ação":

> A ilusão não mais apoiará sobre a verosimilhança ou a inverrossimilhança da ação, mas sobre a força comunicativa e a realidade desta ação[43] [...] Não é ao espírito ou aos sentidos dos espectadores que nós nos endereçamos, mas a toda a sua existência. À sua e à nossa. Nós representamos (jogamos) nossa vida no espetáculo que se desenrola sobre a cena[44].

Esta participação visada acha-se ligada não somente ao espírito do espectador, mas estende-se a seus *sentidos* e à sua carne. Ao atingir a carne, o teatro transforma o público, num processo semelhante, segundo Artaud, ao da ida ao cirurgião ou ao dentista, isto é, o espectador não sairá intacto[45].

Pode-se dizer que o teatro é um "trauma" (no sentido psicanalítico do termo) como transparece nitidamente na noção de um "espetáculo único" que não se repete e que dá a impressão de ser tão imprevisível como qualquer ato da Vida. Teatro e Vida nos quais o que tem sentido não se repete e não recomeça acham-se, sempre, configurados conjuntamente. A noção de um teatro que não se repete e que, sendo imprevisível, acolhe o contingente, não se opõe ao "rigor". Não-repetição e rigor são complementares, desde que o espectador leve a sério que uma parcela de sua Vida profunda está comprometida na ação que se desenvolve na cena. Quanto a este comprometimento, Artaud nos diz: "Cômica ou trágica, nossa representação (jogo) será uma destas representações (jogos) nas quais a um momento dado a gente ri amarelo"[46]. A cena desencadeia uma angústia que está em relação direta com as preocupações de toda a

---

designando o conjunto das potencialidades desconhecidas e inconscientes. O que *Ubu-Roi* marca, segundo Artaud, é pela sua agressão ao público e o escândalo provocado na primeira apresentação derivado da destruição das principais convenções teatrais, a substituição da língua nobre por um estilo "popularesco" e gaiato, bem como a substituição do herói tradicional pelo "duplo ignóbil", e, por fim, uma decoração que recusa o ilusionismo e o naturalismo simultaneamente, o que leva Artaud a dizer "nem a realidade nem a ilusão, mas o falso no meio do verdadeiro" (t. II, p. 79). Todavia, apesar da influência do teatro de Alfred Jarry no Teatro da Crueldade, esta foi apenas uma influência introdutória, pois não se pode reduzir o Teatro da Crueldade a seu simples efeito; pelo contrário, diz Artaud: "Se o teatro Alfred Jarry não é mais, eu vivo ainda" (A. A., t. III, p. 202).

43. A. A., t. II, p. 21.
44. A. A., t. II, pp. 21-22.
45. Recordemos a relação feita por Benjamin entre o *cameraman* e o cirurgião. Cf. nota 21, p. 227 do texto já citado de W. Benjamin.
46. A. A., t. II, p. 23.

Vida do espectador. Pode-se acrescentar à cadeia não-repetição/rigor/Vida o termo *fatalidade*.

Artaud repele a idéia de um teatro sangüinário:

> Não se trata nesta Crueldade nem de sadismo nem de sangue, ao menos de forma exclusiva. Eu não cultivo sistematicamente o horror. Este termo Crueldade deve ser tomado num sentido amplo, e não no sentido material...[47]

Há uma crueldade pura, sem destruição carnal, próxima da necessidade filosófica: "Do ponto de vista do espírito, Crueldade significa rigor, aplicação e decisão implacável, determinação irreversível, absoluta"[48]. A Crueldade não se identifica com a dor física gratuita, não exige mártir, nem inimigo crucificado. Os suplícios são, apenas, um detalhe mínimo, pois "A Crueldade é antes de tudo lúcida, é uma espécie de direção rígida, a submissão à necessidade. Nada de Crueldade sem consciência"[49]. A Crueldade é, antes, pertinácia do que imolação ou sacrifício. A Vida é da cor do sangue pela consciência. A Crueldade é apetite de Vida, de rigor cósmico e de necessidade implacável, visível em cada ato teatral e em cada gesto. O Teatro da Crueldade é ativo, agindo sobre os sentidos e o coração, através de um rigor e de um determinismo superiores que desembocam na idéia de um teatro integral, portanto, Cruel. Há estreita relação entre o espetáculo integral do Teatro da Crueldade, o "corpo sem órgãos", e sua ação sobre o coletivo (público). O rigor da Crueldade une a criação e a Vida num fim inelutável, funesto e imprevisível, como cartas marcadas num jogo.

Uma vez que a ilusão teatral criada não se refere à verossimilhança da ação, mas à sua força comunicativa e à realidade desta ação enquanto teatral, a noção de fatalidade significa que cada espetáculo torna-se uma espécie de "evento". Isto é, o espectador tem o sentimento de que uma cena de sua própria Existência é posta em cena, diante dele. A cadeia Não-repetição/Rigor/Vida/Fatalidade torna-se possível se considerarmos a participação do público no teatro, como o anel que une todos os anéis. Essa participação, Artaud pede que seja: "uma adesão íntima, profunda"[50] do público.

Para que tal participação se cumpra, o teatro precisa ser o mais verdadeiro e o mais vivo possível. No entanto, essa verdade e vivacidade não têm como suporte Deus ou a Razão. Pelo contrário, sua necessidade é tecida com o fio desdobrado por outro deus: o acaso[51].

---

47. A. A., t. IV, p. 121.
48. A. A., t. IV, p. 121.
49. A. A., t. IV, p. 121.
50. A. A., t. II, p. 24.
51. O tema do *acaso* aparece, também, no pensamento de Nietzsche. Este faz do acaso uma "afirmação"; o reino de Zaratustra é denominado "grande acaso" (Nietzs-

A noção de *acaso* tem um papel decisivo no Teatro Alfred Jarry: No teatro que desejamos fazer, o acaso será nosso deus"[52]. E, posteriormente, no Teatro da Crueldade: "Basta de uma magia casual"[53]. Todavia, se Artaud fala do acaso no sentido do "acaso objetivo" de Bréton e dos surrealistas, no Teatro da Crueldade o acaso será minuciosamente regulado e calculado. A cena teatral é singular e única; há necessidade de uma "criação espontânea sobre a cena"[54]. Artaud passa da ênfase nos sonhos e no caráter mágico e inconsciente do teatro a uma linguagem cênica precisa: "algo de tão localizado e tão preciso quanto à circulação do sangue nas artérias, ou o desenvolvimento, caótico, aparentemente, das imagens do sonho no cérebro"[55]. A cena do Teatro da Crueldade, fundada no sonho, torna-se um sistema com sentido e lógica específicos. Portanto, se não há gratuidade na linguagem cênica, se o rigor e a minúcia tomam conta do espetáculo, o acaso que se liga a esse cálculo rigoroso só pode ser entendido quando compreendemos que "a ciência é somente uma magia reforçada". É porque se funda no *sonho* que o rigor hieroglífico da cena pode existir. E o melhor exemplo que ilustra este *acaso* rigorosamente calculado é o teatro de Bali onde seus dançarinos "[...] demonstram-no a eficácia e o valor superiormente ativo de um certo número de convenções bem apreendidas e principalmente magistralmente aplicadas"[56]. É o acaso que proporciona o poder mágico do teatro; e a "ciência" rigorosa e reguladora apenas revela mais precisamente os ritos de uma magia ancestral. Cabe ao acaso encontrar o elemento de inquietação próprio para jogar o espectador na dúvida. O acaso deve ser compreendido como tentativa de uma descoberta da melhor forma de apresentar a peça ao espectador para que este sofra um choque. O que só é possível graças à escolha e seleção de alguns textos ou temas determinados ou conhecidos pelo grande público. No entanto, nesta medida, parece haver uma contradição entre o desejo de liberdade e de independência e a necessidade de se con-

---

che, Z, III, e Z, IV). Todavia, Nietzsche, como Artaud, não opõe o *acaso* e a *necessidade*. O que se passa para Nietzsche, com a "transmutação de valores", é que o espírito "pesado" *(de lourdeur)* é negado pela dança, pois tudo o que é negativo deve ser abolido; ora, o acaso é objeto de afirmação pura. Há na "transmutação de valores" uma co-relação de afirmações: acaso e necessidade, devir e Ser, múltiplo e uno. Portanto, a necessidade não é jamais a abolição, mas a combinação do próprio acaso. A necessidade se afirma do acaso tanto quanto o próprio acaso é afirmado. Assim também, no Teatro da Crueldade, para Artaud, não há oposição entre o acaso e a necessidade, mas, sua conjugação.

52. A. A., t. II, p. 17.
53. A. A., t. IV, p. 163.
54. A. A., t. IV, p. 53.
55. A. A., t. IV, p. 109.
56. A. A., t. IV, p. 86.

formar às linhas diretoras impostas pelos textos. Artaud descarta a dificuldade considerando o texto não como uma realidade sagrada, transcendente, pois o *texto*, assim como Deus, a Universidade, o Logos e o Poder do Estado, enquanto realidades opressoras, porque transcendentes, devem ser afastadas, mas, enquanto tais termos designam "energias" ou "forças" que permitem o deslocamento e o ultrapassamento dos antigos valores, são aceitos por Artaud. O texto é tomado: "simplesmente quanto ao deslocamento de ar que sua enunciação provoca. Um ponto é tudo"[57]. À enunciação textual finita, terminada e estática *(Kataleysis)*, Artaud opõe o texto como *movimento (Kataleypsis)*, "força" ou "energia". O texto torna-se um elemento do teatro ao lado de outros.

Para dar vida ao teatro, Artaud descarta a representação clássica de peças, e se volta para o que há de obscuro no espírito, manifestado numa espécie de projeção real e material sobre a cena. Há uma "recuperação" da cena, assim como a materialidade da prática teatral. Os objetos e a decoração que figuram em cena devem ser considerados num sentido imediato, isto é, sem transposição, pois devem falar ao espírito diretamente. Os ornamentos não são tomados pelo que representam, mas pelo que são em realidade. Todavia, a *mise en scéne*, tanto quanto as evoluções dos atores serão apenas consideradas como signos de uma linguagem invisível, secreta.

Esta linguagem invisível, semelhante à dos sonhos, aparecendo na cena faz da linguagem teatral magia:

> Nós concebemos o teatro como uma verdadeira operação de magia...; isto que nós procuramos criar é uma certa emoção psicológica onde os recônditos os mais secretos do coração serão colocados a nu[58].

Portanto, o teatro não é um fim, mas um meio. Ele não está mais contido nem limitado no espaço do palco, mas "visará ser um *ato*", isto é, uma revolução permanente que obedece a uma necessidade interior do espírito[59]. O teatro Alfred Jarry torna-se um jogo

---

57. A. A., t. II, p. 26.
58. A. A., t. II, pp. 30-31.
59. Esta necessidade interior do espírito aparece nitidamente em *Heliogábalo* e *A Conquista do México*, criações puras do espírito de Artaud, onde as palavras servem apenas para "notar" ou "cifrar". Desde os primeiros escritos *Paul les Oiseaux, La Coquille et le Clergyman* aos dois acima citados, Artaud caminha da *palavra* ao *grito*. Há um processo na luta contra o Verbo, e, mais precisamente, contra o uso da *sintaxe*. Valorizando o espírito e não a letra do texto (A. A., t. I, p. 213), banindo o texto em função do papel *mágico* e *encantatório* da encenação, é a linguagem do *sonho* que funda a poesia no espaço substituindo a poesia da linguagem (A. A., t. IV, p. 46). É o grito in-articulado que substitui o sentido conceitual, é a linguagem que apela aos sentidos e não ao entendimento que faz a Existência de Artaud falar. É seu "corpo sem órgãos"

de cartas no qual todos os espectadores participam. Este jogo, situado no devir, apresenta-se, a cada vez, como uma "operação mágica", regulada segundo a necessidade espiritual oculta na profundidade do espectador. Esta operação mágica leva a vibrar e a fazer vibrar em coro, vibração tornada possível porque o teatro não é mais concebido como uma distração ou uma derivação, mas, uma necessidade de nossa época. Donde a importância que Artaud atribui ao "Teatro Alfred Jarry" onde uma peça faça cada um abandonar seu ponto de vista estritamente pessoal a fim de atingir uma sorte de universalidade, característica de nosso tempo. A peça seria, principalmente, uma *síntese* de todos os desejos e de todas as torturas do homem contemporâneo.

---

que explode num turbilhão de sons que desintegram a palavra articulada, realizando-se diretamente sobre a cena (A. A., t. V, p. 369, nota 1 da p. 316) na *Conquista do México* ou em *Heliogábalo*.

4. A Existência Recuperada de Artaud

4.1. LINGUAGEM "ESPACIAL" CÊNICA E SUA MAGIA

Como já foi assinalado, a *mise en scène* ("encenação") torna-se primordial no Teatro de Crueldade. Aos dois extremos perigosos, isto é, a uma concepção de um teatro "digestivo" e a uma concepção de um teatro como descrição psicológica e falada do homem individual reduzido a um puro monólogo, Artaud opõe o teatro "total" (espetáculo integral), onde a cena retoma seu lugar, esquecido pela corrupção do teatro de costumes e do teatro de caráter, nos quais a linguagem articulada, ao mesmo tempo, considerada mais precisa e mais abstrata que todas as demais, recalcava a riqueza do elemento sonoro, visual e gestual, enquanto componentes cênicos. Artaud chama a atenção para os balés russos, porque estes voltam a dar à cena o sentido da cor"[1]. E, mais adiante, esclarece-nos quanto a seu propósito de conceber um teatro que visa ultrapassar o logocentrismo ocidental:

> [...] Tenho sempre concebida... a quase-inutilidade da palavra que não é mais o veículo mas o ponto de sutura do pensamento, da vanidade de nossas preocupações sentimentais ou psicológicas, em matéria de teatro, da necessidade para o teatro de procurar representar... sobre o palco, nos hieróglifos de gestos que sejam construções... absolutamente novas do espírito....[2]

---

1. A. A., t. III, p. 249.
2. A. A., t. III, p. 251.

Liberando o teatro da qualidade de mero ramo da literatura, a finalidade de Artaud é a de nos fornecer uma idéia física e não-verbal do teatro, onde tudo se passa sobre a cena, independentemente do texto escrito. A partir desta concepção Artaud opõe o teatro ocidental "degenerado", sujeito ao texto e a este limitado, ao teatro oriental, principalmente quando escolhe o teatro balinês com seu *corpus*, e no qual o texto só existe enquanto que realizado na cena. Artaud enfatiza o trabalho da *mise en scéne* que o Ocidente havia deixado de lado, submetido às limitações impostas pelo texto, por sua sujeição à palavra. A questão proposta por Artaud pode ser enunciada da seguinte forma: É possível falar de uma linguagem que pertença ao próprio teatro? Ao dar uma resposta afirmativa, Artaud mostra que esta linguagem confunde-se com a *mise en scène*.

A *mise en scène* é concebida como a materialização visual e plástica da palavra; como uma linguagem independente da palavra e que ganha sua significação em cena, isto é, enquanto *linguagem espacial*. Todavia, se Artaud desloca o lugar da significação da linguagem, passando do texto à cena, constituindo uma linguagem teatral pura, pode-se perguntar se há uma "perda" de eficácia intelectual em relação à mensagem a ser enunciada ao público, ou seja, se seu caráter significativo sofreria um empobrescimento. A esta questão sobre a eficácia intelectual da arte, através de uma linguagem que só se utilizaria do gesto, das formas plásticas e do som, Artaud começa respondendo com a necessidade da afastar o perigo do teatro ocidental que confunde arte com "estetismo", isto é, a concepção que atribui à arte apenas uma função de repouso e uma utilização das formas estéticas puramente formal. Uma vez eliminado este préjuízo de ordem "formalista", vinculado ao estetismo, Artaud afirma que a linguagem cênica tem como sua principal tarefa "fazer-nos pensar" mesmo se esta nova linguagem não precisa os pensamentos como a linguagem articulada. Assim, se o teatro não tem o objetivo de resolver os conflitos sociológicos, nem os conflitos psicológicos, nem as paixões morais, todos ligados à linguagem das palavras, ele tem a função, principalmente: "de exprimir objetivamente verdades secretas, de fazer vir à luz do dia por gestos ativos esta parte de verdade enfiada sob as formas em seus encontros com o Devir"[3]. Em suma, por um lado, Artaud distancia-se de uma concepção puramente formalista que acha nas formas cristalizadas a significação da arte; e, por outro lado, nega o psicologismo de um discurso carregado de individualismo, a fim de recuperar uma verdade mais profunda e mais primitiva, que manifesta a reconciliação entre o teatro

---

3. A. A., t. IV, p. 84.

e o Universo (Cosmos). Este conteúdo profundo que o teatro deve revelar e criar faz com que Artaud proponha os *Mitos* como temas fecundos para o teatro[4], mitos que exigem, necessariamente, uma linguagem cênica nascida do trabalho de encenação, que enfatiza uma linguagem plástica, visual, gestual e sonora, isto é, física, corporal.

Este lado físico da linguagem teatral exige a expressão no *espaço*, que permite ao teatro, organicamente, ter a função de exorcismos renovados. Dessacralizando o texto, o Teatro da Crueldade tem o papel de "reencontrar a noção de uma sorte de linguagem única a meio-caminho entre o gesto e o pensamento"[5]. Agindo sobre a sensibilidade do público (e não sobre o entendimento) o personagem torna-se hieróglifo e símbolo[6]. Cria-se uma apaixonante equação entre: Homem-Sociedade-Natureza-Objetos, num gesto teatral que cria uma "metafísica da palavra, do gesto, da expressão, em vista de arrancá-lo à sua estagnação psicológica e humana"[7]. O estado poético-teatral é um estado transcendente de Vida e é, no fundo,

[...] isto que o público procura através do amor, do crime, das drogas, da guerra ou da insurreição. O Teatro da Crueldade foi criado para reconduzir ao teatro a noção de uma vida apaixonada e convulsiva; e é neste sentido de rigor violento de condensação extrema dos elementos cênicos que é preciso entender a Crueldade sobre a qual ele deseja se apoiar[8].

Por isso o Teatro da Crueldade escolherá temas que respondam à agitação e preocupação características da época. São temas cósmicos, universais, que se dirigem ao homem total, em oposição ao homem psicológico, trancafiado em seus sentimentos. Do ponto de vista da forma, estes temas míticos serão transportados e materializados diretamente em movimentos, expressões e gestos, antes de se colarem às palavras. Deste modo Artaud pretende renunciar à su-

---

4. Pode-se dizer que a tríade brechtiana cena-sala-mundo (social) é substituída por cena-sala-mitos, no Teatro da Crueldade.
5. A. A., t. IV, p. 106.
6. Devemos lembrar que no sonho a linguagem é *cifrada* e que, portanto, o que está sendo manifesto esconde o que efetivamente está sendo expresso; é o lado secreto e mágico do sonho; é o *falso* necessário para o verdadeiro; é o *duplo* exigido pelo sonho e pelo teatro. Portanto, a linguagem do teatro deve ser como a do sonho, no qual as *palavras* são irrelevantes, estamos diante da primeira modalidade de abandono da textualidade ligada à idéia do sonho como linguagem integral, que não tem necessidade das palavras para se exprimir, fundada na *analogia*: "[...] Eu tomo os objetos, as coisas extensas como imagens, como palavras, que eu reúno e que eu faço se responderem uma à outra segundo as leis do simbolismo e das analogias vivas" (A. A., t. IV, pp. 132-133); "é pela pele que se fará penetrar a metafísica nos espíritos" (A. A., t. IV, p. 118).
7. A. A., t. IV, p. 146.
8. A. A., t. IV, p. 146.

perstição teatral do texto e à ditadura do escritor, recuperando a idéia do "[...] velho espetáculo popular traduzido e sentido diretamente pelo espírito, fora das deformações da linguagem e do perigo da fala e das palavras"[9]. O Teatro da Crueldade, após livrar-se do "espetacular" como contemplação, cria a noção de *espetáculo* como uso integral do *espaço*. Criada uma verdadeira linguagem à base de signos e não mais de palavras, "...o espaço teatral será utilizado, não somente em suas dimensões e em seu volume, mas, se é lícito dizer-se, *em seus subterrâneos*"[10]. É o sentido encantatório e mágico da linguagem espacial, apreendida por suas emanações sensíveis e não somente por seu sentido lógico. O espectador será envolvido, materialmente, pela cena, e, através dos sentidos, chegará a perceber o verdadeiro sentido do Teatro da Crueldade.

Neste nível, "a noção de teatro... existe no entanto a meio caminho entre a realidade e o sonho... é esta realidade falsa que é o teatro, é esta que é necessário cultivar"[11]. À representação realista que quer restituir a verdade ordinária da Vida, e à ilusão cultivada por si mesma, Artaud opõe uma realidade que se basta a si mesma, que não tem necessidade de um outro elemento para viver, e que se acha manifestada pela simples exposição dos objetos cênicos, em sua ordenação, suas combinações e relações, como, por exemplo, relação da voz humana com a iluminação. Mais do que a *Verdade*, é a realidade *falsa* que é preciso cultivar; e, neste nível, reencontramos, ainda, Nietzsche.

Segundo Nietzsche o *falso* é o segundo princípio da arte; o primeiro é o de considerar a arte como um "estimulante da vontade de Potência". Com efeito, a arte é a mais alta potência do falso, pois ela imagina "o mundo enquanto erro", "santifica a ilusão", "faz da vontade de enganar um ideal superior"[12]. É o mundo enquanto erro que é rico em significação. Opondo-se ao ideal ascético da ciência, a arte santifica a ilusão e situa a "vontade de enganar" do lado da boa consciência. "A arte é-nos dada para impedir-nos de morrer com a verdade."[13] Desta maneira, a arte, ligada à Vida, apresenta esta última como uma potência do falso e da sedução, levada até a "uma vontade de enganar, vontade artista, única capaz de rivalizar com o ideal ascético"[14]. A *Aparência*, para o artista, não significa mais a negação do real neste mundo, mas uma *afirmação*. A Verdade ad-

9. A. A., t. IV, p. 148.
10. A. A., t. IV, p. 149.
11. A. A., t. II, p. 41.
12. Nietzsche, *V.P.*, Projeto de Prefácio, 6.
13. *Idem*, I, 453.
14. *G.M.*, III, 25.

quire uma nova significação: a de se identificar à *Aparência*. E, no limite, não terá mais sentido falar em "aparência", pois esta tinha como condição a "essência". Deste ponto de vista, o mundo não é nem verdadeiro, nem real, mas, vivo, e o mundo vivo é "Vontade de Potência", vontade do *falso*. A vontade de parecer, de enganar, de fazer ilusão, a vontade de mudar é mais profunda do que a vontade de ver a realidade, o verdadeiro ou o Ser, que são apenas formas da tendência à ilusão. O Ser, o Verdadeiro, o Real, não possuem valor por si próprios, eles se constituem como avaliações, isto é, como ilusões. A arte realiza "a mais alta potência do falso, a afirmação dionisíaca ou o gênio do Além-do-Homem"[15].

Artaud considera o teatro sob uma dupla possibilidade: por um lado, como reação contra o teatro tradicional; por outro lado, como liberdade, isto é, o teatro dotado de uma liberdade análoga à existente na música, na poesia e na pintura. "O teatro se torna um espetáculo integral"[16], isto é, vivo, válido por si mesmo, com a utilização da música, da pantomima, da dança e da literatura, mas sem se reduzir a estas práticas. A noção do espetáculo total aparece ligada à noção de *participação*, que se vincula, por sua vez, ao princípio de atualidade:

> Atualidade de sensações e de preocupações, mais do que de fatos. A vida se refazendo através da sensibilidade atual... Nós não temos nada a ver com a arte nem com a beleza. Isto que nós procuramos é a *emoção interessada*[17].

A sensibilidade necessita disto que Artaud denomina de um "certo espírito local", ou seja, uma sensibilidade de tempo e de lugar, que se torna possível devido à sua proximidade com o público, e não devido às suas virtudes ou taras. A uma estética "desinteressada", de tipo kantiano, Artaud opõe a "emoção interessada" ou um poder de deflagração, ligado aos textos e às palavras, através da xalucinação, vista como o principal meio dramático. Teatro do som, da voz, dos movimentos e do gesto, o Teatro da Crueldade atrai o público em direção à cena. A participação do público, diferentemente da participação-distanciamento no teatro de Brecht, não enfatiza um discurso intelectual e político, não pede uma reflexão para além do espetáculo. Ao contrário, o Teatro da Crueldade pede que a multidão participe do jogo da cena, através dos efeitos de surpresa física, do dinamismo dos gritos, dos gestos violentos e das explorações visuais, que agem diretamente sobre a *sensibilidade material* do espectador.

15. *V.P.*, IV, 8.
16. A. A., t. II, p. 48.
17. A. A., t. II, p. 48.

Artaud descarta o discurso intelectual, como um discurso elitista, a fim de recuperar um discurso fundado sobre a sensibilidade material do espectador.

Segundo Artaud, nenhuma sensibilidade resiste a uma ação material violenta; assim, quando o público vê seu sistema nervoso central ser provocado, torna-se mais suscetível de receber as ondas das mais raras emoções. O espetáculo torna-se semelhante a uma orquestra grandiosa onde os sentidos e o intelecto participam, bem como toda a sensibilidade nervosa. Neste nível, o teatro torna-se uma tragédia, comparável às ocasiões extrateatrais dos movimentos sociais, dos acidentes, das exaltações ou catástrofes íntimas.

Consideremos as relações entre os teatros de Brecht e Artaud, observando suas analogias e suas diferenças.

4.2. SEMELHANÇAS E DIFERENÇAS ENTRE OS TEATROS DE ARTAUD E DE BRECHT

Inicialmente, Brecht tenta constituir o "teatro da era científica", pois a transformação total do teatro não deve ser obra de um capricho de artista, mas deve achar sua correspondência com a "total transformação espiritual que nossa época conhece"[18]. Em *O Pequeno Organon para o Teatro*, Brecht escreve que é a partir do novo olhar que o homem lançou sobre a natureza, que ele se tornou seu senhor e mestre e que as máquinas modificaram radicalmente as condições da vida quotidiana. Mesmo em sua função de divertimento, o teatro deve estar conforme à inteligência e à sensibilidade deste novo mundo, denominado: "a era científica" ou "a sociedade industrial"[19].

Artaud também deseja a "transformação total do teatro", como Brecht, mas num sentido oposto. Artaud despreza qualquer revolução que comece por aceitar a situação criada pelo maquinismo e contra ela faz uma "espécie de regressão no tempo"[20]. Regressa até a Grécia de Ésquilo e de Sófocles, por um lado, e, por outro lado, aos balineses e mexicanos. São variações sobre o tema do retorno às origens do teatro, que incidem sobre um certo espírito arcaico. Tanto Brecht quanto Artaud querem uma "transformação espiritual total" que pressuponha a "transformação total do teatro", mas a via de realização deste ideal difere para os dois.

---

18. B. Brecht, *Écrits sur le théâtre*, texto francês de Jean Tailleur, Gérald Eudeline e Serge Lamare, Paris, l'Arche, 1963 – "Considérations sur les difficultés du théâtre Épique", p. 22.
19. *Idem, Petit Organon*, § 16-17, pp. 178-179.
20. A. A., t. II, pp. 32-33.

A categoria religiosa ou a dimensão do sagrado é eliminada definitivamente pelo "teatro da era científica", pois "nossas idéias", para "nós, comunistas", escreve Brecht, não são "os produtos de um subjetivismo limitado", mas "são objetivamente fundadas e válidas para todos"[21], pois a luta de classes na sociedade capitalista não é algo subjetivo, mas objetivo e determinante da própria subjetividade como realidade social. À ciência que promove o desenvolvimento das forças produtivas é preciso acrescentar a ciência que promova sua liberação. O teatro é uma das formas dessa ciência como compreensão da luta contemporânea e do engajamento político ao lado das forças transformadoras. Para Artaud, o Teatro da Crueldade deve voltar a ser uma arte sagrada, desde que o sagrado não se confunda com a religião cristã: "Trata-se nada menos do que fazer reviver uma concepção religiosa do teatro"[22] [...] "de reencontrar a acepção religiosa e mística da qual nosso teatro perdeu o sentido completamente"[23]. Para os dois autores, o *sagrado* opõe-se ao *científico*, mas com valores teatrais inversos[24].

Artaud chega ao mito, no qual a realidade se oferece como totalidade a ser decifrada, enquanto Brecht chega ao "realismo socialista", no qual a arte será, como a ciência, um espelho ou reflexo da realidade. Para Artaud, trata-se, principalmente, de um retorno ao essencial que é ocultado por nossa pseudocultura, mas que os velhos mitos voltam a nos revelar. Assim, os temas do Teatro da Crueldade "serão cósmicos, universais, interpretados segundo os textos os mais antigos, tomados às velhas cosmogonias mexicana, hindu, judaica, iraniana..."[25]

[...] Voltar por meios modernos e atuais a esta idéia superior da poesia e da poesia pelo teatro que está por trás dos Mitos narrados pelos grandes trágicos antigos, e capazes ainda uma vez de suportar uma idéia religiosa do teatro[26].

Brecht e Artaud voltam-se para os grandes trágicos, mas com uma diferença. Brecht considera o mundo como somente apresentado aos homens enquanto mundo transformável, pois "numa época em que a ciência se põe tão bem a transformar a natureza... o homem

---

21. B. Brecht, Observações sobre *A Mãe*, 1932, pp. 80-81.
22. A. A., t. IV, p. 195, 2º Manifesto, frag. XXX.
23. A. A., t. IV, p. 56, frag. XXI, p. 303.
24. Para Brecht a dessacralização figura como desencantamento do mundo e é a condição de um Teatro Épico Intelectual e Crítico que recusa a fusão com o espectador. Para Artaud, a sacralização como reencantamento do mundo é condição de um Teatro Cruel sensível e crítico que exige a fusão com o espectador. Há, em ambos, a preocupação com o *rigor*, e, no entanto, são duas idéias opostas de rigor que aparecem.
25. A. A., t. IV, 2º Manifesto, frag. XXX.
26. A. A., t. IV, pp. 89 e 96.

não pode mais ser descrito como uma vítima..."[27] Ora, uma vez que a fatalidade está inscrita na tragédia, e que nela o homem é vítima do desconhecido, Brecht se coloca como antitrágico, em favor do épico enquanto domínio racional da história que já não possui a opacidade do destino. Artaud, que mergulha nas dimensões cósmicas, re-introduz a dimensão trágica na sua dramaturgia.

O trágico, para Artaud, vincula-se ao *cósmico*, e este não se opõe ao *caos*; Artaud chega mesmo a denominar os atores do teatro balinês, com seus gritos e danças, de "metafísicos da desordem natural"[28]. O homem está condenado a existir perigosamente em decorrência da "Crueldade cósmica", que implica a fatalidade trágica. A Crueldade significa rigor e determinação absoluta e irreversível, identificados à Vida e à "Necessidade"[29]. Há um apetite de Vida, de rigor cósmico e de necessidade inelutável que o Teatro da Crueldade trata de realizar. No entanto, é necessário notar que não há uma sorte de Providência invertida, nem um espírito hegeliano que fecharia a História. Quando Artaud fala em fatalidade, não pensa em algum plano que o devir histórico realizaria; quando emprega o termo *transcendente*, bem como a idéia de um teatro sagrado, é para com eles significar um "apetite de viver cego", ou "um impulso irracional para a vida"[30], muito mais próximo à "Vontade cega" de viver que move o mundo de Schopenhauer, do que "fogo" artista dos estóicos, definido, ao mesmo tempo, como vida e inteligência. Esta fatalidade aparece, ao mesmo tempo, e nitidamente, quando Artaud retoma a tragédia de *Édipo Rei*, de Sófocles, para tornar claro que o tema do incesto ultrapassa a moral. E quando esta "força" ou esta "energia" torna-se imanente, isto é, quando o espírito trágico se manifesta nos indivíduos, estes tornam-se verdadeiros "possuídos"[31], com paixões e impulsos a-morais. É assim, por exemplo, que, apesar da lucidez do velho Cenci, isto não o impede de ser o que ele é: uma força da natureza; se faz o mal, fá-lo por destino. Neste sentido, o incesto é considerado como um produto da fatalidade; não há sentimento de culpa e a moral cristã é colocada de lado.

Porém, não é necessário opor Brecht a Artaud como quem opõe o intelecto à paixão; não há um corte absoluto. A emoção tem, também, uma função muito importante no teatro de Brecht; consideramos, principalmente, o papel das canções que não se endereçam

---

27. B. Brecht, *Écrits sur le théâtre*, pp. 343-344, 1955.
28. A. A., t. IV, p. 78, "Sur le théâtre Balinais".
29. A. A., t. IV, p. 137, "Lettre sur le Langage".
30. A. A., t. IV, "Troisième lettre sur la Cruauté", p. 123.
31. A. A., t. IV, p. 235, "Les Cenci", ato III, cena I.

manifestamente apenas ao entendimento. Brecht chega, mesmo, a recusar a oposição entre a razão e a emoção, quando escreve:

> Meu teatro não renuncia nem um pouco a fazer apelo aos sentimentos... quer às "paixões"... quando ele procura provocar ou reforçar o sentido da justiça, o instinto da liberdade...[32]

Para Artaud, o apelo às paixões constitui uma constante de sua sensibilidade, em oposição ao intelectualismo ocidental. Contudo, este "antiintelectualismo metafísico" de Artaud está de acordo com uma estética dramática que, na sua expressão, apela à abstração, a um rigor geométrico e a um simbolismo hieroglífico[33].

Em primeiro lugar, há um acordo entre Brecht e Artaud, na medida em que um e outro admitem que a obra teatral não possui um fim em si mesma, mas visa uma ação revolucionária. Todavia, a partir deste acordo, uma oposição surge: a da natureza da própria revolução a ser provocada e da natureza da ação que deve provocá-la. Enquanto Brecht visa uma revolução social cujo ponto de partida é uma transformação econômica, Artaud visa uma revolução cultural cujo ponto de partida é a transformação da sensibilidade e do sentimento da Vida. Além disso, possuem idéias diferentes do teatro, a fim de chegar a uma revolução.

Segundo Brecht, o teatro deve ser uma verdadeira "Pedagogia"[34]. Ou seja, Brecht tenta eliminar a oposição entre divertir e ensinar. O espectador deve ter prazer de receber um ensinamento, que tem como finalidade torná-lo ativo fazendo apelo à sua reflexão. Esta reflexão nasce da surpresa provocada pela "fábula" da peça; o espectador deve ter um "olhar crítico" em direção ao que se passa em cena, isto é, a peça não é para ser vista como alguma coisa que se desenvolve naturalmente, mas como "insólita". A atitude "de crítica, de reflexão"[35] exige um certo recuo ou o que se denomina de *efeito de distanciação*. Em primeiro lugar, é necessária uma distanciação entre o público e o que se passa em cena, a fim de evitar a identificação do espectador com a personagem, que é o fundamento

---

32. B. Brecht, "Problemas Formais do Teatro diante de um Conteúdo Novo", *op. cit.*, p. 216.
33. Artaud recusa o entendimento *(Verstand)* mas não recusa a razão *(Vernunft)*. Como expõe Hegel, o *Verstand* é classificatório, fixo, subjetivo e abstrato enquanto a *Vernunft* é movimento, tensão, dialética, reflexão concreta, jogo do subjetivo com o objetivo.
34. Cf. B. Brecht, "Les sujets et la forme", p. 31. Etmologicamente, a palavra *pedagogia* provém do grego e significava o escravo encarregado de conduzir as crianças. Com Platão, o termo passou a significar a educação, e, principalmente, a educação moral para chegar até a idéia do Bem (Platão, *República*, livro VI, 491 E).
35. B. Brecht, *Composition d'une rôle, le Galilée de Laughton*, 1948, p. 162.

da forma dramática burguesa tradicional. O espectador deve discutir sobre as personagens. Em segundo lugar, o ator toma, também, uma *distância* em relação à personagem que não é mais representada, mas, antes, apresentada ao público, de tal modo que este último não entre em transe, como no teatro de Artaud, mas conserve seu olhar crítico e reflexivo. Se o ator vive sua personagem, é para mostrá-lo. Seja o público, seja o ator, ambos não se colocam no lugar da personagem como um fim em si, mas para "tomar posição diante dela"[36].

Para Brecht, em primeiro lugar, o teatro desperta a atividade intelectual do espectador; e, em segundo lugar, obriga-o a decisões, porque "toda ação é a conseqüência de uma tomada de consciência"[37]. Essa tomada de consciência convida, imediatamente, à ação. O espectador toma consciência da situação do homem na sociedade, decidindo transformá-la. O teatro tem a função de apresentar a situação social atual, que é a da exploração do homem pelo homem; ao dar imagens desta vida social, o teatro provoca uma atitude que é ao mesmo tempo crítica e criadora. Brecht elimina, portanto, o recurso à "sugestão hipnótica" que produz a "*identificação*", segundo Artaud: "Eu proponho um teatro onde imagens físicas violentas movam e hipnotizem a sensibilidade do espectador"[38]. Ao contrário, Brecht descarta um teatro que se proponha conduzir o público ao "transe". Artaud, inversamente, pede um teatro que produza "as danças de Derviches e de Aissaúas produzem transes... e que endereçam ao organismo... com os mesmos meios que as músicas de cura de certas tribos"[39]. Enquanto Artaud declara que o Teatro da Crueldade é inicialmente ritual e mágico, Brecht caminha num outro sentido, porque considera a magia como alguma coisa a ser exorcizada pela dramaturgia atual, pedagógica e científica.

O que os aproxima é que um e outro assinalam ao teatro um fim não teatral: uma revolução que supõe no homem aquilo que o marxismo denomina de "consciência a ser desmistificada". O teatro, para os dois dramaturgos, tem este papel de desmistificação; ou seja, é preciso libertar e desvendar a realidade oculta e recalcada pelos pré-juízos da sociedade. Porém, esta realidade revelada não é a mesma segundo Brecht e segundo Artaud. Para o primeiro, as condições históricas não são concebidas como forças obscuras, bem ao contrário, elas são criadas, mantidas e transformadas pelos homens. Para Artaud, em lugar de uma filosofia da História, há uma filosofia da

---

36. *Idem, Petit Organon*, § 46.
37. *Idem, Entretien*, p. 18.
38. A. A., t. IV, p. 99, "En finir avec les chefs-d'oeuvre".
39. A. A., t. IV, p. 99.

Natureza. Brecht, apoiando-se sobre a ciência marxista da História, descobre o sentido da História através da luta de classes, e visa um rumo para a sociedade sem classes, de sorte que o teatro se torne um meio de contribuir para a tomada de consciência de classes dos oprimidos, dando aos homens uma lucidez que é um convite à ação. Se Artaud também concebe o teatro como uma prática desmistificante de uma natureza falsa, não é levado, no entanto, a reconhecer nas condições históricas "forças obscuras", que a ciência torna transparentes, mas quer redescobrir a "verdadeira" Natureza e chegar a um sentido cósmico. Cabe ao teatro contribuir para a liberação destas forças escondidas e recalcadas. É verdade que Artaud fala de uma tomada de consciência e que o Teatro da Crueldade é um ato que visa à *lucidez*; todavia, esta tomada de consciência escapa à razão (ocidental) e à racionalização. O Teatro da Crueldade questiona os valores admitidos, mas, diferentemente de Brecht que funda seu teatro sobre valores historicamente justificados, Artaud encaminha-se para aquém da História, ou, se quisermos, para aquilo que foi perdido ou ocultado pelo movimento da História.

4.3. A REVOLUÇÃO *NA* E *PELA* CULTURA

A revolução proposta por Artaud é uma tarefa política, sem, no entanto, submeter o teatro ao partidarismo. Começa por "considerar o teatro filosoficamente e em sua essência"[40], a fim de que a "revolução" teatral possa promover a liquidação dos valores tradicionalmente aceitos como uma segunda natureza e da qual é preciso se libertar. Se há uma decadência no teatro, é, antes de mais nada, o reflexo de uma decadência mais geral:

> Eu digo que o teatro tal como nós estamos tentando vivê-lo, ou melhor de vê-lo morrer... se ele próprio não participa também, mas mais rápido do que o resto, de uma sorte de decadência geral que se apossa de nossas idéias, nossos costumes e os valores de toda espécie sobre os quais nos apoiamos...[41]

O *mal-estar* que o teatro acusa é sintoma de um mal-estar mais profundo, que percorre todo o mundo ocidental. No teatro ocidental, a noção de decadência compreende duas ausências ou duas perdas: de um lado, a perda do sentimento do sério; e, de outro lado, a perda do riso. Estas duas perdas, segundo Artaud, estão intimamente relacionadas ao rompimento do teatro ocidental com a noção de *perigo*;

40. A. A., t. V, p. 11.
41. A. A., t. IV, p. 13.

isto é, com a eficácia perniciosa e imoral da ação, e, outra parte, com o esquecimento do humor verdadeiro e do poder de dissociação física e anárquica do riso. O teatro ocidental, em última instância, rompeu com o espírito de anarquia profunda, base de toda poesia teatral[42].

O Teatro da Crueldade é ação, no sentido de uma ação mágica, real e efetiva, que, segundo Artaud, é religiosa e metafísica, embora não no sentido tradicional de uma realidade além do físico, suprasensível, mas, principalmente, sagrada, sem deixar de estar enraizada na linguagem sensível da cena, do corpo do ator, dos nervos do público. Se Artaud emprega o termo Metafísica no Teatro da Crueldade é para recusar fazer o teatro servir a fins sociológicos mediatistas. O que Artaud denomina de metafísica teatral é a proposta para a existência de uma linguagem especificamente teatral, em que os autores trabalharão seus próprios *meios* de escritura cênica.

Concebido como um ritual primitivo, de efeito mágico, o Teatro da Crueldade apresenta dois aspectos: de um lado, o aspecto físico, exterior, constituído por gestos, imagens, sonoridades que se endereçam diretamente à sensibilidade do público, ou seja, a seus nervos. Como num processo hipnótico, atinge-se o espírito pelos nervos que são o meio de preparar o primeiro a fim de receber as idéias metafísicas que constituem o aspecto interior de um rito, apoiado nos signos visuais e sonoros cênicos. Por outro lado, o aspecto re-

42. A "anarquia" que aparece no Teatro da Crueldade liga-se à sua própria linguagem cênica que é dissociadora da gramática convencional. O sentido da cena é sugerido por analogias e metáforas ricas em novas significações além das de uso quotidiano. Num sentido amplo, o termo "anarquia" significa desordem, devida à ausência de autoridade organizadora. Do ponto de vista político, o traço comum aos regimes anárquicos é o de rejeitarem toda organização de Estado que se impõe ao indivíduo, sujeitando-o incondicionalmente à sua autoridade; é, portanto, uma *an-arquia*. Este último sentido foi empregado por Proudhon. E segundo Eltzbacher, as doutrinas anarquistas têm em comum a negação do Estado nas futuras civilizações. Como exemplo dos que rejeitam o Estado sem restrições, podem ser citados: Proudhon, Bakúnin, Kropótkin, Malatesta, Godwin, Stirner e Tucker. Imbuído de um "otimismo" considerado ingênuo, por ser de caráter utópico, Fourier crê numa nova organização social onde tudo será feito por prazer, sem constrição, e sem obstáculos por parte do Estado. Os socialistas utópicos, ao contrário do que a tradição sociológica afirma, não são reativos e miserabilistas. Seu ponto de partida não é a miséria nem é o sofrimento, mas a idéia de uma civilização nova, afirmativa na qual não haverá miséria nem dor. O otimismo utópico e anárquico nasce da esperança no melhor que liquida o pior existente. Para Artaud, precisamente, no nível da linguagem, na sua concepção anarquista do teatro, aparece sua crítica aos preconceitos que geram a obediência às instituições enquanto valores sagrados que anulam o indivíduo: família, religião, Estado, asilos psiquiátricos, polícia, universidades. Neste sentido, o "irracionalismo" de Artaud o afasta, em vez de aproximá-lo, da estética fascista de um D'Annunzio e de um Marinetti.

ligioso[43] ou filosófico, interior. Há uma hierarquia na estrutura do rito, segundo Artaud. Inicialmente, o aspecto físico, constituído, essencialmente, pelo envolvimento do público, pelos signos sonoros e visuais. Num grau intermediário, o aspecto poético do rito, no qual o mito fornece imagens maravilhosas e conhecidas, e conta uma estória. E, por fim, o aspecto interior, onde o espírito se preocupa com idéias mais profundas, e atinge o aspecto religioso de comunicação com o Universal, como nos Mistérios de Eleusis. Este aspecto cerimonial do Teatro da Crueldade, segundo Artaud, permite a redução do papel da palavra, embora não a suprima. Usando-a num sentido encantatório, o teatro suprime seu aspecto psicológico e naturalista, fazendo com que a imaginação e a poesia retomem seus direitos. A ação deste novo teatro que elege a linguagem poética como fundamental recupera a força anárquica e dissociativa da poesia, através das associações e das analogias[44] e das imagens que abalam e transformam as relações conhecidas. A Crueldade no teatro de Artaud é análoga a uma Crueldade cósmica, ligada à destruição sem a qual nada se cria. Trata-se "[...] de um apetite metafísico de

---

43. O termo é empregado por Artaud "...em seu sentido o mais amplo possível, em seu sentido de comunicação com o Universal" (A. A., t.V., p. 39).

44. O termo "analogia" provém do grego, e significa a identidade da relação que une os termos de dois ou vários pares, dois a dois. Aparece, por excelência, na proporção matemática de Euclides, sendo analisada com precisão por Aristóteles na sua *Ética a Nicômaco* (Arist., V, 6; 1131, a 30 sg.). Quando há correspondência entre dois termos, tendo uma mesma relação entre si, há analogia. Em Descartes, o termo analogia aparece nas *Respostas à 2ª Objeção* (II, 107): "Há mais analogia ou relação entre as cores e os sons do que entre as coisas corporais e Deus". É um tipo de "analogia por atribuição".

No raciocínio por analogia há determinação de um termo pelo conhecimento dos dois termos de um dos pares e de um dos termos do segundo. Seu modelo é o cálculo da 4ª proporcional, em termos matemáticos. Assim, para Kant, a *indução* consiste em estender a todos os seres de uma mesma espécie observações feitas sobre alguns dentre eles; o raciocínio por analogia consiste em concluir semelhanças bem estabelecidas entre duas espécies com semelhanças ainda não-observadas (cf. Kant, *Logik*, § 84). Para Hamelin, que se aproxima de J. S. Mill (*Logik*, III, XX), o raciocínio por analogia é a "indução de assimilação", referindo-se a semelhanças exteriores cuja razão se desconhece (Hamelin, "Du raisonnement par analogie", *Année philosophique*, 1902). Ainda, em Kant (cf. *Kritik der reinen Vern., Transc. Analyt.*, livro III, cap. II, 3º sec.), aparecem as "analogias da experiência" enquanto princípios *a priori* do entendimento puro, relativos à categoria de "Relação": "Todos os fenômenos do ponto de vista de sua existência estão submetidos *a priori* a regras determinando sua relação recíproca no interior de um tempo" (Kant, *idem*, A. 176); [...] "A experiência só é possível pela representação de uma ligação necessária entre as percepções" (*idem, ibidem*, B, 218). E estas analogias são em número de três: a permanência da Substância; a existência de leis fixas de sucessão na natureza (ou o princípio de Causalidade) e o princípio de Reação recíproca universal entre todas as Substâncias a cada momento do tempo.

crueldade que é este pelo qual se refazem os mundos"[45]. Noutros termos, teatro ligado ao perigo, ao rigor e à necessidade cósmica implacável, onde a Vida é exercida, pois, para Artaud, "O bem é desejado, ele é o resultado de um ato, o mal é permanente"[46]. O teatro enquanto considerado como criação contínua obedece à necessidade de um viver cego, devorando o mal, cruelmente, já que este é permanente e o bem é resultado de um ato voluntário. Se há um Teatro da Crueldade, e não sobre a crueldade, é porque a base da realidade é a Crueldade vital, devoradora e implacável, onde a Vida se mistura à dor, sendo digna de ser percorrida e não negada em função de um além[47]. A revolução teatral é eficaz, sem ser exaustiva: "O grande golpe de vassoura, que se prepara no domínio social, deve vir de cima. São as bases espirituais sobre as quais vivemos que devem ser retomadas de baixo para cima"[48]. A poesia teatral, base de toda verdadeira criação dramática, age no público enquanto elemento de deflagração de forças, fazendo com que participe do processo construtivo-destrutivo da Crueldade cósmica. O Teatro da Crueldade é revolucionário porque se apresenta como uma reação contra os valores existentes aceitos como absolutos, mostrando que a Vida é luta constante, ação voluntária contra o Mal, princípio permanente da Vida. Analogamente à peste, que transforma o corpo todo, ao mesmo tempo deixando-o intacto, o Teatro da Crueldade transforma o espectador em sua consciência e em sua vontade, sem destruí-lo materialmente, de maneira direta. O processo de transformação do espectador é o de uma epidemia que atinge um organismo a fim de revolucionar o espírito. Tem-se, então, uma revolução feita coletivamente, em reação com a cena, numa linguagem que não é

Num sentido mais amplo, a analogia significa todo raciocínio concluído em vista de uma semelhança entre os objetos sobre os quais se raciocina. Do ponto de vista da linguagem do Teatro da Crueldade, o pensamento analógico constitui-se como metáfora, base da linguagem poética em cena.

45. A. A., t. V, p. 143.
46. A. A., t. V, p. 155.
47. Essa mesma noção de uma vida que não deve ser negada em função de um além aparece no pensamento de Nietzsche. Para este último, é nos pré-socráticos que se encontra a unidade entre o pensamento e a Vida. Esta estimula o pensamento que, por sua vez, afirma a Vida. Todavia, o desenvolvimento posterior da filosofia grega entra em degeneração e a filosofia passa a ter a função de julgar a Vida, opondo-lhe valores superiores: a Verdade, o Bem e o Divino, concernentes, respectivamente, ao Conhecimento, à Moral e à Religião. A Vida passa a ser condenada e limitada por esses valores superiores. Este novo modo de pensar, decadente, aparece com Sócrates, que "inventa" a Metafísica, ao instaurar a distinção entre dois mundos: inteligível/sensível, verdadeiro/falso, essencial/aparente. Sócrates, segundo Nietzsche, inaugura a época da Razão e do homem-teórico, que se opôs ao sentido místico da tragédia grega, que compreendia o Saber da Unidade da Vida e da Morte.
48. A. A., t. V, p. 202.

somente música, dança, mímica, poesia escrita, mas, linguagem pura do teatro, linguagem objetiva do espaço, constituída pela combinação de todos esses signos.

Se o teatro é o meio escolhido por Artaud, é porque ele crê ser o único meio que age diretamente sobre a consciência das pessoas, portanto, um instrumento ativo e enérgico, capaz de revolucionar a ordem social existente. Não identificado ao Socialismo, enquanto partido político, mas reivindicando seu valor social, sem esquecer o lado poético-teatral, o Teatro da Crueldade só pode crer numa revolução que atinja destrutivamente a ordem e a hierarquia dos valores tradicionalmente aceitos como absolutos. Como exemplo, Artaud propõe-nos a *Tragédia dos Cenci*, que coloca o espectador frente a frente com a violência. A revolução em termos de valores é plenamente assinalada por Artaud:

> E não há *nada* que não seja atacado entre as antigas noções de Sociedade, de ordem, de justiça, de Religião, de família e de Pátria... Tudo isto que é atacado o é muito menos sobre o plano social, do que sobre o plano metafísico. Isto não é pura anarquia[49].

Através desta peça são atacados valores considerados tradicionais: Sociedade, Ordem, Justiça, Religião, Pátria, Família, ou seja, valores que se cristalizaram como absolutos, quando, na verdade, não passam de superstições sociais[50]. O que é colocado em questão são as noções abstraídas do momento histórico em que estão enraizadas, bem como sua transcendência em relação aos indivíduos, que vivem uma determinada ação histórica. Nesse sentido é que Artaud diz criticar o domínio das idéias puras, que paralisam toda ação, sem, no entanto, cair num puro anarquismo. Seu movimento é, antes de mais nada, uma reação contra os obstáculos dos conceitos gerais que escravizam toda ação ou mudança no plano social. O Teatro da Crueldade apresenta a linguagem de um tempo em que todos os valores são abalados, onde não há mais previsão possível e o convencional é destruído. O espectador a que o Teatro da Crueldade se dirige não é mais o sujeito racional, definido pelo entendimento, que capta uma linguagem discursiva, mas é fundamental

---

49. A. A., t. V, pp. 240-241.
50. Reiterando essa quebra de valores tradicionais, há o romance "fantástico" ou "romance negro": *Le Moine* (*O Monge*), recontado por Artaud. Utilizando-se do sobrenatural em estado puro, que se torna uma realidade como as outras, há toda uma simbolização e uma magia sob a trama deste conto onde os fantasmas do sonho e do erotismo reivindicam seus direitos, num sentido (in)-habitual.

[...] precisamente o resto, a zona interditada à inteligência racional e onde o inconsciente intervém... cantai para emocionar as massas com energias, com forças puras... não cantai com cálculos racionais...[51]

Uma vez atingido o inconsciente, o teatro cumpre sua tarefa revolucionária que é, antes de mais nada, cultural:

[...] a Revolução se expande *por toda a parte*, e que é uma Revolução *pela* cultura, *na* cultura e que há apenas uma única cultura mágica tradicional, e que a loucura, a utopia, o irrealismo, o absurdo vão-se tornar realidade[52].

E é esta identificação entre civilização e cultura e desta última com o movimento da Vida que a civilização mexicana é concebida como exemplar para Artaud.

A "exploração" da cultura mexicana tem um sentido mais metafísico porque, ao se dirigir a uma cultura alienígena em relação à razão européia, Artaud visa recuperar com este movimento sua lucidez, que, no seu caso, necessita da linguagem fundada no fantástico e no maravilhoso. Desse modo, a cultura mexicana representa um trabalho de produção de um texto, não-discursivo, que é o próprio Artaud feito linguagem cênica-ritual, ao mesmo tempo que este movimento coincide com a recusa dos Duplos opressores que o alienam, seja o asilo psiquiátrico, seja o útero materno, seja todo o aparelho burocrático-religioso-militar de uma sociedade repressora. Ao dirigir o olhar em direção à cultura mexicana, Artaud propõe ao mesmo tempo que um trabalho de pesquisa da cultura solar do México, um deslocamento em relação ao fechamento ocidental anterior à Segunda Guerra Mundial, e que ele crê ser necessário destruir. O continente latino-americano aparece como o terreno inconsciente de uma lucidez que vem à tona. O ideal de um cruzamento continental, latino-americano, toma a forma de um despertar arqueológico, através de um retorno aos mitos. De um lado, o Oriente, de outro lado, o México, fornecem o fundo ideológico para o Teatro da Crueldade, que irrompe em meio a uma crise cultural onde os valores racionalistas de um Saber fragmentado são questionados. E nestas duas culturas, unidas pela mesma linguagem teatral-mítica, Artaud busca recuperar uma unidade prévia ao culto da razão e da ciência ocidentais[53].

51. A. A., t. V, pp. 252-253.
52. A. A., t. V, p. 278.
53. Sob esse aspecto, a referência ao México distancia-se da *Serpente Emplumada* de D. H. Lawrence, na qual o fundo "fascizante" é inegável, uma vez que a religiosidade arcaica é mobilizada para justificar uma recuperação de formas de chefia nitidamente totalitárias. No caso de Artaud, o México enquanto contraponto para o Ocidente, não visa a restauração de um império arcaico, mas a redescoberta de uma relação primordial com a Vida que, ao ser perdida, cria espaço para as formas moder-

Artaud parte de seu tempo e de sua sociedade historicamente situados no século XX europeu. Tem consciência dos problemas suscitados pela reificação dos homens e da nítida situação de exploração reproduzida dia após dia pela máquina capitalista. Tem consciência dos problemas sociais-políticos e econômicos de seu tempo, quando diz:

> Descongestionar a Economia é simplificá-la, filtrar o supérfluo pois a fome não espera [...] Por pouco inclinados que sejamos a nos ocupar de Economia, é sob seu aspecto Econômico e exclusivamente Econômico que a situação atual nos afeta...[54]

E ele mesmo se pergunta se seria melhor "orientar" os eventos, precipitando-os no seu ritmo em seu sentido histórico-revolucionário, ou se seria preferível esperar que o próprio processo histórico seguisse sua lógica rigorosa, esvaziando o próprio abscesso capitalista[55]. Tenta conciliar as duas tendências, optando por uma intervenção necessária e inevitável no curso dos eventos, que seguem sua marcha num sentido determinado. Ou seja, é preciso agir, precipitando o desastre ou a ruína do sistema capitalista, no nível de uma revolução cultural, que é social, ao mesmo tempo.

A ida de Artaud ao México representa uma fuga da civilização e cultura européias "... contra o imperialismo utilitário da Europa uma revolução é necessária"[56]. E se a Europa fala em "progresso", identifica-o a um aspecto puramente material e mecânico, que, segundo Artaud, caminha conjuntamente com a miséria da raça humana. Eis, pois, a situação trágica a que a civilização industrial nos conduz. Não se trata do "barroquismo" de um europeu que se dirige ao exotismo da cultura mexicana. Trata-se de recuperar o espírito primitivo de uma verdadeira cultura solar que permita uma unidade vital, fundada no pensamento mítico, pois

> O saber nacional impede o conhecimento, este além disso não se raciocina. Ele se possui ou não e sua assimilação não se pode demonstrar. É a sensibilização ao

---

nas de opressão. Artaud é contra as *Pátrias* e contra os *ídolos*, sustentáculos das políticas nazifascistas.

54. A. A., t. VIII, p. 13.

55. Como se nota, a indagação de Artaud é a mesma que encontramos entre os marxistas da II Internacional (isto é, a ação deve antecipar-se às condições objetivas, forçando-as no reino revolucionário, ou deve esperar que tais condições amadureçam e ofereçam suportes seguros para agir?) e que a III Internacional iria sufocar com seu economicismo. Mesmo que se diga não haver em Artaud qualquer formulação rigorosa do problema que articulasse exploração econômica, luta de classes e ciência da história, contudo, de modo implícito, é esse problema que aparece em suas invectivas contra a Economia.

56. A. A., t. VIII, p. 157.

conhecimento sem razão que demonstra o grau de aperfeiçoamento... a posse da verdade não-discursiva toca no mistério supremo do homem[57].

De modo que, uma civilização da qual somente participam as pessoas chamadas "cultivadas", criando um espaço hermético e esotérico, excludente, como acontece na Europa conhecida por Artaud, é identificar, falsamente, a cultura à tradição livresca dos dominantes, e conceber a civilização como uma ruptura com suas fontes primitivas e autênticas. O dualismo, na noção de cultura, pressupõe um outro dualismo entre o corpo e o espírito, e torna-se uma quimera. O México é chamado para ensinar novamente o europeu a viver com os mitos[58], fontes de unidade cultural de uma civilização. A civilização mexicana apresenta-se como uma imagem do mundo e a revelação de um sistema de forças, que conhecem o equilíbrio dos dois mundos: corpo e espírito, através de uma linguagem mágica, definida como: "...uma comunicação constante do interior para o exterior do ato ao pensamento, da coisa à palavra, da matéria ao espírito..."[59] Esta recuperação da magia é análoga ao Surrealismo que, através dessa linguagem, exprime uma revolta moral ou o grito orgânico do homem contra toda coerção. Sob este aspecto, Artaud se junta a esse movimento, que, segundo ele, é um movimento de revolta, inicialmente, contra o Pai e, por extensão, contra a família e contra a Pátria. Esta última se situa entre o homem e as riquezas do solo, exigindo que os produtos do suor humano sejam transformados em monumentos de saudação aos "heróis" da Pátria, às custas de traição do homem contra seu semelhante. Analogamente, a família aparece como o fundamento da opressão social, pois não sendo fundada na fraternidade entre pai e filhos, serviu de modelo para todas as relações sociais baseadas sobre o autoritarismo e o desprez dos patrões por seus semelhantes:

> *Pai, pátria, patrão, tal é a trilogia que serve de base à velha sociedade patriarcal e, hoje, à cachorrada fascista...* os homens... terminarão então por arruinar a velha trilogia patriarcal: eles fundarão a sociedade paternal dos companheiros de trabalho, a sociedade da potência e da solidariedade humana[60].

57. A. A., t. VIII, p. 98.
58. A volta ao pensamento mítico, como fundamental para Artaud, *jamais* se identificou ao mito nazista da raça pura. O pensamento mítico que reaparece nas tragédias do Teatro da Crueldade tem o objetivo de, através dos sentidos do público, provocar uma metamorfose orgânica e intelectual, a fim de que se expurguem as angústias da época, através da cena, principalmente pelo ritual da dança. Em lugar de *estimular* o racismo, trata-se de expurgá-lo, *exorcizá-lo* como mentira ocidental. Escolher os mexicanos e não os gauleses já é uma opção que fala por si mesma.
59. A. A., t. VIII, p. 164.
60. A. A., t. VIII, pp. 172-173. É marcante, neste trecho, a aproximação de Artaud com o projeto de um Socialismo anarquista fundado na fraternidade dos compa-

Na revolta contra os valores, o Surrealismo faz seu espírito agir material ou organicamente, através de alegorias e imagens que emergem do inconsciente. E se há, no Surrealismo, uma revolta que aparentemente nada ameaça, todavia ele manifesta subterraneamente alguma coisa: uma linguagem mais profunda e mais vital do que a razão discursiva. Há um sentido de destruição intrínseco à linguagem surrealista, quebrando o real dado, alterando o sentido habitual, desmoralizando as aparências. O inconsciente é físico e o ilógico é o segredo de uma ordem em que se exprime uma vida mais profunda. Quando o artista surrealista quebra o manequim, quando deteriora a paisagem, ele os refaz ora num sentido que provoca gargalhadas, ora ressuscitando este fundo de imagens terríficas que estão no inconsciente; isto é, ele despreza a razão discursiva, roubando de suas imagens o sentido habitual, a fim de entregá-las à esfera do simbólico, do inconsciente, negando a oposição entre o espírito e a matéria. É esta vida onírica, a mais pura possível, que o surrealismo privilegia, assim como Artaud, movendo-se no espaço da magia. No entanto, é porque o Surrealismo se liga a um partido político que Artaud o abandona. Ao deixar de ser uma revolta pelo conhecimento, para se tornar um meio para uma revolução que pretende, previamente, conhecer o homem e fazê-lo prisioneiro de doutrinas e instrumento de propaganda que o manipulam, o Surrealismo deixa de ser válido aos olhos de Artaud, pois se torna uma "prostituição da ação"[61]. A crítica de Artaud dirige-se contra a petrificação da linguagem, pois os termos petrificados são jargões totalitários que promovem idolatria:

> Há ídolos de enburrecimento que servem ao esquema da propaganda. A propaganda é a prostituição da ação... os intelectuais que fazem literatura de propaganda são cadáveres perdidos para a força de sua própria ação[62].

Contra a idolatria, Artaud propõe a verdadeira cultura, cujo objetivo é fazer jorrar as fontes de Vida. Para tal, Artaud se dirige ao México, onde o sangue índio conserva sua vitalidade racial, fornecendo as bases de uma cultura mágica, mais profunda que a cultura racionalista européia. A razão, segundo Artaud,

---

nheiros de trabalho, e a conseqüente anulação da diferença de classes, produto da hierárquica divisão do trabalho capitalista e da desigual distribuição da riqueza pela separação entre produtores e proprietários. E é neste ataque contra os valores patriarcais que Artaud vê uma ligação entre o Surrealismo e o Marxismo, contra a orientação Stalinista.

61. Cf. p. 71 e ss., deste trabalho, a propósito da relação entre Artaud e o movimento surrealista, em torno da questão Revolução-Revolta.

62. A. A., t. VIII, p. 182.

[...] faculdade européia,... é sempre um simulacro de morte. A história que registra fatos é um simulacro de razão morta. Karl Marx lutou contra o simulacro dos fatos; ele tentou sentir o pensamento da história em seu dinamismo particular. Mas ele próprio permaneceu também sobre um fato: o fato capitalista...[63]

Artaud aceita Marx, todavia, propõe ampliar o horizonte marxista, indo do fato "modo de produção capitalista" para o dinamismo da história e da cultura. Em última instância, é a recusa *não* do marxismo, mas do limite factual aceito por Marx.

A verdadeira cultura, para Artaud, não é o repetir a tradição através das instituições sociais, pois

[...] para fazer amadurecer a cultura seria necessário fechar as escolas, queimar os museus, destruir os livros, quebrar as rotativas das impressoras. Ser cultivado é devorar seu destino, se assimilá-lo pelo conhecimento[64].

É a razão que inventa as hipóteses da ciência que se ensina na Universidade como o verdadeiro Saber; o espírito passa a crer no que observou, como quem crê num ídolo. A idolatria nada mais é do que a separação da idéia e da forma, quando o espírito crê no que sonhou. O europeu é, segundo Artaud, uma caverna onde se movem simulacros sem forças, que a Europa toma como seus pensamentos. Contra a racionalização da Existência que nos impede de *nos* pensar, e que nos faz crer nos fantasmas da razão, Artaud procura o segredo do homem através do mundo de seu pensamento, um movimento que vai do interior ao exterior, do vazio ao pleno. A poesia nada mais é do que o conhecimento deste destino interno e dinâmico do pensamento, identificado a uma força mágica, esotérica. Esotérica, na medida em que indica uma mesma idéia geométrica, numeral, orgânica, harmoniosa e oculta, que reconcilia o homem com a natureza e a Vida. Há signos hieroglíficos que possuem analogias profundas entre as palavras, os gestos e os gritos. E dentre os esoterismos, o mexicano é o que se apresenta melhor como uma magia oculta, ligada à Vida, e que está contida, por sua vez, no teatro, cuja função é exaltá-la. Assim, longe de ocultar a realidade, o Teatro da Crueldade só pode mostrá-la.

A recuperação da verdadeira cultura pressupõe a noção de espaço, como na linguagem essencialmente espacial do Teatro da Crueldade:

Cultura no espaço quer dizer cultura de um espírito que não cessa de respirar e de se sentir vivo no espaço, e que atrai para si os corpos do espaço como os objetos mesmo de seu pensamento...[65]

63. A. A., t. VIII, p. 186.
64. A. A., t. VIII, p. 187.
65. A. A., t. VIII, pp. 201-203.

e é através desta linguagem espacial que é possível o acordo entre os pensamentos dos homens. A cultura nunca é escrita, pois, escrever é impedir o espírito de se movimentar no meio das formas como uma vasta respiração. A escrita fixa o espírito e o cristaliza numa forma, de onde nasce a idolatria. Em continuidade com esta concepção, o teatro, como a cultura, jamais foi escrito:

> O teatro é uma arte do espaço... E esta linguagem do espaço por sua vez age sobre a sensibilidade nervosa, ela faz amadurecer a paisagem desenvolvida sob ela[66].

Do ponto de vista imagístico, a Cruz do México, de seis pontas, indica o renascimento da Vida a partir do ponto vazio, em torno do qual a matéria se torna espessa. Em sua literatura, os deuses não nascem do acaso, mas estão na Vida como num teatro e ocupam os quatro cantos da consciência do homem, onde se alojam os sons, os gestos, a palavra e o sopro que dá a Vida. E o teatro, por uma distribuição musical de forças, apela à potência dos deuses. Cada um tem seu lugar no espaço vibrante de imagens. Os deuses chegam até o público por um grito ou um rosto, cuja cor tem seu grito correspondente a imagens no espaço onde a Vida amadurece. As linhas que ascendem além das cabeças desses deuses míticos proporcionam um meio melodioso e rítmico ao pensamento. O espírito não se petrifica sobre si mesmo, mas é impulsionado a se deslocar. Teatralmente, uma linha é melodiosa, um movimento é uma música e o gesto que emerge de um ruído é como uma palavra numa frase. Há uma coreografia no espaço que o Teatro da Crueldade nos apresenta prodigamente com sua riqueza de signos.

Se no Teatro da Crueldade o texto não é tudo, se a cena é igualmente uma linguagem, isto significa que é gerada a noção de uma outra linguagem que, além do texto, utiliza-se da luz, do gesto, do movimento e do ruído. É o Verbo ou a palavra secreta que nenhuma língua pode traduzir, semelhante à língua perdida desde a queda de Babel. Esta linguagem perdida, comparável à loucura, é reencontrada na linguagem espacial do Teatro da Crueldade (feita para transgredir o mundo estabelecido), cujo segredo é guardado pela poética teatral ao recuperar essa língua perdida, musical e gestual, por excelência, onde "...certas danças sagradas se aproximam mais do segredo desta poesia do que qualquer outra língua"[67]. Respondendo a cena à lógica profunda do sonho e alimentando-se das fontes mágicas de um mesmo inconsciente primitivo[68] que tanto o teatro Alfred Jarry como o teatro balinês

---

66. A. A., t. VIII, p. 203.
67. A. A., t. VIII, p. 224.
68. Cf. as obras completas de Gaston Bachelard, cuja concepção segue a linha de Jung ou a proposta da noção de "arquétipos" e redescobre os Quatro Elementos: Água,

conhecem. Voltar ao inconsciente mágico primitivo não significa, segundo Artaud, a volta a um conservadorismo social; pelo contrário, coincide com a inquieta preocupação de fazer uma revisão de valores da Europa tradicional. O Teatro da Crueldade toma o sentido de uma pesquisa e de uma reativação do questionamento dos valores existentes. Longe de se privilegiar o individualismo, o recusa, pois

> Não se vê mais agora dois seres face a face se esforçarem pelo amor de reunir suas individualidades singulares, mas dois seres tentarem um por-cima do outro atingir uma idéia da humanidade[69].

Essa unidade e universalidade, para Artaud, efetuam-se através da linguagem cênica do Teatro da Crueldade, utilizando-se da linguagem física que, longe de ser puramente decorativa, constitui-se como língua universal que a une à totalidade do espaço. As danças sagradas dos índios mexicanos são legítima forma de teatro e de autenticidade cultural. Os rituais hieroglíficos mantêm os nervos em um estado de exaltação perpétua, abertos à água, ao ar, à terra e à luz, perpetuamente (jogo). As danças mexicanas, com seus hieroglifos animados, constituem-se como metáfora das leis da terra. Analogamente à arte mexicana, o Teatro da Crueldade quer fazer florescer o espaço e fazê-lo falar, dando uma voz às massas e às superfícies, desprezando as individualidades psicologizantes. Mais que uma negação em face da realidade, este teatro é afirmativo, tendo uma enorme consciência do riso e da cólera na afirmação das forças da Vida. Seu caráter social está ligado à universalidade de sua linguagem física: "[...] é mais do que um teatro social, o teatro da angústia humana em reação contra o destino... é um teatro repleto de gritos que não são de pavor mas de ódio, e ainda mais do que ódio, do sentimento do valor da Vida"[70]. A noção elitista de uma cultura que se compra sob a forma de instrução é um luxo que deve ser banido. Comparando o homem cultivado à terra cultivada, Artaud concebe a cultura em termos de uma transformação orgânica tanto da terra como do homem. Negando a identificação entre cultura e instrução, esta última aparece apenas como uma vestimenta, ou um "revestimento" de conhecimentos, um verniz, que não implica a assimilação do conhecimento. O termo cultura, pelo contrário, significa, para Artaud, que a terra, o *húmus* profundo do homem, foi revolvida, trabalhada. A pseudocultura fragmentada da Europa nada

Ar, Terra e Fogo, no inconsciente primitivo, transportando-os como *fundo* originário do imaginário poético.
69. A. A., t. VIII, p. 226.
70. A. A., t. VIII, p. 227.

mais tem a ver com a uniformidade de sua civilização. No México, sob a aparente multiplicidade das formas de civilização, há, somente, uma única cultura, isto é, uma só idéia de homem, da Natureza, da morte e da Vida. A verdadeira cultura pressupõe uma modificação integral, mágica, do ser no homem, numa união entre corpo e espírito, em que este último é cultivado no corpo, que, por sua vez, trabalha o espírito, como o trabalho de um ator, no Teatro da Crueldade, tão bem definido como um *beau pèse-nerfs* ("belo pesa-nervos"), num trabalho denominado de "atletismo afetivo". À pseudocultura européia do texto, Artaud propõe a cultura corpóreo-gestual-musical, através do Teatro da Crueldade, que abandona a literatura para reencontrar o ar da cena desenvolvendo-se na perspectiva da totalidade espacial. E é a cultura mexicana que fornece uma autêntica fonte física desta nova sensibilidade teatral, que desemboca, segundo Artaud, num humanismo revolucionário, embora com um espírito diametralmente oposto ao da Europa renascentista, que saúda a razão. Com esta nova idéia de cultura, constitui-se uma nova concepção de civilização, onde não há mais lugar para o individualismo:

> Não se sentir viver enquanto indivíduo significa escapar a esta forma temível do capitalismo que eu denomino de capitalismo da consciência desde que a alma é o bem de todos[71].

como, outrora Rousseau dissera que os frutos são de todos e, a terra, de ninguém. Reviver a magia da cultura mexicana é o ideal proposto por Artaud no Teatro da Crueldade, cuja finalidade é a de "enganar verdadeiramente" os sentidos, pois o Teatro é o mundo da ilusão verdadeira, onde a imaginação do espectador quer que ele creia naquilo que ele vê, apresentando-lhe um cenário que o abala sensorial e espiritualmente.

Para quebrar o individualismo psicologista, Artaud se volta para a tragédia, nascida do Mito e cuja linguagem é essencialmente simbólica e alegórica, como nos sonhos:

> A alegria manifesta-se por signos. Há uma linguagem de signos que faz parte da ciência plástica e da decoração da tragédia... O princípio é o de introduzir sobre a cena a lógica irracional e monstruosa dos sonhos... é esta técnica de imagens que está, na linguagem corrente, na origem da metáfora...[72]

Com gestos de fundo duplo ou ambíguos em seu sentido, o ator trágico se utiliza de metáforas criadas indefinidamente pela voz, ges-

---

71. A. A., t. VIII, p. 241.
72. A. A., t. VIII, pp. 246-247.

tos e movimentos. Assim é que, para Artaud, o Teatro da Crueldade deve buscar uma linguagem que se situe no espaço, criando um mito que, a fim de ser "atual", deve estar carregado de todos os horrores do século XX o qual, segundo Artaud, nos faz crer em nosso fracasso na Vida. Nada melhor do que a tragédia como a forma mais alta do teatro para exprimir esse horror ou esse fracasso. Quando Artaud fala em tragédia toma como protótipo o humor feroz do teatro de "trevas" de Jacques Prévert e de Jean-Louis Barrault. Assim como o teatro nasceu das trevas, como a luz nasceu do caos, ele emerge como a luz para vencer as trevas do caos. Se Artaud fala de Prévert é porque este, com seu humor teatral, assinala que a Vida da época estava doente; assim também, se Barrault[73] é chamado, é porque seu teatro procura encontrar os hieróglifos secretos e os signos de uma Vida mágica que a cena deve ressuscitar. É por estes signos e hieróglifos que a verdadeira linguagem do Teatro da Crueldade se manifestará e manifestará sua atualidade através do mito:

> Todo grande mito tem um pé sobre o "mal", isto é, sobre o desastre que nos ameaça a todos... periodicamente, e se um sobressalto é necessário para anular o desastre, é antes de tudo ao teatro que pertence realizar por suas imagens e por suas formas o signo poético e mágico deste sobressalto[74].

73. Jean-Louis Barrault alia-se a Artaud, na linha do grupo denominado: grupo dos "libertários", isto é, os que, partindo do movimento Surrealista, não admitiam sua aliança com nenhum partido político, mesmo de esquerda, separando-se, desta forma, de Aragon e Eluard, que, ao quererem passar à ação, haviam-se convertido à política, e Breton, que, embora pretendesse, rigorosamente, conservar a pureza do movimento Surrealista, guardando sua lucidez e livre-arbítrio, terminou por aliar-se com a esquerda política. Na mesma linha de pensamento de Artaud, Barrault fala de uma "alquimia do corpo humano", onde a linguagem gestual é primordial: "Assim, tendo tomado a precaução de não fazer ainda apelo às idéias, sabemos que o corpo humano possui fisicamente uma linguagem respiratória e uma linguagem gestual. A linguagem gestual tem ela também sua gramática infantil: o sujeito, o verbo, o complemento. Isto se chama em mimo: a atitude, o movimento, a indicação... A palavra é como um pequeno saquinho no qual delimito uma imagem ou uma idéia... Ele explode e a idéia ou a imagem são lançadas como uma recaída *(retombée)* radioativa sobre os ombros das pessoas. O Verbo é originalmente uma pantomima bucal... Magia da Vida; religião, isto é, sensação física extrema" (cf. "Le Grenier des Grands-Augustins", pp. 109-110, em *Souvenirs pour demain* (*Lembrança para Amanhã*), de J. L. Barrault, ed. du Seuil, 1972). A musicalidade da palavra aparece explicitamente quando Barrault define o papel da palavra no teatro: "A dicção, no teatro, é a arte de se deslocar a voz. A voz de Artaud revelando seus nervos. *Objetividade-Subjetividade*. Observamos com nossos olhos. Vemos com o peito" (*idem*, p. 110). Adotando o Teatro da Crueldade, identificado às próprias forças afirmativas da Vida e não a uma agressividade patologicamente gratuita, Barrault considera-se unido intimamente ao projeto de Artaud em criar uma nova linguagem corpóreo-gestual da cena teatral.

74. A. A., t. VIII, p. 256.

O sobressalto para além das trevas e doenças do presente conduz a um "passado" prenhe de porvir. O recurso ao mito e à cultura mexicana são esse sobressalto temporal que ilumina o sentido do desastre presente.

4.4. O MÉXICO ENQUANTO CENA DO TEATRO DA CRUELDADE

À ida de Artaud ao México corresponde uma reação contra a *superstição do progresso* na Europa, rompendo com uma concepção de mundo, substituindo uma civilização à outra. O "modelo" procurado está na revolução mexicana que não é fratricida, mas uma revolução pela unanimidade do pensar, assim como deve ser tirada uma nova unidade da poeira de "culturas" européias. O México aparece, nesta medida, como o difusor da história, com um fundo cultural único. Ciência e poesia passam a ser duas faces do mesmo eixo, na medida em que as *forças analógicas*, graças às quais o organismo do homem funciona de acordo com o organismo da Natureza, fornecem o espaço do Saber. Todavia, uma vez transposta esta linguagem anímica para o Teatro da Crueldade, ela estará alquimicamente isenta de toda superstição religiosa cristã:

> Trata-se, em suma, de ressuscitar a velha idéia sagrada, a grande idéia do panteísmo pagão, sob uma forma que não será mais religiosa esta vez, mas científica. O verdadeiro panteísmo não é um sistema filosófico, é somente um meio de *investigação dinâmica* do Universo[75].

A ida ao México permite, assim, refazer a idéia de ciência – se o panteísmo não é um sistema (filosófico) nem uma retomada religiosa do mundo, mas uma *investigação dinâmica* do universo é porque pode destruir a cientificidade contemporânea sem anular a possibilidade da ciência. O pressuposto subjascente a este panteísmo a-religioso é o de que o homem é tido como catalisador do universo, ao mesmo tempo em que suas forças morais vibram em uníssono com as forças do universo, que se realizam num sentido determinado segundo sua utilização. É por isso que há, na cultura mexicana, uma inscrição na pedra da "Cruz de Palenque", que é a representação hieroglífica de uma energia única que através da cruz do espaço, isto é, passando pelos quatro pontos cardeais, vai do homem ao animal e às plantas. Há nesse panteísmo uma possibilidade nova de ciência, de um conhecimento originário do qual Artaud se faz vo-

---

75. A. A., t. VIII, p. 262.

luntariamente discípulo contra o espírito latino-europeu, impregnado pela supremacia da razão, que conduziu a um ritmo desvairado de invenções técnicas, culminando no denominado "progresso material" da sociedade, privilegiando um sistema de equivalências abstratas que se manifesta na produção em série, onde a quantidade é a tônica, em detrimento da qualidade e de tudo que é singular. Pela revalorização do homem, Artaud busca no nacionalismo cultural do México (diferente do nacionalismo europeu: fascismo-nazismo) a *afirmação* da qualidade específica de uma noção e de suas obras; em suma, aquilo que a distingue das demais. Longe de se fechar numa atitude "chauvinista", este nacionalismo aparece como legítima e autêntica forma de conhecimento da cultura "[...] para a qual o universo é um todo... cada parte age automaticamente sobre o conjunto. Falta apenas conhecerem-se as leis"[76]. O que a cultura mexicana propicia é o restabelecimento da idéia de uma grande harmonia, onde espírito e matéria não são mais rivais. Esta oposição, européia, tem como derivado o conflito ou a rivalidade entre o trabalho cerebral e o das mãos e a desqualificação recíproca de ambos. Assim, os que trabalham com as mãos esqueceram que têm cabeça (ou foram forçados a esquecê-la) e o contrário também se dá. Essa oposição entre o espírito e o corpo, ao colocar o primeiro em ruptura com a Vida, o inutiliza. O aspecto positivo dessa inutilização consiste em obrigar as elites a deixar de crer em sua superioridade, forçando-as a adquirir uma humildade salutar, voltando a dar ao espírito sua antiga função de órgão, unindo os trabalhos da inteligência ao material; para que finde a guerra entre os refinamentos do espírito e os trabalhos manuais[77]. Os intelectuais voltarão a ocupar seu lugar na sociedade, quando a noção de força corporal e espiritual como faces complementares de uma força única desfizer a separação entre corpo e espírito:

> Eu não pretendo que o espírito seja tão útil quanto o corpo, pretendo que não haja nem corpo nem espírito, mas *modalidades de uma força e de uma ação únicas*. E a questão da rivalidade entre estas duas modalidades não deve nem mesmo ser colocada[78].

76. A. A., t. VIII, p. 268.
77. Cf. para um estudo antropológico da relação entre o espírito e o corpo, no plano da linguagem e da técnica, os textos de André Leroi-Gourhan, *Le geste et la Parole*, *Technique et Langage*, Paris Albin, Michel, 1965, Sciences d'Aujourd'hui, Cf. ainda, do mesmo autor, *L'homme et la Matiere*, Paris, Albin, 1943 e *Milieu et Techniques*, Paris Albin Michel, 1945.
78. A. A., t. VIII, pp. 273-274.

Segundo Artaud, o melhor instrumento para esta revolução é o Teatro da Crueldade, ato sagrado que envolve tanto quem o assiste, quanto quem o executa pois: "um gesto que se vê e que o espírito reconstrói em imagens tem tanto valor tanto quanto um gesto que se faz"[79]. E é através da teatralidade dos ritos mexicanos que a revolução se faz, na medida em que "...o que há de melhor nestas músicas indígenas espera o momento de retomar seu lugar para a massa dos trabalhadores"[80]. Os antagonismos entre a elite e a massa, entre a arte burguesa e a popular, a vida intelectual e a instintiva se dissolvem na vida da cultura primitiva mexicana, assim como no teatro as festas sagradas com sua intensidade de sons e suas repetições rítmicas de imagens estão mergulhadas no inconsciente humano. Liberto da superstição, o Teatro da Crueldade constitui-se como uma força social que, servindo-se de meios rituais organizados rigorosa e matematicamente, age fora da consciência dos povos fanatizados pela religião. Concebendo o mundo enquanto energia, o Teatro da Crueldade desperta um tesouro de imagens arcaicas que as antigas raças do México haviam revestido de alegorias hieroglíficas:

Ao mesmo tempo que a revolução social e econômica é indispensável, esperamos todos uma revolução da consciência que nos permitirá curar a vida[81].

Nesse sentido, em relação à França, a revolução do México moderno tem como finalidade a reconstituição interna do homem e não somente a reconstituição da sociedade. Como diz Artaud: "É uma revolução contra o progresso, contra as idéias do mundo moderno, contra a civilização científica de hoje"[82]. O homem europeu, doente no meio do progresso, perdeu o gosto de viver, confundindo a Vida com simples aparências mortas; a alma mexicana, pelo contrário, jamais perdeu contato com a terra e com as forças telúricas do sol; o primitivo mexicano tem a saúde do homem que vive plenamente em relação com a natureza[83].

79. A. A., t. VIII, p. 275.
80. A. A., t. VIII, p. 275.
81. A. A., t. VIII, p. 281.
82. A. A., t. VIII, p. 282.
83. Em seus escritos sobre a cultura mexicana, Artaud cita Paracelso. Michel Foucault, em seu livro *Les mots et les choses* (*As Palavras e as Coisas*) (cap. II, "La prose du monde", Portugalia, 1966), mostra-nos que, até fins do século XVI, o Saber da cultura ocidental teve como elemento constitutivo a noção de *Semelhança*. É esta noção que orientava a interpretação dos textos, organizando o jogo dos símbolos, permitindo o conhecimento das coisas invisíveis e visíveis: "o mundo enrolava-se sobre si mesmo". Ora, a segunda forma da *similitude* é a *aemulatio*, onde há uma relação de semelhança sem contato; as coisas do mundo relacionam-se umas às outras, *dispersas*, como num jogo de espelho e reflexo, sem se saber, muitas vezes, qual é a realidade e

Quando o Teatro da Crueldade aparece como realizador desta magia esquecida pelo europeu ocidental, a arte, através do teatro, recupera sua função social, sem deixar de ser arte:

> A arte tem por dever social dar vazão às angústias de sua época. O artista que não abrigou no fundo de seu coração o coração de sua época... que ignora que ele é um porta-voz, ... este não é um artista[84].

Melhor do que em qualquer outra de suas caracterizações do artista é nesta do "bode expiatório" que Artaud restabelece o parentesco entre o teatro novo (cruel porque revolucionário) e as formas teatrais arcaicas que darão origem à tragédia (na Grécia) e aos rituais propiciatórios e de comunhão cósmica (no México).

O artista, bode expiatório das dores do mundo, faz com que a arte se aproprie das inquietações particulares para alçá-las ao plano de uma emoção totalizadora, capaz de dominar as doenças do tempo. Há uma identificação mágica do artista com os furores coletivos de seu tempo porque o artista tem a função de salvaguarda do bem coletivo, como aparece nitidamente na revolução mexicana de 1910,

qual toma a figura de uma imagem projetada. Há, segundo Foucault, uma "flexão do ser cujos dois lados se defrontam imediatamente". E para Paracelso esta duplicação originária do mundo é comparável à imagem de dois gêmeos "que se assemelham perfeitamente, sem que seja possível a ninguém dizer qual deles levou ao outro a sua similitude" (cf. Paracelso, *Liber Paramirum*, trad. Grillot de Givry, Paris, 1913). A relação entre espelho e reflexo se dá na figura de um combate em aberto, o primeiro refletindo a imagem de "dois soldados irritados". Assim, a similitude toma a forma de um combate ou de uma mesma imagem separada de si mesma pelo peso da matéria ou pela distância dos lugares. O homem de Paracelso é, à imagem do firmamento, "constelado de astros"... livre e poderoso... não obedece a nenhuma ordem... não ser regido por nenhuma outra criatura... ele descobre "as estrelas no interior de si mesmo... e que encerra em si o firmamento com todas as suas influências" (cf. Paracelso, *op. cit.*, texto citado por Foucault, *op. cit.*, pp. 38-39). Ou seja, o "céu interior" do homem é autônomo e repousa em si mesmo, mas com a condição de, pelo seu *Saber*, de se tornar semelhante à ordem do mundo, fazendo as estrelas visíveis penetrarem no seu firmamento interno. A emulação constitui-se de círculos concêntricos, refletidos e rivais que formam uma cadeia, numa duplicação de metáforas num processo indefinido. É este jogo de "emulação" de Paracelso a que Artaud se refere, e do maravilhoso confronto das semelhanças através do espaço, conferindo à *analogia* um campo universal de aplicação.

Esta linguagem baseada na "semelhança" pressupõe "marcas". Assim, Foucault cita Paracelso: "Não é da vontade de Deus que o que ele cria para benefício do homem permaneça oculto. [...] E mesmo se ele ocultou certas coisas, não deixou, no entanto, coisa alguma sem sinais exteriores e visíveis, sem marcas especiais – tal como um homem que enterrou um tesouro assinala o sítio a fim de o poder reencontrar" (Paracelso, *Die 9 Bücher der Natura Rerum-Oeuvres,* ed. Suhdorff, V, IX, p. 393; citado por Foucault, *op. cit.,* p. 46). Portanto, é no levantamento destas marcas e na sua decifração que o Saber se funda: a face do mundo é uma linguagem hieroglífica, como a linguagem do Teatro da Crueldade.

84. A. A., t. VIII, p. 287.

não somente porque nela as classes oprimidas foram libertas da empresa capitalista, mas também porque fez surgir o inconsciente oculto e esquecido da cultura mexicana. Este inconsciente se manifesta pela imaginação que se liga ao conhecimento[85] e este, por sua vez, se liga à unidade cultural. O artista de hoje, que pratica uma "arte-inspiração", perdeu a ciência, enquanto o artista antigo ao realizar sua arte, exorcizava o mal e conhecia todos os gestos rituais. Cada vez que um artista operava o mundo não permanecia inerte: um eco ressoava, a cada vez, na vida coletiva. Sendo a cultura um bem espiritual e coletivo, não há patrimônio particular a defender, nem riquezas particulares a salvaguardar:

[...] o teatro pode ajudar-nos a recuperar uma cultura e dar-nos dela *imediatamente* os meios: a cultura não está nos livros, nas pinturas, nas estátuas, nas danças, ela está nos nervos, nos órgãos sensíveis, numa espécie de *manas* que dorme e que pode mostrar o espírito imediatamente na atitude de receptividade a mais alta, de receptividade total... este *manas*, o teatro tal como eu o concebo, desperta-o...[86]

O Teatro da Crueldade em sua linguagem cênico-espacial, hieroglífica, é imagem de uma linguagem e de uma palavra *mexicanas universais*. A cultura se reparte na sensibilidade do organismo, como um todo, em todos os nervos. É esta capacidade que o artista deve salvaguardar. O gesto provoca a palavra e, esta, em seu sentido vibratório, volta a provocá-lo, na poesia do espaço. Longe de privilegiar a ilusão, o Teatro da Crueldade relaciona-se com a realidade, só que esta aparece *necessariamente* sob um aspecto envolvente e mágico, ao qual o espírito do espectador adere totalmente a fim de ser curado, como nos antigos rituais primitivos das danças mexicanas. Este "fantástico maravilhoso", que aparece tão nitidamente no rito da civilização mexicana dos Tarahumaras, não está ligado a uma desordem gratuita, mas à *lucidez*, como o "fantástico" no Teatro da Crueldade. Uma nova ordem se elabora num mistério que a consciência, dita "normal", não mais atinge, mas que constitui o cerne de toda poesia. Nos termos da linguagem corporal, Artaud situa a verdade ordenadora do inconsciente no fígado:

O fígado parece portanto ser o filtro orgânico do Inconsciente. Encontrei idéias metafísicas semelhantes nas obras dos velhos chineses. E segundo eles o fígado é o filtro do inconsciente...[87]

---

85. Para Artaud, "conhecimento" se identifica com a *unidade*, pois, *conhecer* significa *ressurgir* com (co-nascimento).
86. A. A., t. VIII, p. 335.
87. A. A., t. IX, p. 37. Como se sabe, para os chineses, "ficar amarelo de raiva" ou "vermelho de vergonha" não são expressões vazias, mas significações corporais plenas de sentido.

Pode-se notar a importância da correspondência entre corpo e espírito nas concepções de Artaud, que privilegiava a acupuntura como a verdadeira medicina. O fígado passa a funcionar como o órgão-filtro do impulso para o verdadeiro, rejeitando as impressões falsas. Ou seja, é visada aqui a procura de uma *lucidez* essencial, mais profunda que a razão discursiva do homem ocidental. Uma outra anatomia, uma outra fisiologia capazes de exprimir o todo corpo-espírito que o Ocidente separou.

Este "fantástico maravilhoso", por sua vez, fala através de toda a extensão geográfica de uma raça, traçando hieróglifos a serem decifrados. A natureza repete a mesma linguagem inconsciente obstinadamente: uma história de criação na guerra, de gênese e de caos primitivo. A repetição deste mito primitivo aparece no rito dos Tarahumaras e em suas danças, que não nascem do acaso, mas obedecem à mesma matemática secreta, como a linguagem rigorosamente calculada do Teatro da Crueldade. Em ambos, o simbolismo dissimula uma ciência (um saber fundamental), revaloriza a relação entre o homem e a natureza, que havia sido perdida no humanismo renascentista, ao reduzir o mundo à medida do homem. Esta linguagem mágica, de signos, permite expandir a Ciência do homem na relação com o universo, unindo Oriente e Ocidente, através dessa linguagem universal arcaica *coletiva*. E à objeção de que Artaud recusaria o inegável progresso da "ciência", ele responde dizendo que:

> Pode-se dizer por conseguinte que a questão do progresso não se põe em presença de toda tradição autêntica. As verdadeiras tradições não progridem na medida em que elas representam o ponto mais avançado de toda verdade. E o único progresso realizável consiste em conservar a forma e a força destas tradições[88].

A raiz da cultura está na preservação de sua autenticidade e não no progresso material que a dilacera, rompendo o homem consigo mesmo. Como bode expiatório, o poeta se faz Verbo, tem suas leis ditadas pelo seu inconsciente que é o inconsciente coletivo, primitivo e elementar, universal. Portanto, o poeta que se crê "livre", crê numa ilusão. Há signos elementares, em germe, antes dele começar a proferir sua poesia. Ele deve tomar consciência e ser lúcido deste inconsciente produtor da Vida, que não foi designado por ele, mas, pelo contrário, foi disposto para ele, enquanto emissor destes signos universais primitivos. É assim que o poeta serve ao social, desvencilhando-se de um psicologismo individualista:

---

88. A. A., t. IX, p. 89.

Não desejo ser o poeta de meu poeta, deste ego que quis me escolher poeta, mas o poeta criador, em rebelião contra o ego e o si-mesmo. E eu me lembro da rebelião antiga contra as formas que vinham sobre mim[89].

Para Artaud, amar seu ego é amar um morto, um cadáver; antes de querer se reproduzir nas coisas, são estas que se querem produzir nele. No entanto, esta produção não se faz sem sofrimento. A linguagem de Artaud se une à linguagem dos supliciados, como François Villon, Charles Baudelaire, Edgar Poe e Gérard de Nerval, contra a superficialidade intelectualmente constituída pelos escritos de um Jabber-wocky. Quando Artaud recita um poema, sua finalidade não é a de ser simplesmente aplaudido, mas a de sentir corpos tremerem e vibrarem em uníssono com o seu. É por isso que ele "não ama os sentimentos de luxo,... da nutrição mas os poemas da fome..."[90] Artaud se faz linguagem poética, num movimento de lucidez, tornado "homem-Teatro-Crueldade". É aqui que a idéia do poeta como bode expiatório ganha clareza e concreção.

A revolução cultural proposta pelo Teatro da Crueldade, enquanto quebra de valores e identificada à loucura que se torna realidade, é análoga ao espírito dionisíaco, selvagem, que leva à loucura seus adeptos[91].

O que aparece como digno de ser pensado no mito dionisíaco é o processo graças ao qual o não-espiritual passa a ganhar em significação e em espiritualidade. Tradicionalmente, Dioniso foi celebrado como o Deus do vinho, e como aquele cuja presença transformava os homens em possuídos e os levava à selvageria e à crueldade sangüinária. Era o companheiro do mundo dos mortos. A representação dramática estava a serviço de Dioniso. Dioniso era o deus da embriaguez feliz e do amor estático, mas era, também, o deus perseguido, sofredor e moribundo, que arrastava os que o amavam para este destino trágico. A caracterização de Dioniso nos é nitidamente apresentada por estas palavras: "Um deus embriagado, de deus louco"[92]. E é este "delírio" báquico que o Teatro da Crueldade retoma, análogo às festas celebradas em Esmirna, pela entrada de Dioniso[93].

Etmologicamente, Dioniso *(Dio-Nysos)* significa o divino Nysos ou o Nysos de Zeus. A vida em comum com as mulheres pertence ao seu ser; e, assim, também enquanto Bacos ele é rodeado por "Bacantes" enquanto Nysos é rodeado por "Nysais". Deus do êxtase e do terror, da selvageria e do repouso, o deus louco provoca o

---

89. A. A., t. IX, p. 144.
90. A. A., t. IX, p. 227.
91. Cf. Walter F. Otto, *Dionysos, le Mythe et le culte*, Mercure de France, 1969.
92. Cf. W. Otto, *op. cit.*, p. 57.
93. *Idem, ibidem.*

delírio dos homens e com sua aparição, anunciando, desde o seu nascimento, o caráter enigmático e contraditório de seu ser. Nascido duas vezes, antes de entrar no mundo, ele já transgrediu tudo o que é humano. Deus da alegre embriaguez portador de alegria, no entanto estava voltado para o sofrimento e para a morte. Dioniso, deus da essência feminina, rodeado de mulheres, é colocado no mundo por seu pai, por causa da morte trágica de sua mãe. Dioniso é constituído, essencialmente, pela *contradição*, desde seu nascimento; tendo uma mãe humana e um pai divino, era cidadão de dois reinos. A aparição de Dionísius é sempre surpreendente e violenta, suscitando a oposição e a agitação:

> Desde seu nascimento erguem-se inimigos divinos, um caos terrível nasce em torno dele... a manifestação do deus tornado homem gera a emoção selvagem, a revolta e a resistência entre os homens[94].

Analogamente, o mesmo fenômeno caracteriza o Teatro da Crueldade que violenta o público que participa da cena num delírio contagiante, como as mulheres que dançavam com o deus delirante. Quanto mais violento é o seu ser, mais desmedido é o que Dioniso exige do seu seguidor, gerando resistência por parte do discípulo. Dioniso conquistava a alma dos homens, possuindo-a selvagemente, quebrando os valores irrisórios da ordem humana. E é esta "quebra" de valores tradicionais que o Teatro da Crueldade incorpora em seu cerne. As companheiras de Dioniso são levadas à loucura, destruindo suas vítimas indefesas, sendo perseguidas, terminando por perecer como o próprio deus. E se considerarmos as peças a serem encenadas pelo Teatro da Crueldade: *O Barba-azul*, *A Tragédia dos Cenci*, constatamos que a violência e a "loucura" dos atos das personagens dessas peças que desafiam os valores considerados "morais", são metáforas do espírito dionísiaco. Dioniso, o deus da contradição trágica, exultante e alegre, sofredor e moribundo, ao mesmo tempo, aparece dilacerado pela violência interna deste conflito, abalando os homens como uma tempestade e domando-os com o chicote da loucura: "Toda a ordem habitual deve ser questionada. A existência se torna freqüentemente embriaguez-embriaguez de felicidade, mas não menos de terror"[95]. A presença de Dioniso é violenta; ele é o deus da Epifania, o deus que vem, o deus anunciado; e tão surpreendente é sua chegada, quanto sua desaparição. Este processo de aparição e desaparição é brusco e selvagem, realizando-se através de uma série de formas particulares, distinguindo-se das aparições dos outros deu-

---

94. *Idem*, p. 81.
95. *Idem*, p. 85.

ses, por sua imediatez sensível e pela utilização de uma máscara. Esta representa a figura exterior ou a pura exterioridade, a pura superfície de um rosto cuja única finalidade era, aparentemente, de ser tomado como disfarce de um rosto vivo, mas, por si mesmo, a máscara tornava o deus presente em sua epifania[96]. Enquanto os outros deuses apresentam-se de perfil, Dioniso é o único a olhar diretamente na direção de quem o observa; é o deus da presença imediata, que irrompe bruscamente pela máscara, pura superfície. Símbolo da presença pela sua imobilidade inexorável e pelo seu olhar direto, ele é envolvente, como o Teatro da Crueldade (cena) que envolve o público pela sua linguagem sensível dirigida aos sentidos do participante. Há um puro encontro, um puro estar-em-face, simbolizado na máscara, sem avesso. Há, simultaneamente, uma realidade presente e ausente; presença a mais imediata possível, ausência absoluta; dois em um. É o enigma da dualidade e do paradoxo, tão bem presentes na linguagem cênica do Teatro da Crueldade. Dioniso está presente e ausente ao mesmo tempo; ele abala, por uma proximidade que é, também arrancamento. Os últimos enigmas do ser e do não-ser fixam o gênero humano com olhos prodigiosos.

Dioniso ri de todas as ordens e de todas as regras; riso que precede, paradoxalmente, o silêncio de morte. Ligado ao elemento água, Dioniso, no navio, avança com sua tropa ao som das flautas, tambores e címbalos. Essencialmente ligado à música e à dança, o mesmo espírito dionisíaco aparece na ênfase dada à música e à dança enquanto fundamentais para o espetáculo integral do Teatro da Crueldade. Há uma oscilação entre o ruído que acompanha o deus e o silêncio mortal em que mergulha; são duas faces da mesma realidade fundamental que ultrapassa toda expressão possível. Ao final do delírio, as bacantes eram silenciosas; a loucura é, também, silêncio: "O lugar da loucura é o dilúvio de sons perceptíveis, de notas surdas e de clamores; é também o silêncio"[97].

O profundo caos enunciado pela presença de Dioniso é a recusa do mundo familiar onde o homem se instaurara com tanta segurança e conforto, desacorrentado por Dioniso. Tudo é metamorfoseado, como no Teatro da Crueldade. Há um mundo original que vem à tona, misturando criação e destruição, alegria e terror. Como nas

---

96. As *máscaras* de Dioniso, constituídas por material durável e sólido, não representavam os homens, mas os seres naturais, que pertencem à terra. É em sua honra que os que se utilizavam das máscaras executavam danças múltiplas e variadas. A máscara continuou particularmente popular representando a aparição dos espíritos e espectros das profundezas do universo, desde a Idade Média até os costumes do carnaval. A tradição mostra que os espíritos arcaicos e os deuses aparecem na máscara, a fim de serem apreendidos na sua imediatez sensível.

97. W. Otto, *op. cit.*, p. 101.

peças do Teatro da Crueldade, a imagem pacífica e apolínea de um mundo bem ordenado e sem surpresa é quebrada em pedaços; ao mundo ilusório de Apolo opõe-se a verdade dionisíaca que leva à loucura. E, como no Teatro da Crueldade, a Vida reaparece em toda a sua intensidade, no mito dionisíaco

> Saudado por gritos de alegria, a forma na qual aparece esta verdade é a torrente furiosa da vida, que, jorrando das profundezas que a fizeram nascer, engole tudo na sua passagem... tudo o que estava fechado, se abre... Velhas leis como o mundo têm freqüentemente perdido seu domínio: ... as dimensões do espaço e do tempo não têm mais curso[98].

Tal como no Teatro da Crueldade, espaço e tempo linear cedem lugar a uma ordem simbólica, mais complexa, metafórica, somente decifrável para um público que a considere como um hieróglifo. Quando Dioniso entra no mundo, o delírio começa; todos os imortais dançam no seu nascimento, ao som da flauta; o vinho jorra. Dioniso é o liberador", assim como a cena do Teatro da Crueldade. O delírio dionisíaco é profético, pois abre o que está fechado, arrancando o véu que oculta o futuro.

Sob a verdade encantada, surge uma outra verdade que leva as dançarinas a uma loucura sinistra, que, no mito dionisíaco, toma, inicialmente, a forma de uma Cruel perseguição. Dioniso é o deus que sofre e morre. É o deus celebrado, ao mesmo tempo, como "o alegre", o "esbanjador de riquezas", mas ameaçado pelo reino da morte. Dioniso, o deus que sofre e morre. É o destino trágico do mito que nasce de uma inexorável necessidade de um ato de vilência demente, comparável, neste rigor e nesta necessidade, às tragédias do Teatro da Crueldade[99]. A loucura destruidora pertence ao ser de Dioniso, tanto quanto a loucura estática e o abandono. As antíteses selvagens constituem o mistério da unidade dionisíaca.

Sob o efeito de bebidas narcóticas e de hinos, os homens despertam suas emoções com a aproximação da primavera, participando da alegria que se expande em toda a natureza, apagando o "subjetivo", num completo esquecimento de si, num estado de embriaguez e loucura divina[100]. Se a geração da Vida é tocada pela loucura, que é criadora, podemos estender a relação entre Vida, Loucura e Cria-

---

98. *Idem*, pp. 102-103.
99. Cf. *A Tragédia dos Cenci*, por exemplo, A. A., t. IV.
100. W. Otto, *op. cit.* p. 144. E a propósito da "loucura" de Dioniso, diz-nos W. Otto: "Nós o conhecemos como o espírito da antítese e da contradição: da presença imediata e da absoluta distância, do êxtase e do horror, da vitalidade ilimitada e da destruição a mais cruel. O elemento de alegria em sua natureza, o criativo... têm parte também com a sua selvageria e sua loucura".

ção, a Artaud, onde a unidade pressupõe a discórdia. O turbilhão da Vida, no mito de Dioniso e na poesia de Artaud, toca na embriaguez da morte, e a música transforma o mundo (que acreditava na Vida como se crê num hábito e numa certeza e na morte, como se crê num mal ameaçador), abalando todas as certezas e seguranças, adotando o perigo como realidade. A Vida, quando é debordante, torna-se loucura, mas, loucura criadora:

> O estado dionisíaco é um fenômeno original da Vida – ao qual o homem também deve participar em todos os momentos do nascimento de sua existência criadora[101].

A relação entre loucura e criatividade, como em Artaud, mais do que uma doença, deve ser pensada como a companheira da verdadeira saúde. É, principalmente, a loucura do seio materno que preside a toda criação, rejeita, incessantemente, ao caos, a existência ordenada, em função da felicidade e da dor originais. O espírito dionisíaco anuncia a unidade e a totalidade de um mundo infinitamente múltiplo, englobando tudo quanto vive. A música e a dança exaltam esta loucura dionisíaca profunda onde criação e destruição se entrecruzam, loucura simbolizada na máscara do homem-ator-de teatro.

O Teatro da Crueldade é uma provocação cujo meio privilegiado é o *humor*. Vejamos o que Artaud entende por humor:

> Apressemo-nos em dizer que entendemos por humor o desenvolvimento desta noção irônica (ironia alemã) que caracteriza uma certa evolução do espírito moderno[102].

E pode-se acrescentar que esta noção de humor como *ironia* aparece, também, no teatro de Brecht como um elemento que pertence ao "efeito de distanciamento". O humor aparece, por outro lado, no Teatro da Crueldade, como a única atitude compatível com o homem para quem o trágico e o cômico caminham juntos, ligados à provocação física do público.

O público é marcado no domínio dos sentidos, pela objetivação de todas as alucinações possíveis. A encenação tem o objetivo de dar o que é o equivalente das vertigens do pensamento provocado pelos sentidos, através de ecos, reflexos, aparições, manequins, cortes, surpresas, correrias em cena... Recupera-se o pavor por estes meios. Toda a encenação constitui a peça que está regulada em todos os detalhes e no conjunto, segundo um ritmo específico, semelhante

---

101. *Idem*, p. 150.
102. A. A., t. II, pp. 58-59.

a um rolo de música perfurado num piano mecânico, sem flutuação nos gestos:

> [...] *e dará à sala a impressão de uma fatalidade e do determinismo os mais precisos.* Além disso, a máquina assim montada funcionará sem se preocupar com as reações do público[103].

4.5. A LINGUAGEM SENSÍVEL DO TEATRO DA CRUELDADE E A NOÇÃO DE UM "ATLETISMO AFETIVO"

Poder-se-ia dizer que Artaud termina numa aporia, pois, por um lado, propõe a participação como o princípio indispensável à existência do teatro e, por outro, fala de um determinismo e de uma fatalidade da peça, independentes das reações do público. Todavia, o paradoxo torna-se aparente e desaparece quando compreendemos que Artaud quer encontrar uma nova linguagem a partir da sensibilidade, mas, ao mesmo tempo, não identifica a nova linguagem corporal ao arbitrário, pelo contrário o Teatro da Crueldade é rigoroso e antipsicológico. Portanto, há um apelo ao público, mas este apelo pede uma participação que está determinada pelas regras do jogo teatral que se desenrola em cena e não pelas reações do público a ela. Em outras palavras: a ordem cênica cria a participação do público, mas não se regula por esta última. Assim também a ordem cênica determina a atuação dos atores. Sem matar a espontaneidade própria a cada ator, o tom da voz, a gesticulação, os movimentos de conjunto, serão todos calculados a fim de obedecer a um ritmo onde tudo toma seu lugar próprio. A encenação funcionará como uma "máquina" bem montada, onde o todo e as partes estão inter-relacionados. Todo o desenvolvimento da ação das personagens, suas entradas e saídas, seus cruzamentos, ...serão regulados de uma vez por todas, de um modo preciso, que preverá o mais simples acaso.

A finalidade dessa máquina cênica é a abolição dos contrários tradicionais: ordem/acaso, rigor arbitrário, Essência/Acidente (no sentido platônico), interioridade/exterioridade. Artaud procura, através do Teatro da Crueldade, criar uma linguagem que seja, ao mesmo tempo, sensível e rigorosa, onde o acaso e a ordem nasçam conjuntamente, como ramos de uma mesma árvore. Por isso, Artaud se situa fora da metafísica tradicional, fundada sobre os contrários e sobre o "princípio de Identidade", substituindo-o por esta nova linguagem do corpo tornado teatro, pois a crítica ao teatro ocidental

---

103. A. A., t. II, p. 62.

significa que Artaud nega a Representação clássica. Em lugar de *figurar* os movimentos, é necessário que o ator *pense* seus movimentos de alma[104]. Assim acha-se preenchida esta condição de *surpresa* que se encontra na base da arte, segundo Edgar A. Poe, um acaso produzido pela mais rigorosa necessidade.

Artaud classifica o teatro em dois grupos: inicialmente, um teatro fácil, fases, o teatro dos burgueses, dos militares e dos comerciantes. Em segundo lugar, o verdadeiro teatro, que se dá como o cumprimento dos desejos humanos. Este último tipo de teatro é apreendido a partir das pesquisas feitas pelo teatro de ateliê que quer servir ao verdadeiro teatro. À "representação" do teatro ocidental, Artaud opõe o uso daquilo que denomina de "o método de improvisação", que força o ator a trabalhar com sua sensibilidade profunda, a exteriorizar em palavras e reações mentais improvisadas sua sensibilidade real e pessoal: "Sentir, viver, pensar, realmente, tal deve ser a finalidade do Verdadeiro ator"[105]. Esta prática já era habitual nos russos, manifestando-se principalmente, pela entonação, encontrada a partir da interioridade e levada ao exterior pelo impulso do sentimento e não por imitação. Este método provoca a impressão do drama que irá desenrolar-se diante dos olhos do público, sem repetição. O teatro propõe um problema humano, de interesse essencial e o faz avançar até o limite de sua solução através da utilização da entonação da voz e dos gestos tomados como signos que exprimem necessidade ou emoções.

A função desta linguagem física, tão cuidadosamente procurada, é a de estabelecer relações entre a matéria teatral e os estados profundos do pensamento. Essa relação implica a superação de uma

---

104. Falando do corpo, Spinosa escreve: "já mostrei que não sabemos tudo quanto pode um corpo nem podemos deduzir tudo acerca dele apenas considerando sua natureza, pois constatamos por experiência que grande número de coisas acontecem somente pelas leis da natureza, embora imaginássemos que só poderiam ocorrer sob a direção do espírito" (cf. *Ética*, III, 2 sc.). Nietzsche coloca o *corpo* como relação entre forças dominantes e forças dominadas. Neste sentido, seja no campo químico, biológico, político ou social, há um "corpo" onde há uma relação de duas forças desiguais. O corpo será sempre o fruto do acaso, e será mais surpreendente do que a consciência e o espírito: "O que é mais surpreendente é o corpo; não nos cansamos de nos maravilharmos com a idéia de que o corpo humano tornou-se possível" (Nietzsche, *V.P.*, II, 226). A unidade do corpo é a da "unidade de dominação", pois, num corpo, as forças dominantes são ditas *ativas* e as forças dominadas são ditas *reativas*. O corpo é uma "hierarquia" para Nietzsche. Para Artaud, o *corpo* representa o desrecalque daquilo que foi considerado "inferior" e recalcado pela tradição ocidental, que sempre privilegiou a região da consciência e do espírito. Tem-se, com o Teatro da Crueldade, o cruzamento das forças superiores (espírito, consciência e das forças ditas inferiores (corpo, sensível), numa relação onde se desfazem os pares alto/baixo, superior/inferior, espírito/corpo.

105. A. A., t. II, p. 176.

concepção "mecanicista" entre o espírito e a matéria. Segundo Artaud, trai-se um sentimento cada vez que se o traduz, pois a linguagem conceitual preenche um "vazio" que se constitui como o espaço necessário do sentimento; este é, antes, uma "interrogação indefinida" (no sentido de uma *Kataleypsis*), do que um ponto final ou um espaço pleno, terminado. Portanto, a linguagem das palavras termina por dissimular, na medida em que ela se crê como a Verdade, quando é somente uma máscara que oculta o que ela quer manifestar. Artaud se utiliza de uma linguagem de imagens, metafórica e plástica, para revelar a profundidade do pensamento que havia sido velado e petrificado pelo discurso das palavras:

> E a linguagem clara que impede este vazio, impede também a poesia de aparecer no pensamento. É porque uma imagem, uma alegoria, uma figura que mascara isto que ela gostaria de revelar tem mais significação para o espírito do que as claridades trazidas pelas análises da palavra. É assim que a verdadeira beleza não nos atinge jamais diretamente. E que um sol poente é belo devido a tudo o que ele nos faz perder[106].

Trata-se, para Artaud, de fazer mudar a destinação da palavra, mais do que suprimi-la, e, principalmente, de questionar seu valor enquanto único meio de exprimir o caráter humano. Doravante, a palavra será visada num sentido concreto e espacial, manipulada como um objeto sólido que abala os valores estabelecidos, através de um abalo da gramática. A linguagem espacial do teatro recupera a idéia de uma poesia no espaço, misturada a um efeito mágico e enfeitiçador de um magnetismo universal. À concepção da *mise en scène* como reflexo de um texto escrito, o Teatro da Crueldade opõe uma utilização mágica da cena. O diretor age enquanto um criador que apreende efeitos objetivos em cena, como um especialista de uma "feitiçaria objetiva e animada".

Ao teatro ocidental, que reduz a cena ao diálogo escrito e falado e que pertence à civilização do livro, o Teatro da Crueldade opõe a cena como o lugar físico e concreto que fala uma linguagem destinada aos sentidos e independente da palavra. O Teatro da Crueldade recupera uma "poesia dos sentidos" através desta linguagem concreta que é somente teatral na medida em que exprime pensamentos que escapam à linguagem articulada.

Esta linguagem física e material, que não se confunde com a palavra, é constituída por tudo o que ocupa a cena materialmente e que se endereça aos sentidos, em lugar de se endereçar inicialmente ao espírito, como a linguagem da palavra. O Teatro da Crueldade

---

106. A. A., t. IV, p. 86.

retoma o sentido *musical* das palavras, pois estas têm possibilidades de sonorização ou formas diversas de se projetar no espaço que se constituem como entonações[107]. Anterior ao conceito, o Tearto da Crueldade visa a suscetibilidade das palavras para criar música pela maneira como são pronunciadas, independentemente de seu sentido conceitual. Aquém do sentido conceitual e discursivo, o Teatro da Crueldade revela impressões, analogias e correspondências retiradas da materialidade desta linguagem física.

Este jogo corporal e físico da linguagem anula a significação, por um lado, mas, somente, a significação de um discurso logocêntrico; entretanto, por outro lado, sendo a linguagem teatral feita para os sentidos, há uma significação apreendida através deles. Além disto, essa linguagem sensível não impede de desenvolver, em seguida, suas conseqüências intelectuais. O que sucede é o alargamento do sentido de uma *poesia* ligada estritamente às palavras, substituindo-a por uma poesia no espaço, capaz de criar imagens materiais, equivalentes àquelas sugeridas pelas palavras.

A ênfase dada por Artaud ao papel da encenação tem como finalidade mostrar que a linguagem das palavras não é a única, nem a melhor das linguagens. O espaço cênico mostra que há todo um espaço a preencher e que a linguagem das palavras deve ceder o lugar à linguagem dos signos, caracterizada por seu aspecto *objetivo*. E na medida em que as palavras se apagam atrás dos gestos e que a parte plástica (estética) do teatro abandona seu papel de um meio decorativo para se tornar uma linguagem objetiva, a cena fala e comunica com o público. O lado material e sensível da cena recupera um sentido intelectual. Numa palavra, como Artaud escreve:

[...] o teatro deve-se tornar uma espécie de demonstração experimental de identidade profunda do concreto e do abstrato. Pois ao lado da cultura por palavras há a cultura por gestos[108].

Se as palavras são precisas, é, principalmente, pelas analogias dos gestos que se chega ao sentido profundo das coisas. O Teatro é um devir, pois ele nos apresenta a passagem e a transmutação das idéias nas coisas, como um processo erótico de uma mistura entre o espírito e a Natureza. Trata-se, sobretudo, de mudar o ponto de partida da criação artística e de revolucionar as leis habituais do teatro, encontrando uma linguagem que tenha como origem um ponto mais profundo do pensamento aquém da linguagem articulada.

---

107. Cf., neste trabalho, a comparação a propósito do sentido musical da linguagem em Rousseau e Artaud feita anteriormente.
108. A. A., t. III, p. 130.

Em última instância, o teatro aparece como a necessidade de encontrar uma linguagem determinada tão expressiva quanto a linguagem das palavras, evitando o impasse de sua fixação de uma vez por todas. A nova linguagem teatral utiliza o espaço e o faz falar segundo as leis do simbolismo e das analogias vivas, identificando a linguagem teatral à linguagem poética e hieroglífica. É, principalmente, um alargamento da linguagem e não sua redução. Artaud acrescenta à linguagem falada uma outra que torna sua eficácia mágica e envolvente, e, mesmo, erótica, esquecido pelo discurso logocêntrico. O Teatro da Crueldade desvela a vivacidade da arte: "assim o teatro tornar-se-á uma operação emotiva sem a qual a arte é gratuita..."[109] Essa vivacidade aparece nitidamente, por exemplo, quando se considera a vibração ou a enunciação particular de uma palavra e que acrescenta alguma coisa ao pensamento. A palavra não tem mais, somente, um valor discursivo, de elucidação do pensamento ou de seu término, mas ecoa no espaço. À rigidez da palavra clara e do diálogo do teatro ocidental, Artaud substitui o valor expansivo das palavras, através da música da palavra que fala diretamente ao inconsciente. Chega-se ao espírito pelos sentidos. É necessário relacionar as palavras aos movimentos físicos que lhes deram nascimento. Para tanto, seu aspecto lógico e discursivo, isto é, aquilo que elas querem significar gramaticalmente, deve desaparecer sob seu aspecto físico e afetivo, ou seja, sonoro e musical.

Em primeiro lugar, esta nova poesia cênica constitui-se em múltiplos aspectos de todos os meios de expressão utilizáveis em cena, tais como: música, dança, iluminação, decoração, entonações, gestos, os movimentos... É uma tela constituída por todas estas práticas artísticas que se combinam entre si, de uma tal maneira, que provocam efeitos múltiplos sobre o espaço cênico. Essa poesia no espaço é denominada: *concreta* por Artaud, isto é: "[...] ela é concreta,... se produz objetivamente algo, pelo fato de sua presença *ativa* sobre a cena..."[110] E como exemplo característico desta poesia no espaço e de uma "tentação física" da cena, Artaud volta a mencionar o teatro balinês onde se encontra uma linguagem teatral pura, separada da palavra, e que nos é apresentada por *signos* (no sentido de hieróglifos) dotados de valor ideográficos. Os gestos dos atores funcionam como hieróglifos, constituindo-se nisto que Artaud chama de: uma "pantomima não pervertida", isto é, gestos que representam atitudes do espírito ou aspectos da natureza, de um modo concreto e efetivo, em lugar de fazer sua representação apenas por palavras. É a poesia no espaço que se constitui como independente da linguagem articu-

---

109. A. A., t. III, p. 133.
110. A. A., t. IV, p. 47.

lada, numa linguagem mímica, de gestos e de entonações que existe exteriormente ao texto, constituindo o que se chama: "a arte da encenação". A criação artística é construída diretamente em cena sem passar pelas palavras, pois estas são apenas idéias mortas e terminadas, em oposição à descoberta de uma linguagem ativa e viva da cena, que ultrapassa as delimitações habituais das palavras e dos sentimentos.

Segundo Artaud, o teatro existe somente a partir de suas possibilidades de realização, confundidas com o trabalho da *mise en scène*, que se constitui como uma linguagem no espaço e em movimento. Trata-se, principalmente, de cessar de misturar a destinação do teatro com a da literatura. A linguagem da cena, porque está em movimento, será ameaçadora, anárquica e destruidora, evocando o caos, a vida e sua destruição, ao mesmo tempo e tanto quanto a destruição das "formas" prévias a toda mudança. "A arte mais bela é esta que nos aproxima do caos..."[111] "...idéia da instabilidade de nosso estado das formas"[112].

Com a quebra das formas no teatro, este se torna uma arte com uma linguagem, que desde o início, não suporta limitações. A uma concepção de um teatro petrificado, Artaud opõe o verdadeiro teatro, que "se mexe" porque se vincula à Vida através do gesto sem repetição do ator que apreende atrás das formas destruídas, a *Força* que sobrevive às Formas. E esta Força tem necessidade de todas as linguagens: sons, palavras, gestos, gritos,... sem se deter em nenhuma delas, unicamente. Assim, em primeiro lugar, o teatro quebra a linguagem e as formas; em segundo lugar, ele o faz a fim de tocar na Vida, que torna inútil um teatro puramente literário. O Teatro da Crueldade volta-se para a redescoberta do *Corpo*: "O teatro, ciência do corpo e de seus possíveis"[113], cujo exemplo preciso, que se apresenta como uma "ciência do corpo e de seus possíveis", encontra-se no teatro balinês.

O teatro balinês aparece para Artaud como um teatro antipsicológico, que utiliza a pantomima, o canto, a dança e a música e que considera o teatro como uma criação autônoma que apresenta estados de espírito sob a forma de esquemas.

O teatro balinês é o exemplo mais perfeito de uma linguagem espacial, objetivada sobre a cena e onde esta mesma realização sobre a cena desloca a função preponderante da linguagem das palavras que funda o teatro ocidental. A este respeito, Artaud nos diz:

111. A. A., t. IV, p. 291, Apêndice.
112. A. A., t. IV, p. 292.
113. A. A., t. IV, p. 279, Apêndice.

[...]os balineses realizam... a idéia do teatro puro, onde tudo... apenas tem existência por seu grau de objetivação *sobre a cena*. Eles demonstram... a preponderância absoluta do encenador cujo poder de criação elimina *as palavras*[114].

Todavia o teatro balinês não cai numa improvisação espontânea e arbitrária; pelo contrário, desenha toda uma arquitetura composta de gestos, tanto quanto utiliza do poder da música e do ritmo. Portanto, há, ao mesmo tempo, uma riqueza cênica, mas, regulada minuciosamente por um rigor matemático. Por intermédio do teatro balinês, Artaud pôde recusar a noção ocidental de uma "inspiração espontânea" e pôde, imediatamente, dizer que o teatro se utiliza de uma "matemática criadora", que não se confunde com a noção de uniformidade. Descobre uma densidade no espaço, através dos gritos, dos gestos, dos movimentos...

A experiência cênica é o ponto da partida de toda interpretação do teatro, e, desta perspectiva, é inútil reduzir a cena à linguagem falada; o teatro ocidental dialogado é somente um pobre recurso teatral antiteatral e, principalmente, literário. Ali onde todos os componentes teatrais estão estreitamente relacionados e imbricados, e onde nada é abandonado ao acaso, o teatro é: "[...] uma espécie de dança superior, na qual os dançarinos seriam antes de tudo atores"[115]. E estes atores deixam de lado qualquer iniciativa pessoal, a fim de realizar esquemas regulados e objetivos, como rito. No fundo, o teatro balinês possui o hieratismo sagrado de um ritual, graças ao qual o psicologismo é expulso do teatro, ao mesmo tempo que torna possível uma participação universal e uma relação entre a cena e o público de um modo coletivo. O rigor objetivo e matemático se dá como revelador da matéria, isto é, de um espaço objetivo onde se acha a identidade entre o concreto e o abstrato, através dos gestos que são traçados. Se há uma criação, esta provém da cena e constitui-se como uma Palavra anterior às palavras. Deste ponto de vista, se o autor é eliminado em proveito

---

114. A. A., t. IV, p. 65.
115. A. A., t. IV, p. 69. Esta noção de uma "dança superior" aparece, também em Nietzsche, enquanto ela se liga a Dioniso e a Zaratustra. Se se "aposta" e se "salta" de Pascal a Kierkegaard, "dança-se" e "brinca-se" com Dioniso e Zaratustra. Este último mostra que é mau jogador que aposta e é o palhaço (*bouffon*) que salta acreditando ilusoriamente que saltar significa dançar, ultrapassar (Nietzsche, Z., III). A *dança*, o riso e o jogo, relacionados a Zaratustra, são as potências afirmativas da "transmutação dos valores". O jogo de lançar os dados transmuta o baixo no alto; o riso transmuta o sofrimento em alegria e a dança transmuta o pesado em leve. Por outro lado, a dança, o jogo e o riso são as potências afirmativas de reflexão e de desenvolvimento, ligadas a Dioniso. O jogo afirma o acaso e sua necessidade; o riso afirma o múltiplo e o Uno do múltiplo; e a *dança* afirma o Devir e o Ser do Devir. Constata-se que a dança, seja em Nietzsche, seja em Artaud, tem um papel fundamental para a criação de novos valores e na destruição dos antigos valores.

do diretor, este é uma espécie de "computador mágico" que fala a voz da Natureza Universal, enquanto esta é uma linguagem espacial e objetiva. Esta recusa qualquer idéia de uma imitação da realidade; a realidade é a cena, isto é, uma materialização objetiva que se dá sobre o palco, onde os atores existem apenas como hieróglifos. Os temas os mais abstratos são elucidados por um física do gesto absoluto que suprime o recurso às palavras, para evoluir no espaço. Através dos gestos, os movimentos, a música e as palavras, o teatro balinês propõe um estado prévio à linguagem discursiva.

Este plano anterior ao discurso faz passar as concepções do espírito pelo crivo da matéria, para que sejam percebidas. O teatro quebra a separação entre concreto e abstrato, propondo-nos uma escritura cênica. A significação é apreendida a partir das imagens visuais e sonoras que se apresentam em entrelaçamentos coloridos e espaciais. Por isso, diz Artaud, o teatro balinês apresenta-nos "...muito menos coisas do sentimento do que coisas da inteligência... com signos concretos"[116]. Temos uma concepção concreta do abstrato apresentado de um modo hierático e sensível ao mesmo tempo, levando o público a se identificar magicamente com a cena, porque é o público que fala através do jogo atlético dos corpos dos atores.

Em suma, em relação ao Teatro da Crueldade, Artaud depreende, em primeiro lugar, a partir do teatro balinês, que aquele deve-se desenvolver, necessariamente, no *espaço*. Devemos reconhecer uma poesia cênica que se dá através de uma linguagem espacial e colorida, e, no entanto, este teatro concreto e físico é, ao mesmo tempo, intelectual. Há uma união entre a matéria sensível cênica (gestos, gritos, sons...) e seu rigor matemático e objetivo. O teatro revela, ao lado do pensamento discursivo, um pensamento pontilhado por gestos, e, mostrando a inutilidade da linguagem das palavras, ele nos propõe uma linguagem física e objetiva. Através do teatro balinês, Artaud pode se separar de um teatro verbal, ocidentalizado, para apresentar um teatro puro, extraliterário, onde a realização e a *mise en scène* falam sua linguagem permitindo ao público dela participar pela eliminação do corte entre cena/sala, porque os corpos dos atores formam uma linguagem objetiva. Artaud chama nossa atenção para este fenômeno denominado de: "atletismo afetivo".

O "atletismo afetivo" significa que os sentimentos são localizados fisicamente na musculatura do ator, definido como um "atleta do coração". Esta figura "atlética" nasce do fato de Artaud enfatizar o *sopro* como um correspondente corporal de cada sentimento que tem seu trajeto material de órgãos e nos órgãos, necessariamente.

---

116. A. A., t. IV, p. 76.

Porém, é sempre o mundo afetivo que é o elemento principal. Portanto, por um lado, o ator deve tomar consciência do mundo afetivo, mas, por outro, este mundo afetivo comporta, necessariamente, um sentido material. Se o espírito (sentimento) não é destacável do corpo, o primeiro pode ser reduzido, fisiologicamente, pelas vibrações. A voz dos atores, carregada de consonâncias e de ecos musicais, mostra que, no Teatro da Crueldade, a *paixão* pertence à *matéria* e que se sujeita às suas flutuações plásticas.

a conseqüência é de abandonar a concepção das paixões como abstrações puras, a fim de juntar estas paixões à sua força. Em outros termos, o espírito encontra sua saída corporal. O tempo das paixões torna-se uma espécie de tempo musical, mas distinto de qualquer psicologismo, pois há um rigor preciso dos sopros (*souffles*), repartidos em três tempos: andrógino, macho e fêmea, combinados em seis formas. E segundo os modos de combinar os sopros teremos o conhecimento dos sentimentos, bem como sua provocação. Por um lado, penetra-se no sentimento pelo sopro; por outro, é necessário saber discriminar nos sopro aquele que convém a um sentimento preciso. Uma vez mais, é o *corpo* o meio indispensável para o conhecimento da alma (sentimento), e o Teatro da Crueldade está prestes a nos fazer tomar consciência destas localizações do pensamento afetivo.

Observa-se que a sensibilidade[117] corporal tem um papel primordial, mas, ao mesmo tempo, deve ser sempre regulada de modo preciso. É assim que Artaud pode dizer: "Que no teatro poesia e ciência devam futuramente se identificar"[118]. Toda emoção, do-

---

117. Nota-se que, segundo Nietzsche, a *sensibilidade* define o poder de um corpo de ser afetado. É uma definição de inspiração espinosista, pois, Spinoza dizia que a toda quantidade de força correspondia um poder de ser afetado. Era o poder de ser afetado por um grande número de formas que exprimia a potência de um corpo. No entanto, é preciso notar que este poder não era uma passividade física, não havia a não ser a passividade nas afecções de que o corpo considerado não era causa adequada. Mas, apesar desta proximidade entre Spinoza e Nietzsche a propósito da noção de *sensibilidade*, os dois terminam em caminhos diversos. Nietzsche acusa Spinoza de não ter sabido se elevar até à noção de uma "vontade de potência" porque Spinoza confundiu a força de maneira "reativa". Ao contrário, segundo Nietzsche, é preciso aí chegar. Nietzsche identifica o poder de ser afetado à afetividade, sensibilidade e sensação. A potência foi tratada por Nietzsche como uma tarefa de vontade. Ele concebe um "sentimento de potência" que se manifesta como a *sensibilidade* da força. Ora Nietzsche, ora Artaud consideram a sensibilidade como um "fundo" indispensável quer para a "vontade de potência", quer para o Teatro da Crueldade, respectivamente.

118. A. A., t. IV, p. 163. É marcante que esta enunciação poderia pertencer seja a Artaud, seja a Brecht. Todavia, a conotação é diferente, pois, enquanto para Artaud a ciência significa, antes, uma ciência das regiões corporais, que vincula as emoções aos órgãos, fisiologicamente, para Brecht, a ciência, à qual o teatro deve-se ligar, é a ciência histórico-social, da luta de classes. A finalidade é a mesma para os dois: a participação do público na cena mas a forma de o realizar é diferente.

ravante, possui bases orgânicas, pois toda emoção é cultivada no corpo do ator, para provocar transes mágicos no espectador. Neste sentido, o efeito mágico do teatro está em relação direta com as localizações do corpo, considerado como uma escritura hieroglífica de um teatro *sagrado*[119]. É a partir desta dimensão de transe dos atores que o *grito* toma origem para mostrar às pessoas que não sabem mais do que falar, que uma outra linguagem, a das paixões, nasceu. E esta nova linguagem exige uma nova organização do espaço teatral, na qual o espectador está no centro e o espetáculo o circunda.

É conveniente notar que esta disposição espacial não é gratuita, pois a utilização dos meios teatrais, tais como a sonorização (gritos, ruídos), a iluminação, os gestos são empregados de tal modo que possuem um valor devido à sua influência, sua sugestão ou sua vibração que *agem* sobre o organismo do público e não porque representariam uma outra coisa. O espectador está envolvido, pouco a pouco, por imagens violentas e líricas ao mesmo tempo, pois um gesto teatral é simultaneamente violento e desinteressado, na medida em que nos ensina que uma ação, feita uma vez, não deve mais ser refeita. Neste sentido, o Teatro da Crueldade, que se utiliza de imagens violentas, hipnotiza a sensibilidade do espectador, abandonando a psicologia para fazê-lo penetrar nos transes coletivos.

4.6. A ALQUIMIA E A UNIÃO ENTRE O SENSÍVEL E O INTELIGÍVEL

À fixidez dos conceitos, o Teatro da Crueldade opõe o poder do riso[120] que se constitui como uma destruição anárquica dos valores

---

119. Retomar-se-á e desenvolver-se-á esta noção de um teatro sagrado que provoca transes no espectador, e que é característica do Teatro da Crueldade, e sua semelhança com o fenômeno do Sagrado e dos Transes nos povos selvagens, a partir de um estudo feito por Roger Bastide. Sem *identificarmos* os fenômenos a analogia é possível de ser feita, como o próprio Bastide aponta em seus escritos, *sem pretendermos esgotar o assunto*.

120. Para Aristóteles, a comédia é "a imitação de homens de qualidade moral inferior", pois, o domínio do visível é uma parte do feio. O visível é um "defeito". Hobbes retomou esta idéia ao definir o riso como uma convulsão física produzida pela visão imprevisível de nossa superioridade sobre outrem. Sob este aspecto, novamente Artaud é um demolidor da tradição.

Para Bergson o riso é visado enquanto provocado pelo cômico. (cf. H. Bergson, "Le Rire", *Essai sur la Signification du consique*, PUF, 1972). É na farsa, na arte do palhaço que Bergson pesquisa os procedimentos de fabricação do cômico. O tema *cômico* foi anotado, mas o importante são as variações. Além dessa preocupação em relação aos procedimentos de fabricação do visível, Bergson pergunta pela intenção da

convencionais e habituais de uma sociedade dada. E Artaud nos esclarece sobre esta noção de anarquia poética, quando nos diz:

[...] a poesia é anárquica na medida em que ela questiona todas as relações de objeto a objeto e as formas com suas significações. Ela é anárquica também na medida em que sua aparição é a conseqüência de uma desordem que nos aproxima do caos[121].

Observa-se que a finalidade do teatro é de ser revolucionária porque destrói as formas dadas; idéia que já aparecera no nível da destruição da gramática, para Artaud.

Em suma, é a relação entre o teatro oriental e o ocidental que está em jogo. O teatro oriental está para a Metafísica, assim como o teatro ocidental está para a psicologia. Penetra-se, com o teatro oriental, naquilo que Artaud denomina de "Metafísica em atividade"[122], apoiada na linguagem da cena, que desenvolve efeitos físicos

---

sociedade quando esta ri: "Resta, portanto, pesquisar qual é a causa especial *de desarmonia* que dá o efeito cômico; ...É possível que haja na causa do cômico alguma coisa ligeiramente atentatória (e *especificamente* atentatória) à vida social, desde que a sociedade aí responde por um gesto que possui todo o ar de uma reação defensiva, por um gesto que causa levemente pavor" (Bergson, *op. cit.*, Apêndice, p. 157). Não há nada cômico, fora do âmbito humano, segundo Bergson; o riso é um gesto social, que reprime as excentricidades, desperta as pessoas e combate a "dureza" mecânica da superfície do corpo social. E, apesar de não ser proveniente da Estética pura, "Há alguma coisa de estético, no entanto, pois o cômico nasce no instante preciso em que a sociedade e a pessoa, libertas da preocupação de sua conservação, começam a se tratar a si mesmas como obras de arte" (*idem,* p. 16).

Quanto ao *cômico* dos gestos e dos movimentos, Bergson o situa no corpo que nos faz pensar numa simples máquina ou mecânica. E, acrescentando o aspecto moral: "É cômico todo incidente que chama nossa atenção sobre o físico de uma pessoa enquanto a moral está em causa" (*idem,* p. 39). Quanto ao cômico de situação surge pela repetição, intervenção e interferência das séries dos eventos, ao passo que quando nossa atenção se concentra sobre a materialidade de uma metáfora, a idéia expressa se torna cômica; é o *cômico* de palavras, do qual fazem parte a ironia e o humor. E, por fim, Bergson une à idéia de cômico, a idéia de *absurdo*: "A absurdidade cômica é de mesma natureza que a dos sonhos" (*idem,* p. 142), e a função do riso é a de humilhar, a fim de *corrigir*: "A liberdade se vinga através do riso das liberdades que se tornou com ela. Ele não atingiria sua finalidade se carregasse a marca da simpatia e da bondade" (*idem,* p. 150). A idéia subjacente é a de que se castiga porque se ama, e o riso, reprimindo as manifestações exteriores de certos defeitos, convida-nos a corrigir estes defeitos e a melhoria interiormente. O riso torna-se justo. Comparando o riso à espuma nascida do entrechoque das ondas do mar, na superfície, enquanto as camadas inferiores, possuem uma paz profunda, Bergson nos diz que: "o riso nasce assim como esta espuma. Ele assinala, no exterior da vida social, as revoltas superficiais" (*idem,* p. 152). O riso é o resíduo, o produto salgado do choque entre as vagas que procuram seu equilíbrio, mas que têm necessidade deste resíduo proveniente dos abalos sofridos, a fim de que a profundidade das águas continuem em sua paz profunda.

121. A. A., t. IV, p. 52.
122. A. A., t. IV, p. 54.

e poéticos sobre todos os planos da consciência e em todos os sentidos, pois "...tirar as conseqüências poéticas extremas dos meios de realização é fazer a metafísica"[123].

Continuando nesta perspectiva, Artaud chega, mesmo, a falar de uma metafísica da linguagem articulada, quando a linguagem exprime o não-habitual, isto é, utilizada de um modo novo e excepcional. Sua função, doravante, é a de provocar um abalo físico, a partir de sua divisão no espaço, com entonações, em oposição a um uso utilitário. A linguagem no Teatro da Crueldade retoma seu poder de *encantação*. Seu poder mágico e encantatório tem como referencial o teatro oriental e destrói, inicialmente, o teatro falado e psicológico. Portanto, o homem está para o teatro ocidental, assim como o Universo está para o teatro oriental; e "a linguagem ideográfica é o reflexo do Universal, é o segredo de sua ação mágica sobre nós"[124]. Mas, esta "ação mágica" não deve ser confundida com um efeito de "contemplação" (estamos longe da estética kantiana); esta "ação mágica" existe somente ligada ao *Devir*, isto é, à *inquietude*. A "metafísica em atividade" do Teatro da Crueldade só pode ser pensada enquanto vinculada ao tempo e ao movimento, na medida em que este teatro não é um ponto final, mas, principalmente, um ponto de interrogação, um deixar em suspenso.

Esta inquietude, que nasce do Teatro da Crueldade, assemelha-se para Artaud, à Alquimia. Um e outro são "artes" virtuais que têm como finalidade sua própria realidade e que se dão como um Duplo, não da realidade cotidiana, mas, principalmente, de uma realidade típica e perigosa, que não é mais humana, porque já não é a realidade dos costumes, nem a do caráter de um indivíduo considerado do ponto de vista psicológico. Uma vez que o teatro não é uma cópia ou uma representação do cotidiano, ele se constitui como uma realidade virtual e, enquanto tal, constitui-se sobre um plano ilusório como os símbolos da Alquimia que se ligam a estados especiais da matéria, como uma miragem. Esta relação entre a Alquimia e o Teatro da Crueldade permite a Artaud descartar uma concepção historicista do teatro, porque o Teatro da Crueldade não é mais uma simples cópia ou uma representação das sociedades históricas, que o aprisionaria e reduziria a espelho de uma sociedade dada. O Teatro da Crueldade tem a finalidade de se comunicar com o público, mas, para que tal condição se dê, é necessário que ele não seja um simples reflexo do social[125]. O Teatro da Crueldade nos liga a algo Sublime

---

123. A. A., t. IV, p. 54.
124. A. A., t. IV, p. 55.
125. Desta perspectiva, há uma oposição marcante entre as concepções de Artaud e de Brecht. Enquanto o primeiro corta o aspecto sócio-histórico do teatro, por-

(Kant), mas de modo dramático, isto é, como na operação alquímica que, antes de encontrar o ouro, passa por numerosas forças em conflito, até uma purificação da matéria, onde ela é concebida como uma nota-limite de uma vibração musical.

A analogia entre a Alquimia e o Teatro da Crueldade permite a Artaud abalar o corte tradicional entre o abstrato e o concreto: a encenação de conflitos e das lutas dos princípios é o processo Alquímico do Teatro da Crueldade.

[...] toda verdade se perde ao realizar a fusão inestricável e única do abstrato e do concreto, ...resolver por conjunções inimagináveis... ou mesmo aniquilar todos os conflitos produzidos pelo antagonismo da matéria, e do espírito, da idéia e da forma, do concreto e do abstrato, e fundir todas as aparências numa expressão única que devia ser fácil para o ouro espiritualizado[126].

O teatro, como a Alquimia, tem a função de libertar sob a forma microscópica as forças que doravantes, serão apreendidas em plena ação. O teatro retoma sua força viva que já havia esquecido há bastante tempo, porque se tornara apenas ilusão e mentira, habituado, desde o Renascimento, a ser um tearo descritivo e psicológico que deixava o público intacto, sem abalar seu organismo. Fazia somente literatura.

Para Artaud é necessário combater este psicologismo e esta literatura no teatro, porque reduzem o desconhecido ou conhecido, ou seja, ao cotidiano e passa a fazer sua repetição. É preciso, em primeiro lugar, eliminar o perigo referente a dois aspectos da repetição no teatro; de um lado, a repetição do ordinário ou do cotidiano; de outro, a repetição ocasionada pela sujeição do teatro ao texto escrito. É assim que, mesmo no campo da poesia, Artaud diz que: "A poesia escrita vale uma vez e em seguida que se a destrua. Que os poetas mortos deixem lugar aos outros"[127] [...] e acrescenta, a propósito do teatro, a mesma idéia: "[...] a eficácia do teatro... admite a ação disto que se gesticula e se pronuncia, e que não se reproduz jamais duas vezes"[128].

que a noção de um "reflexo" do social é recusada, Brecht considera indispensável que o teatro seja um "reflexo" do social, mesmo se recusa a noção de um reflexo mecânico. Todavia, esta noção Dialética continua como um fundamento para a *participação*-distanciamento do público da cena, enquanto, para Artaud, o social impede de atingir esta mesma finalidade. Para que o teatro ponha a sociedade radicalmente em questão é preciso que não a espelhe, não a represente, mas que se ponha como *outro* dela. É como alternativa e de alteridade que o Teatro da Crueldade visa oblíqua e absolutamente a sociedade.

126. A. A., t. IV, p. 63.
127. A. A., t. IV, p. 94.
128. A. A., t. IV, p. 94.

A noção da não-repetição, quer na poesia, quer no teatro, permite a Artaud combater a veneração diante do que já foi feito, e que por já ter sido feito e terminado, nos estabiliza e petrifica. Artaud deseja, justamente, nos fazer tomar contato com a *força* que está aquém das formas fixas, denominada de "energia pensante", "força vital", "determinismo do conflito"... E nota-se que não há nenhum paradoxo para Artaud em identificar a "força vital" ao "determinismo", principalmente quando diz: "É necessário que cessem este empirismo, este acaso, este individualismo e esta anarquia"[129]. É o pensamento ocidental que identifica o acaso à energia vital e o determinismo às formas abstratas; para Artaud, trata-se de ultrapassar esta separação tradicional, a fim de fazer nascer conjuntamente a *força* e o *rigor*. Esta é a finalidade que o Teatro da Crueldade quer atingir, pois, mais do que significar uma destruição assassina e sanguinolenta, a Crueladade significa uma necessidade e um rigor que as coisas podem exercer *contra* nós, porque não somos livres, no sentido de uma liberdade identificada ao arbitrário. O Teatro da Crueldade reencontra a poesia sob os mitos dos trágicos antigos. O que é recusado, em última instância, é o empirismo das imagens tomadas ao acaso pelo inconsciente, para voltar a um conhecimento físico das imagens e dos meios de provocar transes, como medicina chinesa (acupuntura) conhece as relações íntimas entre as regiões do corpo e suas reações. Os gestos teatrais seduzem o organismo do espectador e o convidam a tomar atitudes segundo o gesto que é feito. A significação de cena atinge diretamente o público, agindo sobre o organismo, como as vibrações musicais se comunicam à terra, e, através desta, agem sobre os corpos das serpentes, que rastejam sobre ela. É pelo corpo que o teatro faz o espectador chegar às noções mais abstratas, de modo rigoroso.

O rigor tem a função de eliminar o capricho da inspiração inculta e irrefletida do ator tanto quanto a idéia de um acaso muito em moda no teatro ocidental. O teatro se torna uma composição "inscrita" e "notada" com meios novos que permitem separar a criação artística nascida no cérebro de um autor, a fim de estabelecê-la no espaço real, tão rigoroso e tão determinado quanto uma escritura, com uma riqueza objetiva a mais. O teatro retoma o sentido de uma linguagem que apresenta sua época, sem, no entanto, cair numa mecânica do social ou num pragmatismo. É vivo, não por retomar a vida psicológica individual, mas, como Artaud escreve: "Criar Mitos, eis o verdadeiro objeto do teatro, traduzir a vida sob seu aspecto universal... e extrair desta vida imagens nas quais gostaríamos de

---

129. A. A., t. IV, p. 94.

nos reencontrar"[130]. Os temas tratados serão universais e cósmicos, tentam responder à agitação e à inquietude características de nossa época, sem cair num sociologismo. Por outro lado, o psicologismo é descartado, na medida em que os homens voltarão a seus lugares com suas paixões, emanadas de certas forças e da fatalidade dos eventos[131].

O rigor do Teatro da Crueldade liga-se a essa noção de fatalidade dos eventos em cena, só comparável com a fatalidade das tragédias gregas antigas. É assim que, na peça *A Conquista do México*, a relação de conflito é apresentada em cena espacialmente, como se esse conflito derivasse, inexoravelmente, de uma fatalidade trágica. E essa mesma fatalidade aparece na *Tragédia dos Cenci*. Considerando o texto como reativo à encenação trabalhada pela imaginação do autor, vem à tona uma linguagem de gestos que mostram toda a inquietude da época, bem como sua violência manifesta. Nesta peça, Artaud dá a palavra a forças e não a homens (indivíduos considerados psicologicamente):

E estes seres, parece que os compreendemos surgir, girar, brandir seus instintos ou seus vícios, passar como grandes tempestades nais quais vibra uma espécie de majestosa fatalidade[132].

Nem inocentes, nem culpados, as personagens da peça têm a mesma a moralidade dos deuses dos Mistérios antigos de onde se origina toda tragédia. Sem a preocupação com a célebre divisão entre o bem e o mal, os deuses, imbuídos desta a-moralidade trágica, tornavam-se forças que iam diretamente ao fim visado. Essa violência a-moral reaparece na *Tragédia dos Cenci*, cujos heróis passam a guerrear no interior de si mesmos. É esta vitalidade enérgica que o Teatro da Crueldade quer mostrar ao público, através dos seus atores, seja quanto ao seu aspecto físico, seja quanto à sua personalidade heróica. Trata-se de recusar um teatro estritamente psicologizante, em função da aceitação de um teatro onde as forças físicas e de caráter heróico sejam objetivadas em cena, através da busca de um espetáculo absoluto, onde todas as faculdades encontrariam, ao mesmo tempo, uma satisfação.

A idéia de um espetáculo absoluto ou integral, em Artaud, não se confunde com a de um teatro de *arte*, por definição, pois

Fazer arte, fazer o estetismo, é visar à satisfação, ao efeito furtivo, exterior, passageiro, mas procurar exteriorizar sentimentos sérios..., querer dar aos espectadores

130. A. A., t. III, pp. 139-140.
131. Cf. A. A., *A Conquista do México*, t. IV, pp. 151-153.
132. A. A., t. V, p. 47.

a impressão de que eles *arriscam* algo..., e tornar-lhes sensível ao espírito uma nova idéia do Perigo, creio que isto não seja fazer arte[133].

Os meios cênicos devem ser capazes de exprimir temas míticos, que atingem o espírito do público. E, por mais espetacular que sejam, os meios de encenação deste espetáculo integral não têm o espetáculo gratuito como o fim principal do Teatro da Crueldade. Programando matematicamente a encenação, o público participará do tema mítico apresentado, após ser atingido através de todos os sentidos. Exprimindo todas as modificações próximas do espírito da época, no que tem de profundo e de essencial, o Teatro da Crueldade fornece os meios objetivos da tomada de consciência da violência existente. Sua ação ritual é ao mesmo tempo uma destruição e uma dissociação ao nível dos valores existentes. O Teatro da Crueldade elimina, portanto, um esteticismo solidário do psicologismo, do sociologismo e da gramática-literatura. Sob qualquer de seus aspectos, sua rigorosa materialidade, avessa à representação e à repetição, o colocam como um teatro que é absolutamente *outro*.

A questão de saber se há ou não um público para o Teatro da Crueldade, Artaud afirma que a questão inicial é justamente a de *constituir* o público para o Teatro da Crueldade. Ao contrário de uma arte destacada ou "desinteressada"[134], trata-se de fazer o público participar da cena, ativamente:

[...] o princípio não sendo o de refazer... a arte destacada, *desinteressada*, mas pelo contrário de *interessar* o espectador por seus órgãos, todos os seus órgãos, em profundidade e em totalidade[135].

Ao agir diretamente sobre o espectador, o Teatro da Crueldade capta e deriva os conflitos, canaliza as forças do mal, esclarece os problemas, resolve e esvazia as questões supérfluas, açoitando a sensibilidade de quem participa, como se estivesse participando de um rito sagrado ou de um sacrifício. Através do ritual, o espectador toma consciência da fatalidade que o dirige, bem como da violência que o circunda, como as catástrofes e os crimes gratuitos. Ao contrário de uma evasão, o Teatro da Crueldade nos mergulha diretamente na realidade, daí advindo sua eficácia. A linguagem cênica

---

133. A. A., t. V, p. 95.
134. Para Kant, o Belo é distinto de qualquer interesse; sua estética é contemplativa. Para Nietzsche, ao contrário, a arte é estimulante da "Vontade de Potência"; sua estética dá ênfase à criação, análogo a Pigmalião. A obra de arte é "interessada", na medida em que "afirma" a "Vontade de Potência" do artista, enquanto tal. Assim também, para Artaud, o Teatro da Crueldade exige uma atitude "interessada" por parte de seu público.
135. A. A., t. V, p. 202.

utiliza-se de meios físicos a fim de agir sobre a sensibilidade do espectador para colocá-lo num estado de submissão, quase hipnótico, a fim de fazê-lo participar da ação da cena, através de três níveis do espetáculo que atingem o espectador e que são objetos da atenção do diretor teatral:

> Em todo ser humano, há três princípios conhecidos dos velhos alquimistas: o corpo, a alma e o espírito que é preciso atingir. Pela combinação das harmonias, vamos tentar despertar uma sensibilidade não perdida, mas como que isolada por uma infinidade de obstáculos...[136]

Trata-se de encontrar uma linguagem única entre o gesto e o pensamento para atingir (literalmente) o espectador, reencontrando sua sensibilidade que estivera adormecida ou bloqueada por uma infinidade de obstáculos. Atingir o espectador, isto é, despertá-lo, é constituí-lo como público do Teatro da Crueldade.

O alcance do Teatro da Crueldade, que provoca transes, ultrapassa o corte entre corpo/alma, corpo/espírito, porque desperta ao mesmo tempo, nossos nervos e nosso coração. A violência das imagens no teatro age sobre o espectador, o impede de se evadir, procura na agitação do público a poesia encontrada nas festas e nas coletividades[137]. O rigor e a necessidade do Teatro da Crueldade fundam-se sobre a agitação provocada por um espetáculo que, sem recorrer às imagens dos antigos mitos, delas extrai sua força. Através das imagens dos crimes, do amor, da guerra, da peste ou da loucura, o Teatro da Crueldade abandona o campo do teatro psicológico que se endereça, inicialmente, ao entendimento do indivíduo, a fim de agitar as massas, pois "tudo isto que age é uma crueldade. É sobre esta idéia de ação impulsionada até o fim, e extrema que o teatro deve-se renovar"[138].

O Teatro da Crueldade torna-se uma realidade viva porque visa simultaneamente o coração e os sentidos do público, a fim de provocar o estado de liberdade mágica do sonho, pois o teatro não é uma cópia da realidade. Antes de mais nada, é para agarrar a sensibilidade do espectador que o teatro age como um ritual da magia antiga. Em suma, o que é preciso reter deste espetáculo total é que não há mais corte entre um teatro de análise e o mundo plástico, assim como não há separação entre os sentidos e a inteligência, nem entre o corpo e o espírito. Através do corpo, o Teatro da Crueldade

---

136. A. A., t. V, p. 301.

137. Retomar-se-á no desenrolar deste trabalho esta noção de uma festa das multidões ou coletividades, característica do carnaval, sendo este considerado enquanto ritual sagrado e mítico.

138. A. A., t. IV, p. 102.

reaviva o entendimento. Encontramos na busca de um espetáculo total endereçado ao organismo todo, uma linguagem que fala espacialmente e que aborda temas cósmicos, conhecidos de todos; pois, em última instância, o Teatro da Crueldade não tem a finalidade de se endereçar ao indivíduo psicológico, mas, antes, às coletividades, através de sua linguagem física. Encontramos aí uma sorte de linguagem única, situada entre o gesto e o pensamento. Às possibilidades de expressão pela palavra dialogada, o Teatro da Crueldade opõe possibilidades de expressão no espaço; a palavra aparece somente desenvolvida no espaço, terminando por provocar uma ação dissociativa e vibratória sobre a sensibilidade. As palavras não têm mais a função de um conceito que se dá a pensar, mas apresentam-se musicalmente porque enfatizam sua entonação e sua pronúncia particular. O público que assiste ao Teatro da Crueldade encontra uma riqueza de signos que compõem a linguagem auditiva dos sons, a linguagem visual dos objetos, dos movimentos, dos gestos, põem uma riqueza que não se confunde com o arbitrário, mas que se apresenta como um *alfabeto*. A linguagem espacial do Teatro da Crueldade é *sensível*, na medida em que se compõem de sons, gritos, onomatopéias, que constituem um simbolismo hieroglífico, porque se acha constituída enquanto *alfabeto objetivo*, o que permite ao teatro se desembaraçar do psicologismo. Torna-se possível criar uma equação inteiramente nova entre o Homem, a Sociedade, a Natureza e os Objetos.

A função principal desta linguagem objetiva e concreta é a de percorrer toda a sensibilidade do público fazendo-o participar por um processo de encantamento ou de envolvimento provocado pelo lirismo dos gestos e das vibrações da voz que quebram a sujeição intelectual à linguagem, dando o sentido de uma intelectualidade nova e mais profunda, oculta sob os signos gestuais e sonoros. O Teatro da Crueldade toma o sentido da magia e dos ritos onde a sensibilidade é colocada em estado de percepção mais aprofundada e mais sutil. Através de uma técnica teatral que volta a dar ao teatro os direitos da imaginação propondo uma destruição anárquica, porque destrói formas e questiona o homem, organicamente, bem como suas idéias sobre a realidade. O homem retoma seu lugar entre o sonho e os eventos, transgredindo os limites habituais da arte e da palavra. Os nervos e a razão se cruzam e torna-se possível, após este cruzamento, uma linguagem física e objetiva, sensível a todos. Todos os recursos técnicos empregados devem ser notados como uma linguagem cifrada, semelhante à transcrição musical, impedindo aos elementos de caírem na arbitrariedade. Os movimentos dos atores obedecerão a um ritmo e serão típicos ao extremo pois o teatro busca:

"Rigor, aplicação e decisão implacável, determinação irreversível absoluta"[139].

A identificação da Crueldade com os suplícios é somente um pequeno lado da questão. A Crueldade se identifica com uma espécie de determinismo, pois:

> A Crueldade é antes de tudo lúcida, é uma espécie de direção rígida, a submissão à necessidade. Nada de Crueldade sem consciência... que dá ao exercício de todo ato de vida sua cor de sangue... na medida em que se entende que a vida é sempre a morte de alguém[140].

É a Crueldade enquanto necessidade implacável que Artaud reclama. Esse rigor da Crueldade conduz as coisas a seu fim inelutável, a qualquer preço[141]. Desta perspectiva, o esforço é uma Crueldade, como o desejo de Eros que queima as contingências. E essa Crueldade se dá, sempre, em cena. Esta não é nem uma maneira acessória de revelar as obras, nem um meio sem significação: o Teatro da Crueldade tenta considerar a *mise en scène* por si mesma, e o teatro como uma arte independente e autônoma em relação ao texto e à literatura.

4.7. A METÁFORA EM ARTAUD E NIETZSCHE

Em o *Nascimento da Tragédia*, Nietzsche considera a linguagem filosófica conceitual como a mais imprópria para exprimir a existência do mundo, pois é apenas simples metáfora. É preciso escavar além da diversidade das línguas, a fim de se chegar a uma linguagem cuja universalidade não se confunda com aquela, morta, do conceito. A linguagem dos sons é o substrato único para todos. A pluralidade das línguas é visada como um texto estrófico da melodia primordial do mundo; composto de prazer e de dor, tão bem expressos na dramaticidade dionisíaca que prepara o advento da tragédia. Do simbolismo do gesto à tonalidade dos sons, a música do mundo é transposta metaforicamente em linguagem musical, porque esta é mais propícia à expressão da melodia do mundo do que a linguagem limitativa conceitual[142].

---

139. A. A., t. III, p. 121.
140. A. A., t. III, p. 121.
141. Reencontramos, novamente, Nietzsche. Há uma analogia marcante entre este rigor inelutável do Teatro da Crueldade e a noção de "Força" em Nietzsche. Segundo este, a Força ativa é a que vai *até o fundo* disto que ela pode, e que afirma sua "Diferença". É assim que os dois animais de Zaratustra são: a águia e a serpente – a águia é forte e altiva, mas a serpente não é menos forte, sendo sedutora e maliciosa.
142. Cf. Nietzsche, *La Naissance de la Tragedie*, NRF., p. 225.

O mesmo processo, que privilegia a musicalidade da linguagem oral em detrimento da linguagem conceitual, aparece no Teatro da Crueldade. Tanto para Nietzsche como para Artaud, a verdadeira música e inseparável da dança, fenômeno primitivo e geral, objetivado de diferentes formas em textos que serão suas metáforas. A metáfora, para Nietzsche, não é simplesmente uma figura de retórica, mas uma imagem substitutiva da coisa e por cujo intermédio o mundo é cantado[143]. A música apresenta-se como a esfera simbólica mais apropriada para afirmar a multiplicidade da Vida através de mil metáforas; é uma linguagem capaz de interpretações infinitas. A música dionisíaca atinge e provoca todo o sistema nervoso e emotivo, assim como no Teatro da Crueldade o ator se torna um *beau pèse nerfs*, sendo cada gesto corporal trabalhado musicalmente. Negando a especialização de um único órgão dos sentidos, a música dionisíaca impregna todos os sentidos conjuntamente, assim como o "corpo sem órgãos" de Artaud recusa a especialização das funções orgânicas, chamando o público a participar de um espetáculo integral, onde todos os sentidos estão presentes. Em lugar da particularização das artes, a noção de espetáculo integral se apóia na imagem do drama antigo, da arte total[144]. Dioniso é o Deus fragmentado em mil pedaços, ressuscitando todos os anos na unidade, através da totalidade das artes, subordinadas à música. O artista dionisíaco é despojado de sua individualidade, identificando-se com o todo. Transportando-se fora de si, integra-se na embriaguez dionisíaca, surgindo enquanto metáfora do mundo. Este êxtase, este sair fora de si, está na origem do drama musical grego, arte total por excelência, e reaparece no Teatro da Crueldade, antipsicologista, sob a forma de catástrofe, falando através das metáforas da cena.

Para Nietzsche, a metáfora pressupõe o despojamento da individualidade no processo de metamorfose de Dioniso, figura da Vida. Dioniso, despedaçado, reconstitui sua unidade pela música. Por outro lado, se a metáfora é a perda do "próprio", isto é, da essência do mundo, e se esta é indecifrável, o homem somente pode ter imagens do mundo, "impróprias", figuras. O caráter indecifrável do mundo, primordial, faz com que a música e as imagens poéticas tenham mais força para simbolizar a vida Universal, do que a linguagem conceitual, pobre demais para captar a pluralidade das significações da

---

143. É preciso notar que, enquanto a "boa" música, dionísiaca, deve fazer dançar, a de Wagner, quebrando toda unidade de tempo e de força, quer fazer nadar e planar, sendo uma caricatura do verdadeiro espírito dionisíaco. (Cf. Nietzsche, "Le cas Wagner" em *Le Crepuscule des idoles*, Mercure de France, pp. 32-33, 62).

144. Cf. a mesma noção de arte total em Nietzsche, "Le drame musical grec", em *La Naissance de la tragédie*, p. 150.

Vida. Da mesma maneira, no Teatro da Crueldade e na crítica à linguagem conceitual feita por Artaud, há recuperação da Vida na sua riqueza de significações[145]. A noção de metáfora implica uma desvalorização da superioridade do conceito. Ela passa a simbolizar a própria força artística que interpreta, seja constituindo-se como base da linguagem poética, seja da própria linguagem conceitual. Força artística denominada por Nietzsche, de "Vontade de Potência". O corte entre ciência e arte é anulado, pois a metáfora não cumprirá, somente, uma função didática, mas torna-se a base do conceito. Anula-se a oposição matefísica que separa ficticiamente o real e o imaginário. Artaud e Nietzsche apagam a distinção entre filosofia e poesia, utilizando-se da expressão imageada como a mais direta e a mais justa. Em ambos, não há mais distinção rígida entre o jogo e o sério, o sonho e a realidade, na medida em que a imaginação é fundamental e reúne os opostos. A afirmação da Vida fornece a Nietzsche e a Artaud o critério para a avaliação de um pensamento; e enquanto o estilo metafórico é índice de uma plenitude de Vida, o privilégio da linguagem conceitual revela uma Vontade de Nada ou um pertenciamento ao ideal ascético, segundo Nietzsche.

A oposição entre estes dois "estilos", metafórico e conceitual, é análoga à antítese entre Dioniso e Sócrates, assinalada por Nietzsche. A passagem do primeiro ao segundo é marcada pela morte da tragédia; Eurípedes sucede a Ésquilo, o Verbo substitui o canto. Referindo-se ao abismo que separa duas épocas e dois tipos de Vida (*pathos* da distância), Nietzsche se refere a uma delas como florescente, plena de vida, que embeleza as coisas, e a outra, como degenescente, que empobrece o mundo, reduzindo-o à estreiteza do conceito, conotando um ressentimento em relação à Vida. O abismo que separa os dois tipos de avaliação é traduzido pela metáfora do *esquecimento*; o esquecimento da mentalidade pré-socrática, da metáfora e da totalidade dos instintos em proveito do conhecimento:

[145]. Na relação entre metáfora e conceito, Nietzsche opera uma reinversão bem sintomática. A metáfora não é mais referida ao conceito, como em Aristóteles, mas o conceito é referido à metáfora. Para Aristóteles, o conceito é primeiro em relação à metáfora, e esta, por sua vez, é a passagem de um conceito a um outro, de um lugar "próprio" a um lugar "figurado". "A metáfora é o transporte a uma coisa de um nome que designa um outro, transporte do gênero à espécie ou da espécie ao gênero, ou da espécie à espécie, ou a relação de analogia" (cf. Aristóteles, *La Poétique*, 1457b).

Para Nietzsche não há passagem de um lugar a outro, o "transporte" é tomado por si mesmo como uma metáfora que, em o *Nascimento da Tragédia* condensa várias significações: "transfigurações", "transformações", "êxtase", "despossessão de si", "metamorfose".

A filosofia pouco demonstrada de Heráclito tem um valor de arte superior a todas as proposições de Aristóteles...[146] [...] Entre o grande homem do conceito, Aristóteles e os costumes e a arte dos Helenos, subsiste um *abismo* imenso...[147]

Colocando em xeque o princípio de não-contradição nesta fórmula "Qualquer coisa em qualquer tempo reúne em si todos os contrários"[148], Nietzsche se refere a Heráclito, concebendo o mundo como jogo de Zeus onde o Uno é, ao mesmo tempo, Múltiplo. O instinto artista da vida pede, sem cessar, mundos novos, com tanta liberdade e necessidade como no jogo, metáfora essencial da Vida, para Nietzsche, e que reaparece no Teatro da Crueldade. Neste, liberdade e necessidade da linguagem cênica realizam o jogo do Uno e do Múltiplo. Nietzsche e Artaud anulam a oposição do conceito e da metáfora, bem como o apagamento da metáfora *no* e *pelo* conceito como lugar privilegiado da verdade. O que é recuperado pela ênfase dada à metáfora, seja em Nietzsche, seja em Artaud, é a força artística, manifestação do instinto de Vida, pois, para se exprimir metaforicamente, é preciso estar, ao mesmo tempo, fora de si e dizer-se a si mesmo. Pelo contrário, o conceito é a ocultação deliberada da subjetividade, a fim de falar própria e objetivamente, esquecendo que se originou de uma metáfora.

As verdades são ilusões que se esqueceram de que o foram, metáforas que foram utilizadas e que perderam sua força sensível, peças de moeda que perderam sua impressão e que entram desde então em circulação, não mais como peças de moeda, mas como metal[149].

A metáfora do *abismo*, que exprime os dois tipos de mentalidade, dionisíaca e socrática, marca uma ruptura com a concepção tradicional do tempo; este não é mais um desenrolar irreversível a partir de uma origem e orientado para um fim determinado. Nas *Considerações Intempestivas*, Nietzsche concebe toda a História da civilização como um jogo entre o helenismo e o orientalismo, semelhante ao oscilar de um pêndulo:

É com efeito o jogo rítmico destes dois fatores (a helenização e a orientalização) da história até neste dia... Isto levaria a crer que certas coisas estão ligadas entre si e que o tempo é apenas uma nuvem que nos impede de ver esta ligação[150].

---

146. Nietzsche, *Le livre du philosophe*, I, 61 e cf. também "Socrate et la tragédie", pp. 163-164, em *La Naissance de la tragédie*.
147. Nietzsche, *La Naissance de la philosophie*, p. 17.
148. *Idem*, pp. 56-57.
149. Nietzsche, *Le livre du philosophe*, III, p. 183; cf. também, a respeito do mesmo problema: J. J. Goux, em *Tel Quel* 33-5-6; Georges Bataille, *Oeuvres*, I, NRF, 1970; p. 121, e Jacques Derrida, "La Mythologie blanche", *Poétique 5*.
150. Nietzsche, *Les Intempestives*, IV, *Richard Wagner à Bayreuth*, 4; cf. também, *La généalogie de la morale*, I, 16, sobre o jogo entre Roma e Judéia.

Assim, o esquecimento da metáfora é originário, pois o homem tem sempre esquecido que é artista desde a origem e que continua artista em todas as suas atividades.

Ninguém melhor do que Artaud, o "homem-teatro", para recuperar a metaforização nietzschiana. O mundo antitético do lógico e do ilógico, criado pelos metafísicos, não tem mais razão de ser; o que existe, para Nietzsche, é uma "força artística" que cria ficções, uma atividade metafórica pela qual o homem transforma o mundo em sua imagem: "Este instinto que impulsiona a formar metáforas..."[151] [...] "é preciso admitir uma força que cria ficções e coloca princípios"[152]. Não há essências, só existem aparências. Nietzsche, aliás, vai mais longe ao considerar inadequado o vocábulo "aparência", pois levaria a supor uma "essência", embora para sempre escondido. Em última instância, não há sequer aparências: só há metáforas. Só há superfícies.

A atividade metafórica é inconsciente e toma a forma geral de todo instinto. As atividades conscientes são metáforas das atividades corporais, como para Artaud o corpo é linguagem gestual não havendo mais a oposição metafísica entre o corpo e o espírito, mas uma expressividade simbólica entre a memória consciente e um outro tipo de memória orgânica, que permite reinverter a afirmação carteasiana de que "o espírito é mais fácil de conhecer do que o corpo"[153]. Está desfeita a supremacia do espírito sobre o corpo, bem como a dualidade entre as duas substâncias. Nietzsche afirmara que

> O espírito é mais superficial do que se crê. O organismo se governa de tal modo que o mundo mecânico, tanto quanto o mundo espiritual, não lhe podem servir de explicação simbólica[154].

A arte aparece para Nietzsche como a atividade que prolonga a força artística inconsciente e as imagens poéticas são pensamentos originais, isto é, superfícies das coisas concentradas nos nossos sentidos, seus espelhos. Assim também, a linguagem espacial do teatro da Crueldade dirige-se aos sentidos do público para que seja impregnado de imagens cênicas metafóricas. Tanto Nietzsche quanto Artaud colocam o artista dotado de força vital:

> [...] artistas cuja especificidade é a de se aplicar a semelhantes invenções e giros de força... para eles esta força sutil se detém habitualmente lá onde se detém a arte e onde começa a vida...[155]

151. Idem, *Le livre du philosophe*, III, p. 195.
152. *V.P.*, III, p. 608.
153. Cf. Descartes, III Meditação, D.E.L.
154. Nietzsche, *V.P.*, II, p. 271.
155. *G.C.*, p. 299.

Neste sentido, tanto Nietzsche quanto Artaud consideram o realismo em arte como um contra-senso, pois o que existem são perspectivas. A fidelidade ao real empobrece e torna anêmica a força artística vital. Todavia, o jogo de imagem na atividade artística, embora livre ou arbitrário em sua superfície, depende, segundo Nietzsche, de uma excitação nervosa, determinada, ligada ao raciocínio por analogia: "O análogo pede o análogo e se compara por este meio: É isto o conhecer... processo fisiológico. O mesmo que é memória é também percepção do novo"[156]. Assim também, para Artaud, atinge-se o pensamento através da provocação dos sentidos no público, pois corpo e espírito estão intimamente ligados. Para refletir, é preciso conceber as idéias corporalmente.

Quando Artaud, o "homem-teatro", cria o Teatro da Crueldade, este figura o próprio Artaud que se coloca em cena, diante de si mesmo, como seu duplo metafórico, negando todas as instâncias que o oprimem. Para Nietzsche, também o teatro é fundamental: "... são os artistas, e notadamente os do teatro, que têm dado aos homens olhos e orelhas para ver e para ouvir com algum prazer isto que cada um é ele mesmo..."[157] A função da arte é a de cultuar o não-verdadeiro, o ilusório, enquanto condições da própria Existência e, mesmo, da própria ciência. A arte, enquanto boa-vontade da aparência, torna a Existência suportável enquanto fenômeno estético. Tomando distância pela ótica do longínquo que a arte proporciona, rimos ou choramos de e sobre nós mesmos. Artaud confirma essa atitude ao recusar todas as fórmulas clássicas que o impediam de escrever segundo sua *Carne* ditava, num corpo-a-corpo com a materialidade da linguagem, revelando a loucura dissimulada na paixão do homem que crê na universalidade da ciência.

O Teatro da Crueldade, apagando a oposição entre realidade e aparência, coloca valores e significações que são metáforas em relação ao mundo circunstancial em que se vive. A consciência conhece somente enquanto mascarada e transposta no mundo cênico, onde a metáfora é mais fundamental do que o conceito. A cena, nada mais é do que a garantia necessária da "ilusão" e da "deslealdade" do conceito que pretenderia assegurar a estabilidade e a manutenção do esquecimento da *gênese* do processo da linguagem. A crítica à exclusividade da linguagem conceitual, feita por Artaud e também por Nietzsche, é a crítica ao enquadramento do universo em rubricas lógicas bem ordenadas, no esquecimento de que este processo nada mais é do que a continuação de uma atividade metafórica, mais arcaica do que o discurso lógico. O conceito é, somente, uma

---

156. Nietzsche, *O Livro do Filósofo*, I, p. 131.
157. *G.C.*, p. 78.

impressão endurecida e redutora das possíveis novas impressões sobre alguma coisa. A primeira impressão é, ela mesma, uma metáfora, que Nietzsche e Artaud consideram como a transposição de uma excitação nervosa, variável segundo os indivíduos, produzindo sensações-imagens individuais na linguagem simbólica de um dos cinco sentidos. Através do raciocínio por analogia apropria-se do que é estranho, fundamentando-o em semelhanças. E, por fim, a palavra é imposta. Com ela torna-se viável a passagem ao conceito; isto é, do análogo ao idêntico, do semelhante à unidade, numa intervenção da linguagem e da sociedade auxiliadas pelo princípio de razão e de substância. Ora, é, justamente, a *gênese* deste processo da formação do conceito que foi esquecida por uma perspectiva formalista e vazia e que, Artaud, na linha de Nietzsche, procura relembrar.

Nietzsche admite a hipótese de uma língua original, pobre em palavras, e que continha somente "conceitos sensíveis". Quanto mais uma língua for antiga, mais será rica em sonoridades, sendo, mesmo, impossível, separar a língua do canto. As paixões e os sentimentos de cada homem e de cada povo encontravam sua expressão na sonoridade e não nos conceitos. No entanto, pouco a pouco, a língua gramatical se separa da língua de sonoridades[158], e a linguagem metafórica se opõe à linguagem conceitual, Nietzsche e Artaud pretendem ultrapassar essa oposição voltando a ancorar o conceito na metáfora originária. Nietzsche, porém, estabelece uma oposição entre uma linguagem "nobre", artista, rica em significações, e a linguagem de rebanho, nascida da indigência, de efeito exclusivamente pragmático, visando à comunicação. Para Artaud, essa linguagem "nobre" e artista aparece na linguagem cênica do Teatro da Crueldade, rica em relações metafóricas provocadas pela *mise en scène*.

Considerar a linguagem discursiva e o pensamento por palavras, como um, entre outros tipos de linguagem, bem como a crítica à função pragmática exclusiva da linguagem que Artaud propõe com o Teatro da Crueldade, aparecia, já, no pensamento de Nietzsche:

158. A admissão de uma linguagem sonora básica, musical, prévia à linguagem dos conceitos, aproxima Nietzsche de Artaud e Rousseau (cf. *Essai sur l'origine des langues*, caps. I, II, III, IV). Como já foi explicitado neste trabalho, para Rousseau, as primeiras línguas foram cantantes e apaixonadas, antes de serem simples e metódicas e a linguagem figurada foi a primeira a nascer, enquanto que o sentido próprio apareceu por último. Para os três autores citados, há o privilégio da música e da voz sobre a linguagem escrita contida na gramática tradicional. Assim também, Nietzsche, Rousseau e Artaud assinalam que a escrita hieroglífica precedeu a escrita alfabética, e a metáfora, na linguagem falada, precedeu o conceito, pois, anterior aos objetos, há *relações*. Todos os três se situam num campo onde corpo e alma estão inter-relacionados, porque o *eu* e o *mundo* ainda estão misturados. A língua pode, então, ser compreendida como um dicionário de *metáforas* extintas, esquecidas.

[...] a força da consciência me parece sempre em relação com a capacidade do homem... de comunicar e esta capacidade do homem... de comunicar e esta capacidade função da *necessidade de se comunicar*... ele criou no fim um excedente desta arte e desta força da comunicação... (os assim chamados artistas são estes herdeiros... são desperdiçadores)... a *consciência apenas se desenvolveu sob a pressão da necessidade de comunicar*... que ela era útil inicialmente somente nas relações de homem para homem (particularmente entre este que comanda e este que obedece) e ela apenas se desenvolveu em função do grau desta utilidade... O pensamento que se torna consciente é sua parte... a mais superficial, a mais medíocre. Pois, só este pensamento se *produz em palavras*, isto é, nos *signos de comunicação*...[159]

Este longo texto de Nietzsche poderia ser totalmente transposto como pano-de-fundo do Teatro da Crueldade e sua crítica ao privilégio excessivo da linguagem que se utiliza das palavras.

A universalidade do conceito, que supostamente tornaria possível o acordo entre os homens, fundamenta-se num vínculo imposto de modo abstrato e fictício, assim como o Estado, politicamente, torna possível o "acordo" entre os cidadãos, racionalizando e apagando as diferenças de classes, na universalildade de seu aparelho burocrático institucionalizado[160].

Enquanto metafórica, a linguagem é "injusta", mas, por isso mesmo, permite a justiça social, pois recusa a norma, característica do rebanho, para propor a riqueza das diferenças das perspectivas, onde não é mais a relação de mandar-obedecer que conta, mas o questionar e a proposição de novas possibilidades de linguagem que permitem a criação de novos valores. O esquecimento da metáfora é o esquecimento da multiplicidade dos instintos.

Para Nietzsche, a vontade designa um sistema de forças hierarquizadas inconscientes. E é ao nível destas forças inconscientes como em uma sociedade hierarquizada onde a classe dominante se identifica à totalidade do Estado e o ganho do trabalho efetuado pelas classes dominadas é atribuído à primeira, que há analogia entre as relações hierárquicas no interior de uma sociedade dada e as lutas de forças que visam à potência[161]. "Querer" é, assim, um complicado

---

159. Nietzsche, *G.C.*, § 354.
160. A crítica à universalidade da linguagem das palavras e ao acordo entre os homens através da linguagem conceitual denuncia, no nível da linguagem, o caráter arbitrário e fictício do acordo entre homens. Assim como os indivíduos tornados cidadãos iguais perante o Estado, abolindo todas as diferenças de classes, devorados pelo aparelho burocrático antropofágico do Estado. Do ponto de vista político, há em Artaud a recusa de se "alienar" nas instituições burocráticas, criticando a noção de Estado como ente todo-poderoso, e desconfiando das soluções "prontas", *totalizantes* (no nível da linguagem) e *totalitárias* (no nível político).
161. Esta analogia entre a hierarquia social e as forças inconscientes poderia justificar uma aproximação entre as "ficções" metafísicas des-construídas por Nietzsche e a ideologia tal como Marx a concebe. Ambos intervêm contra o esquecimento da gê-

processo ilusoriamente simplificado pela consciência e pela linguagem[162]. Portanto é a unidade do querer que serve de esquema metafórico para constituir a unidade de todo conceito; falsa unidade recobrindo uma multiplicidade, assim como a unidade do conceito é a garantia da permanência e da substancialidade do sujeito.

O mesmo esquema de uma multiplicidade inconsciente aparece com Artaud, fluxo ininterrupto de vivência de um ego não substancializado. Como conseqüência, também é abalada a relação causal, que constitui o conceito como causa explicativa do diverso contido em sua unidade, e destruída a base em que se apoiava, isto é, um sujeito permanente, paradigmático. Artaud e Nietzsche falam a partir das *diferenças* das subjetividades. O conceito, abstração petrificada e genérica, é um condensado de metáforas múltiplas, de sorte que o privilégio da linguagem verbal é questionado e colocado em seu devido lugar. Quando Nietzsche afirma que "o artista do Verbo não era suficientemente modesto para crer que ele apenas fazia atribuir denominações às coisas, ele se figurava ao contrário exprimir em suas palavras o supremo saber das coisas"[163], a crítica ao privilégio exclusivo da linguagem verbal o aproxima de Artaud porque ambos admitem que a esfesonora é a mais apta a simbolizar a "música do mundo" e que o conceito endurecido, esquecimento da música, é memória social. Dela surgem as noções da responsabilidade, de consciência de si e consciência moral. A "injustiça" da atividade metafórica é mantida oculta e explorada sob forma de justiça social. E pode-se traçar um paralelo não contingente entre a gênese do conceito e a de justiça, isto é, entre o nível das comunicações e trocas verbais e as trocas econômicas[164].

nese dos processos conscientes, do trabalho das forças inconscientes. Todavia, no que concerne o jogo das forças sociais, há diferenças *fundamentais* entre ambos. Marx visa a possibilidade de uma sociedade sem classes, sem distinção hierárquica; enquanto que para Nietzsche, as diferenças hierárquicas fazem parte da própria vida, e encontram-se ocultas nas ficções do "homem de rebanho", metafísico da ilusória noção de "igualdade" (cf. Nietzsche, *Par-delá le bien et le mal*, § 19 e § 259). No entanto, o que permite a Nietzsche fazer a crítica social e política do Estado é o fato de que considera este último como produto de vontades reativas, como instrumento de que os fracos (em termos da vontade de vida) lançam mão para se mostrarem fortes. Por vias diferentes e sobretudo com fins diferentes, há em Nietzsche e em Marx a apreensão do Estado como *artifício de dominação*. Artaud, por sua vez, experimentou na carne os efeitos desse artifício.

162. Cf. *Par délà le bien et le mal*, § 19, onde Nietzsche faz um pastiche do método cartesiano de análise, a fim de melhor denunciar seus limites: método culinário compondo um processo a partir de elementos supostos simples como tantos ingredientes.

163. Nietzsche, *Humain, trop humain*, I, 11.

164. Observa-se que a metáfora do "endurecimento do conceito" é uma retomada inversa da imagem platônica de Glauco, o marinheiro. Para Platão, é a alma, endurecida pelos festins e banquetes que a recobrem como algas e conchas, tornando-a

Tanto na gênese do conceito quanto na gênese da justiça ocorrem as mesmas metamorfoses e os mesmos esquecimentos. A mesma atividade metafórica redutora das diferenças, assimiladora do infinito está na origem da "justiça" como na do conceito. Atividade característica do homem, "animal metafórico", segundo Nietzsche, porque sempre estabelece equivalências, é denominado *Mensch*. Pensar é pesar:

> Fixar preços, estimar (*abmessen*) valores, imaginar equivalentes, trocar... talvez a palavra alemã *Mensch* (Manas) exprima ainda alguma coisa deste sentimento de dignidade... Compra e Venda... são anteriores mesmo às origens de não importa qual organização social ou de associação qualquer que seja[165].

A equivalência metafórica entre "pensar" e "pesar" figura o caráter metafórico de toda equivalência: o homem inventa as equivalências, como as analogias. O equilíbrio é possível graças a uma determinada avaliação erigida arbitrariamente em norma absoluta: o *preço* como o *conceito* são medidas fixadas pelo homem, impostas a todas as coisas e a todos. Através desta fetichização[166] do valor, esquece-se de que este último é o produto de uma avaliação; esquece-se de que o conceito resulta de uma atividade metafórica e passa-se a tomá-lo por um modelo transcendente do qual toda coisa singular e toda ação particular seriam cópias degradadas ou "simulacros". Pela construção fantasmática de um mundo transcendente, esquece-se a gênese, o processo de formação. É o que todo o projeto de Artaud no Teatro da Crueldade tem por objetivo: recuperar a gênese e o processo de si mesmo, feito homem-teatro, com sua linguagem gestual e corporal. As noções de troca, contrato, dívida, obrigação, compensação, são transportadas nas relações sociais como

---

irreconhecível (cf. Platão, *A República*, X, 611d). Para Nietzsche, é o fluxo de imagens que é petrificado e ossificado no conceito (cf. Nietzsche, *Le livre du philosophe*, III, 187).

165. Nietzsche, *G.M.*, II, 8.

166. O culto aos fetiches é o culto a pequenos objetos materiais considerados como a encarnação ou a "correspondência" de um espírito possuindo um poder mágico. Foi empregado, inicialmente, pelos portugueses em relação aos povos africanos. "Fetiche" provém de *factitius* e significa, inicialmente, um objeto fabricado pelas mãos de um homem, em oposição ao culto de Deus, ou dos "objetos" naturais como os astros, os animais etc... Daí, em português, *feitiço* ser empregado com o valor de adjetivo: falso, artificial, fabricado, não natural; e como substantivo: sortilégio, filtro, magia (cf. Vieira, *Grande Dicionário Português*). Littré, por sua vez, define o fetiche como um objeto natural adorado pelos negros da África Ocidental. Relaciona-o ao vocábulo *fetisso*, como objeto encantado, originado, como o vocábulo *fado*, do latim *fatum*.

As palavras: fetiche, fetichismo aparecem na psicanálise vinculadas à fixação do indivíduo em certos objetos ou zonas do corpo, que substituem, de maneira "perversa" e "obsessiva", o prazer libidinal e erótico em relação ao objeto amado.

se fossem inatas, naturais e universais, assim como se passa à noção de obrigação moral. Pelo esquecimento da gênese e pela intervenção de um processo violento, o homem tem a ilusão de que uma ação justa é desinteressada, assim como pelo esquecimento da metáfora, ele crê que o conceito é uma idéia pura *a priori* cortada de toda raiz sensível e de toda violência. Assim, seja o zelo pela noção de justiça, ligada à dor e ao sacrifício, seja o privilégio excessivo dado ao conceito ligado à noção de Verdade universal, ambos os processos ancoram-se no esquecimento da gênese. E como os que transgridem a justiça são castigados, pois o castigo tem a função de restabelecer o equilíbrio, assim também os que desprezam o conceito, como Artaud, são excluídos da cidade literária, juntamente com os artistas, os ilusionistas e os sonhadores, marginalizados.

Artaud é um desequilibrado para a sociedade porque revela, com o Teatro da Crueldade, a ilusão na qual se enraízam a noção de justiça e do privilégio da lógica e da ciência. O que Artaud nos diz é que todos os valores são linguagens figuradas das paixões e que o trabalho do Teatro da Crueldade será o de colocar em cena esse fundo esquecido, mas vivo, de Crueldade permanente. No mesmo sentido, Nietzsche escreve:

[...] os valores... linguagens figuradas das paixões... têm crescido sobre as mesmas raízes onde cremos que se alojam os venenos do Mal. As boas ações são más ações sublimadas[167].

Através desse esquecimento o homem se contenta com a verdade como tautologia. Artaud e Nietzsche alertam para a atitude ilusória de conservar somente o resultado, enquanto o processo da gênese está oculto. Artaud é aquele que não tem memória para as tradições, para os códigos gramaticais que sufocam a linguagem que quer cantar seu corpo e enraizar-se em suas entranhas, sensivelmente. Encar-

---

O termo fetichismo aparece, ainda, nos escritos de Marx, ligado à teoria da reificação da mercadoria no interior do Modo de produção capitalista, quando as relações sociais de produção deixam de ser relações entre os homens mediadas pelas coisas para se tornarem relações entre coisas mediadas pelos homens. Os fetiches (da mercadoria, dos cidadãos iguais porque *todos* proprietários do lucro, da renda e do salário) são produzidos quando o *aparecer* das relações sociais se desloca do processo que lhes dá origem, fazendo com que a representação dessas relações surjam como o próprio ser delas. Há mais do que esquecimento: no fetiche (a representação posta como realidade autônoma) há ocultamento. Por esta razão, a "mercadoria mesa começa a dançar sobre seus próprios pés", o lucro e a renda passam a existir por si mesmos, o salário passa a definir o trabalho e o Estado a todos congrega numa comunidade enfeitiçada. Esse ocultamento será visto adiante, quando nos referirmos à noção de "esquecimento ativo".

167. Nietzsche, *H.T.H.*, I, 107.

na o risco, a insegurança, a instabilidade em relação às normas constituídas. O triunfo de sua linguagem corporal caminha juntamente com o abandono das noções de justiça desinteressada e de conceito puro. À memória da tradição, Artaud responde com o ressurgir da Vida; ao culto da Identidade, com a abertura de perspectivas diferentes, numa vontade artista e não cientista petrificada.

Nietzsche também desconfia das soluções prontas, das verdades totalitárias e totalizantes, fechadas, tão análogas, politicamente, às ditaduras extremistas: "Admira-se tudo o que é acabado, perfeito, subestima-se qualquer coisa em tentativa de se fazer... em toda parte onde se pode observar uma gênese, esfria-se um pouco"[168]. Na mesma linha, Artaud mostra no Teatro da Crueldade o processo de trabalho como legítimo produtor da linguagem cênica, assim como a atividade metafórica é a produtora legítima do conceito[169].

Há, para Nietzsche, dois tipos de "esquecimento": um, passivo, que é o esquecimento da metáfora enquanto linguagem básica, apagada pelo conceito; outro, ativo, que aparece no *Livro do Filósofo*, quando enfatiza que não se pode destruir os valores estáticos a não ser criando novos. E, analogamente, Artaud confirma a aceitação dessa mesma noção, a propósito dos tipos de esquecimento. O Teatro da Crueldade, aparece ao mesmo tempo, como uma crítica ao esquecimento da linguagem sensível, corpóreo-gestual, em função da linguagem discursiva, assim como propõe, pela *mise en scène* teatral, um esquecimento ativo dos valores institucionalizados, aliando a criação de novas perspectivas à sua concomitante destruição. Ou seja, para Nietzsche, bem como para Artaud, cria-se destruindo e destrói-se criando. A desmistificação do conceito que reduz e abstrai as impressões individuais a uma abstração formal, aponta para a falsi-

---

168. *H.T.H.*, I, 162.
169. A mesma analogia pode ser estendida, em termos marxista, à noção de "força de trabalho", oculta na relação de exploração Capital-Trabalho, e no processo de Mais-Valia. Baseada na exploração do trabalhador, por parte do capitalista, pelo desequilíbrio entre o tempo de trabalho socialmente necessário cuja remuneração é inferior ao tempo de trabalho efetivo realizado. O capital empregado na Força-de-Trabalho (mercadoria especial) resulta em um capital incrementado, portanto, produzindo Mais-Valia, num processo onde o trabalhador despossuído dos meios de produção e espoliado em seu trabalho real pelo trabalho abstrato vê o produto final de seu trabalho nas mãos do proprietário, numa apropriação legal porque ilegítima. Nestes termos, o mesmo processo de recuperação da gênese da *mercadoria*, colocando às claras a Força-de-Trabalho do trabalhador como *origem* da Mais-Valia, é análogo, no plano da linguagem, à recuperação da gênese corpóreo-gestual no Teatro da Crueldade, bem como às forças passionais esquecidas em nome da "boa moral desinteressada", da qual Nietzsche retrata a gênese. Diferentes meios, diferentes fins, diferentes análises – no entanto, há em comum no filósofo, no crítico e no poeta o esforço para restaurar a *gênese* contra os dados, o *processo* contra a representação.

ficação da história, negação de uma origem, de uma gênese e a projeção num mundo metafísico, divino, de uma perspectiva cuja origem é sensível. Artaud é o "nobre", em termos nietzschianos, "o espírito livre, o homem saudável... capaz de rir de suas próprias perspectivas"[170], em oposição ao sacerdote nietzschiano, "doente", que se fecha em sua casta, diante do pavor de ser contaminado, isolando o sensível do inteligível, como dois mundos que se excluem. Pelo contrário, no Teatro da Crueldade, sensível e inteligível estão intimamente relacionados.

A metáfora monetária utilizada por Nietzsche tem a função de mostrar a arbitrariedade de erigir um único tipo de moeda em valor absoluto, assim como, para Artaud, é o uso exclusivo de uma metáfora, bem como sua transformação num conceito como norma absoluta para o pensamento e para a ação, que é questionado. Nietzsche e Artaud rebelam-se contra uma atitude de homem de "rebanho", do "ser racional" que confere às coisas e a si mesmo uma "essência", não suportando mais as paixões do sensível e o espaço das metáforas, refugiando-se no sentido habitual do que é estabelecido como norma e "verdade", onde encontra segurança para sua fraqueza, ora, Artaud redescobre o perigo da corrente sensível pelo Teatro da Crueldade e cria novos valores na alegria da destruição das normas tidas como absolutas. O triunfo de uma perspectiva única, contra a qual Nietzsche e Artaud se insurgem, é a vitória da morte sobre a Vida, de Cristo sobre Dioniso, do homem medíocre contra o aristocrata. E se Platão expulsa os poetas da República, pois a misologia é misantropia, Artaud e Nietzsche, antiplatonicamente, desafiam as convenções erigidas em normas seguras, e cantam o mundo do artista dionisíaco que questiona essas mesmas normas. É o mundo do sonho, que aparece no Teatro da Crueldade, onde o não-habitual e a exceção questionam o convencional.

> Assim o habitual combate a exceção, o regulamentar contra a não-habitual. Daí sucede que o respeito da realidade cotidiana passa anteriormente ao mundo de sonho. Ou o que é raro e não habitual é *o que tem mais fascínio*. A ilusão é sentida como sedução. Poesia[171].

Questionada a primazia do conceito, assim o é, também, a da moral que se serve da generalidade do primeiro para se impor como norma de verdade. E, conforme Nietzsche, um e outro são sintomas de uma "vontade de Nada" e de um gosto decadente. A verdade é

---

170. Nietzsche, *G.M.*, I, 6.
171. *L.F.*, I, p. 149.

Uma multidão em mobilidade de metáforas... uma soma de relações humanas que foram poética e retoricamente alçadas, transpostas, ornadas, e que, após um longo uso, parecem a um povo firmes, canônicas e constrangedoras... Em termos de moral, ouvimos falar da obrigação de mentir segundo uma convenção firme...[172]

A mesma concepção aparece nos textos de Artaud, cuja crítica à linguagem discursiva, conceitual, está aliada ao questionamento das instituições: religião, família patriarcal, Universidade, Estado, polícia, asilos psiquiátricos, enquanto representam a moral convencional erigida em norma da verdade, utilizando-se da generalidade do conceito.

Com um prazer criador, Artaud se utiliza da linguagem metafórica em cena, deslocando os limites impostos pelas abstrações conceituais. Ao falar por metáforas, Artaud responde de maneira criativa pela destruição das antigas barreiras concetuais. A linguagem cênica do Teatro da Crueldade faz tomar consciência de que as "verdades" científicas são a medida do homem, e que o "mundo verdadeiro" é, somente, sonho e ficção. E é nesse sentido que Artaud e Nietzsche criticam a pretensão da ciência de dizer a "Verdade", pois, utilizando-se de uma linguagem artificial, ela figura mais a paixões dos homens e seus conflitos, do que a "essência" das coisas.

Com a linguagem espacial da cena, Artaud nos lança no mundo colorido da metáfora, onde a materialidade do signo[173] é recuperada, no apagamento da oposição entre sensível e inteligível. A norma conceitual, que se impõe como necessária, é uma pura convenção ligada a uma perspectiva singular, a de uma vida que somente pode-se conservar ocultando seu perspectivismo. Artaud escava a linguagem conceitual até colocar em cena a linguagem metafórica, cuja

---

172. *Idem*, III, pp. 182-183.
173. Ao comentar Hegel, Derrida assinala que "O signo, unidade do corpo significante e da idealidade significada torna-se uma sorte de encarnação. A oposição da alma e do corpo, e, analogicamente, esta do inteligível e do sensível, condicionam portanto a diferença entre o significado e o significante... Hegel sabia que este corpo próprio e animado do significante era também um *túmulo*. A associação *sôma/sêma* é também presente nesta semiologia e isto nada tem de surpreendente. O túmulo é a vida do corpo como signo de morte, o corpo como o outro da alma... mas o túmulo é também isto que abriga, guarda em reserva, entesauriza a vida, marcando que ela continua alhures" (cf. J. Derrida, "Le puits et la pyramide", "Introduction à la Semiologie de Hegel", em *Hegel et la pensée moderne*, PUF., 1971). Desta metáfora Nietzsche conserva a idéia de que o túmulo é mantenedor da presença da vida e que este monumento salvaguarda a vida contra a morte. Mas, enquanto para Hegel a metáfora da pirâmide supõe a oposição do significante e do significado, descontinuidade que aparece na estética hegeliana ao tomar a pirâmide como símbolo da "arte simbólica" e não mais do *signo* como na *Enciclopédia*, para Nietzsche, a função da metáfora da pirâmide é a de quebrar a oposição metafísica entre sensível e inteligível, entre significante e significado. Na mesma linha de Nietzsche, insere-se a concepção de Artaud.

matéria é constituída pela riqueza das imagens. Sua linguagem cênica é um *jogo*, um *brinquedo*, mas que não pode ser quebrado impunemente, pois a regra do jogo é de que é preciso levá-lo a sério, sob pena de ser colocado fora dele[174]. O jogo cênico do Teatro da Crueldade, propondo uma linguagem especificamente teatral, o liberta da sujeição ao texto literário, que é tecido e máscara, e da sujeição ao conceito, que faz a vida pálida, triste e empobrecida. A pseudo-alegria do conhecimento é proporcionada pelo "re-conhecimento", que dá segurança e, ilusoriamente, apresenta a regularidade de uma trama "objetiva".

Ao criticar a noção de Deus, Artaud, se coloca contra a noção de um artesão produtor do mundo, tecelão de modelos inteligíveiis reduzindo o sensível a uma cópia mal feita. Nos mesmos moldes, Nietzsche compara a ação de Deus à produção de uma "forma original" *(Urform)*:

Como se houvesse na Natureza... alguma coisa que seria a "folha", uma sorte original *(Urform)* segundo a qual todas as folhas seriam tecidas... no ponto de que nenhum exemplar jamais teria sido bem-sucedido corretamente... como a cópia fiel da forma original[175].

Trata-se de questionar a origem metafísica da noção de Deus, para recuperar a unidade entre o sensível e o inteligível. Do mesmo modo, Artaud critica Deus enquanto o "duplo" que o roubou de si mesmo, ao ser considerado transcedente. A recuperação de si pressupõe a recuperação de seu corpo, feito homem-teatro. A recuperação, pela linguagem cênica do Teatro da Crueldade, do espaço sensível do teatro fora da sujeição ao texto e considerado transcedente em relação ao mesmo. Essas recuperações negam a "vontade niilista", uma Vida que tem pavor da própria Vida e de sua embriaguez dionisíaca. Artaud reabilita os sentidos no Teatro da Crueldade, sem

---

174. Aristóteles via a sociedade como um jogo onde cada peão devia-se deslocar segundo regras determinadas sob pena de ser colocado fora de jogo: a (cf. p. 276) é um jogo onde os adversários tomam vários peões. As casas do jogo de damas se chamavam "cidades" e os peões, "cachorros". Este que não tem lugar definido no jogo, o tirano, é análogo aos deuses, ou ao animal (cf. Aristóteles, *Política*, I, 2, 1253a); (cf. também, J. P. Vernant, "Ambiguité et renversement, sur la structure énigmatique d'Oedipe-Roi", em *Échanges et Communications, mélanges offerts à Claude Lévi-Strauss*, Mouton, 1970, p. 1275): "A Pólis é também um gênero de jogo no qual os adversários se tomam peões, situados como nas damas sobre casas delimitadas por linhas entrecruzadas. Não, sem espírito denominavam-se cidades as casas assim delimitadas, e cachorros, os peões que se opunham uns aos outros". Nietzsche retoma essa metáfora tradicional da cidade como jogo mas para questionar a própria idéia de jogo generelizando a noção, e, como Artaud, quebrando a oposição entre o jogo e o sério.

175. Nietzsche, *O Livro do Filósofo*, III, p. 181.

o pavor ascético de os transferir a um mundo ideal, celeste. A musicalidade do Teatro da Crueldade é sedução, mas, sedução bem-vinda e não mais repelida, como o faziam os matafísicos. É no Teatro da Crueldade que a linguagem metafórica, recalcada pela atividade conceitual e científica que a manifesta somente mascarada, apresenta-se sem véus, emanada da força artística que quer a ilusão e está intimamente ligada à Vida. A coerência regular da realidade que ilusoriamente passa, por necessária, é misturada à aparência; vigília e sonho, sério e jogo mesclam-se numa só trama.

Graças à arte e ao mito, como *A Tragédia dos Cenci*, que supera as interdições morais, a própria natureza torna-se arte. Operando por metáforas incessantes, ela "brinca" com o público. Por sua vez, para participar deste jogo no Teatro da Crueldade, é preciso *querer* a máscara, a ilusão, a aparência e a superfície, e ser capaz de não temer a transgressão, o perigo. Artaud é bem o exemplo do que Nietzsche denomina no *Livro do Filósofo*[176], o "homem-irracional", herói alegre, liberto da indigência, pois considera real a Vida disfarçada em aparência e ilusão teatral. Graças à arte, este tipo humano é feliz, aceita as alegrias e sofrimentos por amor à vida e não por recusa dela, como faz um outro tipo de homem, que Nietzsche classifica de "racional", insensível à arte, que domina a Vida pela previsibilidade, a prudência e a regularidade. Conduzido pelas abstrações que o protegem da infelicidade, mas sem lhe proporcionar a felicidade, este tipo de homem aspira ser asceticamente liberto dos sofrimentos. Artaud recusa a pseudonobreza desse homem, que nada mais é do que uma comédia, e realiza o outro homem, enquanto "homem-teatro".

À questão *Quem fala*? deve-se substituir por *O que é que fala*? E a resposta é: agora são os próprios objetos da cena que falam. A cena constitui-se de figuras plenas de significação. Artaud pode, então, dizer que: "É teatro mudo mas que fala muito mais do que se ele houvesse recebido uma linguagem para se exprimir"[177].

4.8. O FENÔMENO DO "TRANSE" COLETIVO COMO RITUAL

O Teatro da Crueldade descobre, nas formas não-faladas da expressão dramática, possibilidades criadoras desconhecidas. E é preciso notar que a não-linguagem não é outra coisa diversa da lingua-

---

176. *Idem*, pp. 199 e ss.
177. Λ. Α., t. III, p. 145.

gem, mas, principalmente, uma *outra* linguagem para as que conhecem apenas a escrita como o único modo de comunicação.

Nesta perspectiva, o transe aparece para designar um aspecto necessário ao ator do Teatro da Crueldade. Na medida em que o ator não é apenas um "instrumento"[178], mas um "atleta do coração"[179], o transe poderia parecer como algo que instaura um "delírio anárquico", contrário à proposta de Artaud que visa um teatro onde nada seria deixado "à iniciativa pessoal"[180]. O Teatro da Crueldade é rigoroso, lugar de um ritual, onde a ação é controlada. Contudo, uma vez que o ator é dotado de um método rigoroso (semelhante à linguagem matemática), ele fará nascer o transe e provocará o espectador pelos sentidos: "Saber por avanço os pontos do corpo que é necessário tocar, é jogar o espectador nos transes mágicos"[181]. Há uma analogia entre o transe religioso das populações primitivas e o Teatro da Crueldade[182]. É assim que em *Le voyage au Pays des Tarahumaras* (*A Viagem ao País dos Tarahumaras*), Artaud nos mostra como dançarinos, durante a cerimônia religiosa (rito do *peyotl*) ingerem o *peyotl*, a fim de entrar em transe[183]. Assim também, no artigo: "É Preciso Acabar com as Obras-Primas", Artaud apela para "um teatro que produza transes, como as damas de Derniches e de Aissaouas produzem transes"[184].

Diferentemente de uma história não controlável, o transe é engendrado por métodos calculados. Nas sociedades primitivas os transes (fenômenos de possessão) obedecem a ritos religiosos precisos e são *previstos* no próprio desenvolvimento da liturgia. É preciso

178. A. A., t. IV, p. 118.
179. A. A., t. IV, p. 154.
180. A. A., t. IV, p. 69.
181. A. A., t. IV, p. 182.
182. Esta posição é defendida por Alain Virmaux, em seu livro *Antonin Artaud e o Teatro*, Seghers, 1970, p. 54.
183. Anteriormente a Artaud, Dada descobre a necessidade de forjar uma nova linguagem que abale e faça vibrar em lugar de simplesmente significar. Daí a importância dada ao ritmo e à entonação: a palavra é *grito*. O público participa do espetáculo sendo atingido em seu corpo, em todo seu ser e não somente em sua razão. É assim que Alain Virmaux nos diz haver "uma outra forma de convergência com a visão teatral de Artaud: à instauração de um ritual coletivo nas manifestações Dada ligam-se empiricamente os modos de expressão religiosos ou mágicos de certas sociedades primitivas" (p. 128). Inspirados nos rituais da África e da Oceania, os atores abandonavam parte de sua personalidade, utilizando-se de máscaras, e deixavam de lado o verniz da civilização em proveito de potências ocultas (os manas), sendo a máscara um instrumento de sua liberação do mesmo modo que eles eram mediadores do público possuído. Já no tempo do teatro A. Jarry, Artaud dizia que "[...] o ator e o espectador devem ser atingidos profundamente e ambos pela ação teatral" (A. A., t. II, p. 13). A ação teatral é *Cruel* para Artaud e para o público, no fenômeno de transe.
184. A. A., t. IV, p. 99.

lembrar-se de que no teatro balinês é ressaltado o espetáculo dos "guerreiros em estado de transe"[185] codificado por uma "minúcia adorável e matemática"[186]. Enquanto o *happening*[187] moderno é um fim em si, o transe do Teatro da Crueldade vai mais longe, em direção a um ultrapassamento metafísico. O transe não é apenas um acessório suplementar à cena, mas, dado em espetáculo, permite ao indivíduo recuperar seu corpo desapossuído de si mesmo.

No transe religioso das sociedades primitivas[188] este caráter espetacular é inseparável do restante da experiência ritualística. Como nos diz Alain Virmaux:

> Trata-se verdadeiramente de mudar de pele, de se deixar habitar pelas forças mágicas, como no transe dos ritos de possessão... o transe está no coração de sua visão e de sua prática do teatro[189].

Este modo de comunicação corporal do Teatro da Crueldade, apreendido no fenômeno das danças de possessão e do transe, relembra os ritos brasileiros descritos por Roger Bastide[190]. Consideremos o transe tal como o autor nos apresenta, enquanto semelhante ao transe no Teatro da Crueldade. Há, portanto, uma analogia possível entre este último e o transe que aparece, seja no candomblé, seja na macumba brasileira. É o próprio Roger Bastide quem faz a aproximação entre o transe do ritual brasileiro e o transe do Teatro da Cruealdade:

---

185. A. A., t. IV, p. 65.
186. A. A., t. IV, p. 69.
187. Quando Sartre aproxima o Teatro da Crueldade do *happening* apóia-se no pressuposto de que o teatro não deve ser mais uma obra de arte, mas um ato pelo qual se age mais diretamente sobre o espectador. Todavia, é preciso observar que há divergência entre o teatro proposto por Artaud e o *happening*, e que uma leitura apressada deixa escapar. Em primeiro lugar, o *happening* tende ao "não-dirigismo absoluto"; é da assistência que deve nascer o evento. No Teatro da Crueldade há um tema escolhido, preparado, trabalhado cenicamente ao qual o público *adere*; e, por essa via, participa do espetáculo. Em segundo lugar, o *happening* celebra a desordem como meio de união coletiva; ora, no Teatro da Crueldade, há um cálculo *rigoroso* e matemático da linguagem hieroglífica da cena. Artaud sublima a função *mágica* do Teatro da Crueldade (a partir de 1930), seu caráter hierático e sua inspiração cosmogônica buscada nas sociedades primitivas: México, principalmente. Em terceiro lugar, mais do que um simples movimento de revolução social, Artaud propõe uma revolução interna e individual; é preciso mudar o espírito, o que o levará a recusar os partidos políticos e crer que à verdadeira revolução cabe, inicialmente, mudar o corpo. Daí sua crítica se endereçar essencialmente ao Ocidente cristão, à industrialização e aos impérios colonialistas.
188. Cf. Michel Leiris, *La Possession et ses aspects théatraux chez les Etyopiens de Gondar*, Plon, 1958.
189. Alain Virmaux, *op. cit.*, p. 55.
190. Cf. Roger Bastide, *Le Sacré Sauvage*, Payot, 1975.

[...] todo rito, mesmo consciente, é comemoração dos gestos dos deuses. Ora reencontramos fenômenos no transe selvagem de hoje. De Antonin Artaud, com seu Teatro da Crueldade, a Jerry Grotowski, com seu teatro da tensão, a possessão é mostrada sobre as pranchas[191].

Inicialmente, é necessário a partir de uma oposição entre o "sagrado selvagem" e o "sagrado doméstico", e considerar o sagrado como uma "religião viva" em oposição às "religiões em conserva"[192]. Através do transe, uma comunicação fundada sobre o corpo se estabelece e se utiliza das palavras, dos gestos e de outras vias materiais para engendrar uma comunicação de forças. Portanto, o transe, a festa e a exaltação coletivas aparecem como figuras folclóricas que contestam a produtividade e a forma social das relações humanas, inventando um "sagrado selvagem". Todavia, a festa não é um retorno ao caos original, compreendido como uma ausência de regras ou uma pura desordem. Como no Teatro da Crueldade, a exaltação é regrada e se há lugar para a sexualidade ou a violência, são uma sexualidade e uma violência simbólica, cujo sentido é dado pelos mitos. Não nos esqueçamos de que a Crueldade não significa fazer jorrar sangue. Assim também, o transe é aceito apenas enquanto ritualizado, como o Teatro da Crueldade é hierático, mesmo se grita e proclama a "morte de Deus".

No folclore brasileiro, o transe é um composto de dois rituais que, de início, se acham separados: candomblé e catimbó. Enquanto o transe no candomblé é provocado pela música, no catimbó, ao contrário, é provocado seja pelo tabaco, engolido, mais do que fumado, seja por um alucinógeno tirado das raízes de uma planta. O transe no candomblé pode tocar todos os "filhos e filhas de Santo", constituídos por todas as pessoas que passaram pela iniciação, enquanto o chefe do culto recebe os "espíritos" que se comunicam, através dele, com os fiéis. Ao transe, acrescenta-se a dança, elemento fundamental neste ritual. Têm-se, ao mesmo tempo, elementos gestuais, musicais e orais, como no Teatro da Crueldade, e a noção de um espetáculo integral. Todos estes cultos assinalados não são somente cerimônias religiosas, mas são, também, uma grande festa, às vezes o único espetáculo possível, pois, gratuito, para a população miserável. O rito dos cantos e dos tambores é sedutor, as "filhas dos deuses", em transe, tornam-se frenéticas bailarinas. Há, mesmo, uma preocupação com a beleza das festas, pois, antes de qualquer cerimônia, como no teatro, há um ensaio geral. O "diretor" critica os dançarinos, aperfeiçoa os gestos, ordena os conjuntos; e, alguns cul-

---

191. *Idem*, p. 232, cap. 14.
192. Os termos são empregados pelo próprio Roger Bastide.

tos chegam, às vezes, a tomar o tom de um mimodrama (por exemplo, a morte de um inimigo flechado...). Como no Teatro da Crueldade, a comemoração é rememoração, memória gestual erigida em espetáculo. Se bem que o transe tenha significações diferentes, quer entendido como o fenômeno de recepção dos deuses numa festa coletiva, publicamente nos cultos brasileiros, quer como "provocação" do público no Teatro da Crueldade, o transe pressupõe, sempre, uma mudança de atitude do público que se torna, neste instante, um participante ativo de uma festa coletiva, dionisíaca; o público torna-se ator. E, como no Teatro da Crueldade, o sagrado selvagem, enquanto ritual, é comemoração de um mito.

No entanto, apesar do rigor do transe no sagrado selvagem, um sopro de desejo[193] pode inscrever-se no transe. Quando esse desejo surge, os símbolos religiosos servem apenas para mascarar outras preocupações. É o que se passa na macumba onde o transe, ajudado pelo ritmo dos tambores, torna-se cada vez mais violento, até tomar formas histéricas. Neste caso, o controle de um código é relaxado, mas sem cessar completamente, porque ele é expressão, doravante, de um estereótipo étnico, isto é, a figura do índio selvagem, tão diferente da imagem do negro escravo, representado como submisso, respeitador, fiel a seu mestre, devotado, freqüentemente, vencido, mas sempre contente.

[...] O transe selvagem reprimido [diz-nos Bastide] autoriza-se da barbárie do índio para exprimir, contra a cultura branca, uma contracultura em formação ou uma anti-sociedade[194].

Esta passagem de um transe mais rigoroso a um transe mais selvagem e violento corresponde à passagem do "sagrado doméstico" em direção a um sagrado cada vez mais "selvagem", que manifesta o enfraquecimento do controle religioso, a lenta perda dos mitos originais, a mistura das religiões, o enfraquecimento do controle da sociedade global, principalmente em decorrência da passagem de uma sociedade rural e pré-industrial, a uma sociedade urbana e industrializada. O caminho que vai do "sagrado doméstico" ao "sagrado selvagem" ou de "rebelião" mostra-nos que, quando as tensões são fortes demais e que a sociedade não lhes pode fornecer uma saída, a solução é encontrada na explosão selvagem que gasta energia

---

193. Se considerarmos o desejo como uma "produção", Deleuze vincula a "produção desejante" à "libido": "[...] se denominamos *libido* o "trabalho" conectivo da produção desejante, deve-se dizer que uma parte desta energia se transforma em energia de inscrição disjuntiva. Transformação energética" (cf. G. Deleuze, "Les Machines Desirantes", *L'Anti-Oedipe*, p. 19, ed. Minuit).

194. Cf. Roger Bastide, *op. cit.*, p. 221.

numa breve crise de quase loucura. O transe é o lugar do ultrapassamento de frustrações sociais insuportáveis. Enquanto a revolta política é impossível, mascara-se como um transe "sagrado selvagem".

Roger Bastide nos diz, ainda:

> O religioso torna-se, então, o símbolo de uma contra-protestação. É talvez isto que se passa na macumba e no transe violento, que constitui o centro de seu cerimonial. O transe, com efeito, é um meio de derivar da sociedade presente, "outra" que pode ser o contra-peso desta sociedade presente[195].

Através da macumba, privilegiando os índios que souberam conservar sua liberdade, batendo-se contra os exploradores, o "sagrado selvagem" permite à revolta do subproletariado, em nossa época, descobrir uma via onde o desejo de uma sociedade "outra", impossível de realizar politicamente, possa exprimir-se, senão num discurso coerente e construtivo, ao menos por gritos não-articulados, gestos corporais; em suma, através da linguagem do corpo.

Este papel de protesto e a função de uma revolta, que "teatraliza" para fazer explodir os valores estabelecidos, constitui o Teatro da Crueldade.

Através desta analogia de funções, apontada por Leiris e Bastide, pode-se estabelecer a relação entre os rituais brasileiros e o teatro de Artaud. Portanto, o caráter superficialmente não-político do teatro de Artaud, que se apresenta, principalmente, como um teatro hierático, no fundo, esconde uma marca política profunda. As injustiças sociais e a opressão, nesta perspectiva, não são mais objeto de um discurso que, mesmo que quisesse se denunciar a ideologia dominante, terminaria por se tornar ele mesmo, também, ideológico, mas trata-se de gritar e de gritar corporalmente no teatro, numa rebelião sempre abafada pelo aparelho estatal, burocrático e opressivo.

Ainda, através da mesma analogia das funções, se estabelece uma relação possível entre o carnaval (enquanto ritual) e o Teatro da Crueldade, tal como é interpretado no livro de Claude Gaignebet, *Le Carnaval*, onde o autor nos mostra, de modo não linear, algumas interpretações a propósito da origem do Carnaval, enquanto festa ritualística.

Em primeiro lugar, o Carnaval apresenta-se situado geograficamente na Europa, como o reflexo de um período de alegria, anterior à Quaresma, ligado às reações populares ao período de abstinência que se prepara. O Carnaval marca a última lua do inverno, correspondente à Terça-Feira (gorda) onde se celebra a desibernação do urso: o Carnaval se afirma como uma festa de primavera, quando a

---

195. *Idem*, p. 224.

vida recomeça "mais pura". Para celebrá-la, há danças, coletas e disfarces, seja porque, as pessoas se vestem imitando animais, seja porque se travestindo, invertem os sexos ou modificam a idade. Por isso, o Carnaval era denominado anteriormente de "Festa dos Loucos" como um delírio, que terminava no dia seguinte à Terça-Feira (gorda), quando se interrogavam os restos da fogueira carnavalesca.

4.9. O "CORPO SEM ÓRGÃOS" DE ARTAUD E A FIGURA DE HELIOGÁBALO ENQUANTO ANARQUISTA

A "transmutação de valores" nietzschiana realizada por Artaud evidencia-se quando este último considera-se morto para o mundo vazio, ditado por regras e convenções vazias. Artaud se separa do mundo estratificado em valores do europeu ocidental, a fim de operar uma revolução na ordem desses valores. O Teatro da Crueldade, no seu aspecto hierático, representa uma "transmutação", pois "...O homem vai reencontrar na estatura... *contra* os homens... um Homem vai reimpor o sobrenatural... a razão de ser do homem"[196]. E, numa operação alquímica, os quatro elementos reunidos (Água, Ar, Terra e Fogo) operarão a transmutação visada:

> A natureza vai-se revoltar. Terra. Água. Fogo. Céu. É pelos Quatro Elementos reunidos conjuntamente que a transmutação será operada... A reclassificação de todos os valores será fundamental, absoluta, terrível[197].

E será um sábio e louco, ao mesmo tempo, que operará essa transmutação: o próprio Artaud, figurado em Heliogábalo.

A revolução significará uma destruição total pelo Fogo, já mencionada por Heráclito, significando "o Retorno ao Absoluto,... o desaparecimento no Absoluto... a Aniquilação no Absoluto e para o Absoluto"[198]. Artaud é o torturado que dirige essa revolução cujo destino é a morte do mundo ocidental comandado pela Razão e pela noção de uma moral e justiça já questionada por Nietzsche. No fundo, é o paganismo que Artaud quer reabilitar, onde os deuses não tomam o poder, mas têm poder, se afirmam por destinação e por natureza somente destruindo todos os poderes e as leis que lhes servem de reforço, pois "A Eternidade não dá o repouso. E a lei é de voltar ao repouso, além do possível e do impossível" [...] "O princípio de contradição está na natureza mesma do ser..."[199] Assim, é

---

196. A. A., t. VII, p. 156.
197. A. A., t. VII, p. 157.
198. A. A., t. VII, p. 165.
199. A. A., t. VII, p. 267.

pelo questionamento dos valores do mundo moderno ocidental e pelo quebrar das consciências que se recupera o verdadeiro sagrado e nada melhor do que o Teatro da Crueldade para recuperar a noção de Vida sagrada, com rigor e lucidez: *"Para ser cruel é preciso ser esclarecido"*[200]. A força da transmutação, para Artaud, é a destruição das formas; é a eterna passagem *nas* e *através* das formas, sem se deter jamais em nenhuma delas; somente assim se recupera a força mesma do Absoluto. As três forças – deus Pai-Filho-Espírito Santo – irão guerrear entre si e se entredevorar, a fim de que renasça o verdadeiro caráter sagrado.

Fazendo uma política da revolução cultural onde o corpo é fundamental, Artaud denuncia o mecanismo de recalque do Id e propõe o Teatro da Crueldade como um elemento liberador e de des-recalque. Além disso, o "super-ego" surgiu no curso do desenvolvimento do "ego", e se enraíza na dependência da criança em relação a seus pais, segundo Freud. Contra essa dependência, Artaud escreve textos violentos, recusando a noção de família[201], e, principalmente, de um pai e de uma mãe: "Moi, Antonin Artaud, je suis mon fils, mon père, ma mère et moi; niveleur du périple imbécile où s'enferme l'engendrement, le périple para-maman et l'enfant"[202]. À figura do triângulo papai-mamãe-eu, que constitui a constelação familiar em pessoa, e que a psicanálise transforma em seu dogma ou em seu "complexo nuclear", Artaud opõe o engendramento de seu corpo, livre e sem cortes, para chegar ao "corpo pleno". Segundo Deleuze, este "corpo pleno" é "...o improdutivo, o estéril, o in-engendrado, o inconsumível"[203]. E acrescenta: "Antonin Artaud o descobriu, aqui onde ele estava, sem forma e sem figura"[204]. O "corpo sem órgãos"

---

200. A. A., t. VII, p. 279.
201. É principalmente na *Tragédia dos Cenci* que o tema do incesto aparece nos textos de Artaud. E Heliogábalo, também é incestuoso. O incesto marca o confronto brutal entre o amor virginal e uma sexualidade monstruosa. Em *Annabella de For* (*Le théâtre et la Peste,* t. IV, pp. 34-36), Artaud descreve o amor incestuoso do irmão pela irmã, enquanto um exemplo de liberdade absoluta na revolta. O mesmo sucede no quadro de Lucas de Leyde: *Ló e suas Filhas* (A. A., t. IV, p. 41). E no *Oedipe-Roi*: "Il y a le thème de l'inceste et cette idée que la nature se moque de la morale" (A. A., t. IV, p. 90). O incesto é signo da revolta contra a moral e o estatuto social, a fim de se liberar deles. Aponta o estouro revoltado contra a opressão exercida sobre o inconsciente, revelando a violência feita ao nosso ser profundo. É importante observar que, se para Lévi-Strauss, como para Freud, a proibição do incesto é a via pela qual se passa da Natureza à Cultura (*Les Structutures élémentaires de la parentée*, PUF, 1949, p. 30), para Artaud, o incesto é exemplo limite de nosso ser violentado, ao mesmo tempo em que abre a via para a recuperação do "corpo puro, sem órgãos", não mais engendrado por um pai, e u'a mãe que o roubaram de si próprio.
202. A. A., *Ci Gît*, 1947.
203. G. Deleuze, "Les Machines Désirantes", *L'Anti-Oedipe*, Minuit, 1972, p. 14.
204. *Idem, ibidem.*

de Artaud não é o testemunho de um nada original, nem o resto de uma totalidade perdida, mas "...serve de superfície para o registro de todo o processo de produção do desejo..."[205] O "corpo sem órgãos" de Artaud não é Deus, mesmo que a energia que o percorre possa ser considerada como divina.

Quando Artaud recusa ser engendrado por seu pai e por sua mãe, declara-se órfão não somente biologicamente, mas, também, socialmente, pois recusa ser interpelado nos termos do código social em curso: "teu nome, teu pai, tua mãe?" Artaud, neste momento, não coincide com o código social a não ser para fazer sua paródia. E, neste sentido, enquanto antiprodução, o "corpo sem órgãos" de Artaud só intervém para recusar toda tentativa de triangulação implicando uma produção parental. Escrevendo sobre o esquisofrênico, Deleuze o coloca como aquele que "...embrulha todos os códigos..."[206] Uma vez que o "corpo sem órgãos" é o único sujeito, é a pulsão que conta, e, imediatamente, é a força do inconsciente que aparece; o desejo penetra no campo social, enquanto há um desinvestimento das estruturas repressivas[207]. Artaud apresenta a situação edipiana como algo a ser transgredido quando faz a crítica ao "duplo" opressor. A recuperação do corpo, bem como a recusa da genitalidade como a finalidade primordial sexual, tem como função recusar a dominação de um órgão específico que perpetua a instituição repressiva da família e do poder absoluto de uma única zona erógena do corpo. A zona genital é uma entre outras regiões da libido, assim como, no plano da linguagem, a palavra é um tipo de linguagem entre outros.

205. *Idem*, p. 17.
206. *Idem*, p. 21.
207. A figura autoritária e ativa da família nuclear é o pai, numa sociedade concebida em termos patriarcais. Segundo Horkheimer, o pai é o senhor da casa porque é ele, normalmente, quem ganha salário (cf. Horkheimer, "Allgemeiner Teil", *Studien uber Autoritat und Familie*, p. 55). A primeira contradição esboçada pela Escola de Frankfurt é assinalar a capacidade dos jovens de ganhar salário, tornando-se "mais independentes da autoridade paterna" e "uma força econômica com que se pode contar" (Horkheimer, *op. cit.*, pp. 321-421). Se o pai perde o emprego, perde seu prestígio na família. A Escola de Frankfurt lamenta ver a família minada pela propaganda fascista e a mecanização social. Em *Eclipse da Razão*, Horkheimer salienta a inovação nazista: a socialização, outrora realizada através do pai, agora se realiza através da criança e do adolescente, imediatamente vinculados ao Estado. A penetração estatal, que devora a sociedade, se realiza, portanto, sem destruir a família, mas reformulando nela o lugar da autoridade: a criança "estatizada". É assim que Adorno, em : *Minima Moralia*, diz: "A crescente ordem coletivista é uma farsa da ordem sem classes. Apesar de liquidar o indivíduo burguês, também liquida a Utopia que no passado obtinha amparo no amor materno" (Adorno, *Minima Moralia: Reflections from Damaged Life*, trad. de E. F. N. Jephcott, NLB, Londres, 1974, p. 23). No capitalismo, a família está sendo aniquilada e não superada, e é nesse sentido que a Escola de Frankfurt percebe, por exemplo, através da experiência trágica dos campos de concentração, algo que poderia superar a

Artaud passa a subverter os sexos[208]; ele os mistura na figura de Heliogábalo.

Quando Heliogábalo é dividido entre quatro mulheres, torna-se uma réplica, perfeitamente inversa, da refeição totêmica onde os filhos dividem entre si o pai; em Heliogábalo, são as mães que dividem entre si o filho, numa inversão-destruição da família patriarcal. É desta forma que Artaud apresenta as "mães-amantes" de Heliogábalo e que se denominam: Júlia, simbolicamente, mãe e pai[209]. Estas mulheres, salvo uma, reúnem, ao mesmo tempo, traços e funções tradicionalmente masculinos e femininos, e representam uma forma de hermafroditismo psíquico. Artaud nos mostra que os homens adquiriram toda a malícia e a fraqueza e, as mulheres, a virilidade. Há uma corrente de trocas estabelecida entre os pólos macho e fêmea, de maneira plástica, pois as mulheres passam a adquirir as formas pontiagudas (imagem da lança ou flecha, de guerreiras) e os homens tomam as formas arredondadas: a gordura de Heliogábalo, com o corpo vestido com tecidos, às vezes, rotos. E, em extremo, há uma troca das funções de reprodução, pois, enquanto a mulher é a geradora espiritual e quem estabelece a filiação, o homem é um guardião, um corpo útil.

Artaud anuncia, desde o início, que cabe à mulher fazer as leis; o homem faz os gestos. Heliogábalo simboliza a desmoralização alegre e sistemática da consciência latino-européia, através da subversão de sua ordem. Expulsa os homens do Senado e os substitui por mulheres, na medida em que elas têm a missão de legislar. Heliogábalo

família e criar um novo sentimento de comunidade, como escreve Horkheimer, ao falar numa força nova e construtiva surgindo da família nuclear: "[...] onde o interesse original pela família basicamente desapareceu, talvez se possa gerar esse mesmo sentimento de comunidade que une essas pessoas à sua espécie... As crianças serão então educadas não como futuras herdeiras... não mais serão consideradas no sentido específico de 'pertencentes aos pais' [...] posto que a preocupação maior será com a realização da tarefa histórica de criar um mundo melhor para eles, seus filhos e os outros" (Horkheimer, "Allgemeiner Teil", *op. cit.*, p. 72). A família burguesa, reprodutora dos herdeiros (exigindo virgindade às mulheres e punindo o adultério), e a família proletária, reprodutora da pura força de trabalho (reprimindo a libido para o aumento da produtividade), são as famílias necessárias ao capitalismo. Quebrá-las e quebrá-lo são uma única tarefa revolucionária.

Para Artaud, a explosão da família é *necessária* para que ele se re-crie e recupere sua Existência, num plano metafísico. Constituindo-se como uma condição necessariamente repressiva, que rouba Artaud de si mesmo, a família nuclear deve ser eliminada.

208. A simples inversão dos papéis sexuais não basta para uma tarefa liberadora, pois permaneceriam intactos os valores ligados à divisão sexual do trabalho e do poder. Há, segundo Artaud, *subversão* e não inversão.

209. É curiosa essa busca do elemento feminino-maternal que encontramos também em Oswald de Andrade. Este chegou a escrever uma tese de filosofia em defesa do matriarcado.

nomeia um dançarino à cabeça de sua guarda pretoriana. Enfim, continua seu empreendimento de quebra dos valores e de desorganização moral.

O poder do discurso logocêntrico é quebrado; na assembléia quem grita mais alto é quem se faz ouvir. E Artaud observa, ainda, sobre a figura de Heliogábalo, que este emprega os termos tais como "os membros do quadro político" ou "os sexos do quadro político". Há uma simbolização de castração, pois "membro" significa "pedaço". Heliogábalo representa a destruição de qualquer valor e de toda ordem. Em suma, Artaud apresenta-nos uma mistura de sexos. Como Xavière Gauthier mostra em seu artigo:

> Do lado mulher, estamos próximos de uma banalidade: reivindicação (manifestação) de um (im) poder. Do lado homem, uma máscara, um artifício, uma superficialidade que prova bem o ponto nodal: o corpo[210].

Através do corpo de Heliogábalo, sobrecarregado de pérolas, pedrarias, corais que cintilam, se movimentam e fazem ruído, penetramos no domínio do barroco, que une desmedida, ostentação e morte. Esse desperdício ou excesso fere a segurança pequeno-burguesa, em função do gosto dos deslocamentos e das metamorfoses. Heliogábalo ama as festas suntuosas, como o espetáculo integral no Teatro da Crueldade. É o amor pela ornamentação e pela encenação, num povo onde o teatro está na vida e não num palco separado. Além disso, a noite da tomada do poder é concebida como uma peça teatral onde o corpo torna-se totalmente um fetiche, dando-se em ilusão. As formas são queimadas e a tentativa de embaralhar a diferença dos sexos é vivida como multiplicidade, despedaçamento ou esquartejamento, semelhante ao corpo despedaçado de Dioniso.

Heliogábalo, o "anarquista coroado", cuja vida é tecida de escândalo e rigor, é visto por Artaud como um episódio vivido do Teatro da Crueldade, onde as forças instintivas se libertam para recuperarem, no homem-teatro, a unidade perdida. Heliogábalo é ator do Teatro da Crueldade, realizando nele a unidade dos contrários, na tensão, através da luta entre os princípios: masculino e feminino, simbolicamente[211]. Etmologicamente, Artaud nos diz que os nomes

---

210. Xavière Gauthier, "Heliogabale-Travestissement", col. 10/18, in *Artaud*, 1973, p. 193.
211. A utilização da mitologia de Heliogábalo por Artaud faz com que filosofia e arte se unam no espaço do *simbólico*. A este respeito, diz-nos Rubens Rodrigues Torres Filho (cf. trad. e notas do autor no ensaio intitulado: "Friedrich Wilhelm von Schelling – *A Divina Comédia* e a Filosofia", in *Almanaque* nº 8, Brasiliense, 1978): "[...] a mitologia como matéria-prima universal da arte; o simbólico como forma de exposição absoluta em que o particular não *significa* o universal simplesmente, nem o

se formam nos pulmões e somente depois sobem à cabeça. Assim, o nome: Heliogábalo se forma de *Gabal*, coisa plástica e formadora; e em: *El-Gabal* hé *Gabal* que forma o nome. Mas em *Gabal* hé *Gibil* (em velho dialeto akadiano) que significa o fogo que destrói e deforma, mas que prepara o renascimento da Fênix Vermelha, saída do fogo e que é o emblema da mulher. E, em *El-Gabalus* hé *El*, que quer dizer deus (que também pode ser escrito com H), e que, fundido com *Gabal*, dá *Helah-Gabal*, donde a terra d'Elam é a terra de deus. Mas, em *Gabal* há, ainda, *Baal* ou *Bel* ou *Bel-Gi*, deus da Caldéia, deus do fogo, que, pronunciado em sentido inverso dá *Gibil (Kibil)*, o fogo, no velho dialeto aramaico, e, ainda, *Gabal*, que significa a montanha, em dialeto aramaico-caldeu. E há, principalmente, *Bel*, deus supremo, deus eliminador e unitário. O próprio Heliogábalo compreende em si mesmo a potência de todos estes nomes. A referência ao *sol* (Hélios) foi introduzida pelos gregos, que o confundiram com *El*, deus supremo, deus dos cumes. Quando o sol intervém no nome de Heliogábalo, identifica-se com um cone, com forma pontiaguda, porque toda montanha, em princípio, pode ser figurada por uma ponta ou um cone, e o sol, devido à sua luz, é a ponta do mundo criado. É assim que o mundo do "alto" e o mundo

universal o particular, mas onde ambos são um só; [...]" (p. 16). E, noutro artigo "O Simbólico em Schelling", do mesmo autor (*Almanaque* nº 7, 1978), a distinção entre *símbolo* e *alegoria* é a chave da leitura do texto. É assim que o autor refere-se à *Filosofia da Mitologia* de Schelling, dizendo que o mito fala por si e de si mesmo, e não de outra coisa. Nesse sentido, os símbolos de uma mitologia não significam Idéias, mas seres significativos por si mesmos e independentes. A imagem *é*, ela não significa. Todavia, longe de ser uma oposição simples, a "contrariedade" entre símbolo e alegoria são as duas formas possíveis de *Darstellung* do Universal no particular; na forma alegórica o particular significa o universal, e na forma simbólica o particular *é* o universal. Ao se referir à filosofia da Natureza de Schelling, diz-nos o autor que: "O símbolo... não é... apenas o oposto da alegoria, como para Goethe, ou o sucedâneo do esquema, como em Kant: está em nível superior e contém a ambos" (p. 88).

E é assim que Hegel chamará de "Universal concreto" o que para Schelling será denominado de simbólico: o mito e a obra de arte. Se a alegoria é encontrada nos mitos é porque efetivamente está inscrita neles, mas somente porque o *símbolo* contém a alegoria. E enquanto na alegoria o particular *apenas* significa o universal, na mitologia o particular é, ao mesmo tempo, o universal. A significação *simbólica* encerra em si a alegórica e não o contrário. Esclarece-nos o autor: "A alegoria é, por assim dizer, um dos 'movimentos' da operação simbólica..." A "magia" dos poemas homéricos e da mitologia grega consiste, justamente, em contarem, "também a significação alegórica como *possibilidade* pode-se efetivamente, alegorizar tudo, desde que com isso se pretenda reduzi-los à *mera* alegoria, desconhecendo a *propriedade* de seu ser independente. Ser e significar *ao mesmo tempo* é a originalidade do simbólico, e somente a atenção a ambas as perspectivas evita que se desnature o mito, sacrificando o ser à significação" (p. 89). Assim, a "significação" da mitologia é idêntica ao ser mesmo do objeto mítico. É através do *simbólico* que *poesia* e *filosofia* se reencontram e passam a formar um só *corpus* mitológico. E é por isso que o indivíduo Artaud (o corpo sem órde "baixo" se juntam na estrela de seis pontas (signo de Salomão), e tanto o visível como o invisível, o criado e o incriado, terminam em ponta. Este deus formador e deformador, que contém os nomes de todos os deuses e suas atuações, desde *Saturno Iswara*, o sol, princípio ígneo, princípio macho, até a *Rhea, Pracriti*, a lua, princípio úmido e feminino, atém-se entre os dois pólos opostos da manifestação formal: masculino e feminino. E se Saturno é o sol, bem como Apolo, também é porque deus varia suas formas segundo sua ação. Artaud nos mostra, ainda, que *Ra*, o sol, é, para os egípcios, o fogo, a luz, mas também um homem ou um veado. E este *Ra*, torna-se *Bel-Schamasch* em caldeu, constituindo-se como seu juiz. E Apolo foi chamado de Apolo-força do sol em ação, desdobrando-se numa sombra, que permanece sempre junto de si. Apolo foi denominado de Apolo *Loxias*, Apolo *Lbystinos*, Apolo *Delios*, Apolo *Phebus*, Apolo *Phanes* e *Phanès*, todos como o duplo de Apolo, sendo que Apolo *Lycophas* é Apolo, o lobo, que devora tudo, mesmo as trevas. E Apolo formado de substâncias se denomina Apolo *Argyrotonus*; quando indica o excesso, denomina-se Apolo *Smyntheus*; e, por fim, Apolo *Phytien*, macho, que ignora a *Phythia* fêmea, e que domina a *Serpente-Python*. Em todos esses nomes, Heliogábalo tem a consciência e o orgulho de um rei, mas seu organismo de criança o leva a uma angústia indefinida[212]. A personagem de Heliogábalo é histórica, ao mesmo tempo que é ator do Teatro da Crueldade, figurando o próprio Artaud: "Verdadeira ou não a personagem de Heliogábalo vive, creio, até nestas profundidades quer estas sejam de Heliogábalo personagem histórica ou estas de uma personagem que sou eu"[213].

Localizado o mito de Heliogábalo na Síria, onde a filiação se faz pela linha materna, a mãe é o pai, e o feminino gera o masculino. Heliogábalo é constituído por mulheres que possuem virilidade, ao passo que os homens possuem a fraqueza feminina. Heliogábalo ou Elagabalus, chamado o *Desejo*, na cosmogonia fenícia, resulta da lenta mistura dos princípios imersos nas profundezas do "Sopro do Caos". Há, na idéia do sol, a noção de um caos iluminado. O "Sopro" existente no caos original simboliza "forma vital", mutável, que percorre os nervos de Heliogábalo e entra em luta com os princípios

gãos) é simbolicamente Heliogábalo (figura mitológica), assim como o Teatro da Crueldade e a cultura mexicana são símbolos do reino de Heliogábalo, e não o contrário. Há uma identidade absoluta de que o símbolo é símbolo e não mera tautologia (não-contradição); o símbolo se propõe como "absoluta auto-afirmação" (tautegoria) (cf. p. 96). Por esta via se pode compreender o fundamento de toda *criação*, no espaço em que se cruzam a arte e o mito.

212. Cf. Artaud, t. VII, p. 96 a 101, quanto ao nome de Heliogábalo.
213. A. A., t. VII, p. 185.

racionais (do alto da cabeça). E este Sopro, por sua vez, recarrega os pulmões, propiciando a Vida[214].

Heliogábalo vive num templo faustoso, onde toda decoração tem um significado ritualístico e hierático, como no Teatro da Crueldade, pois "este gosto inato pela decoração, este amor pelos prestígios, verdadeiros ou falsos, para um povo onde o teatro não estava sobre a cena, mas na vida"[215]. Este templo-teatro vibra com a aparição de Heliogábalo, o deus embriagado (como Dioniso), ou o deus louco, a fim de celebrar um ritual. Na figura de Heliogábalo, a Síria reconcilia os dois princípios: masculino e feminino, numa atmosfera mágica. Heliogábalo cresce neste ambiente sagrado, onde as danças proliferam e o "sangue" do sol sobe à sua cabeça, transformando-se numa energia e numa idéia. É análogo à proposta do Teatro da Crueldade de chegar à reflexão a partir dos sentidos, e não o contrário. Heliogábalo exprime a verdadeira anarquia, para Artaud; base de todos os mitos e de todos os nomes; e quando toma a decisão de se chamar Elagabalus e de esquecer sua família (como Artaud), identifica-se com o deus-sol, provando seu monoteísmo mágico, que é, não somente do Verbo, mas da Ação:

[...] É este monoteísmo, esta unidade das coisas, que denomino, eu, anarquia. Ter o sentido da unidade profunda das coisas é ter o sentido da anarquia – e do esforço a se fazer para reduzir as coisas ao conduzi-las à unidade... o sangue, a crueldade, a guerra, até o sentimento da unidade[216].

A guerra dos princípios e a violência cruel dos ritos de Heliogábalo é análoga à noção de catástrofes e crimes gratuitos de que Artaud se utiliza como metáforas do Teatro da Crueldade. O sol é a força que impulsiona as marés altas, que provoca erupções vulcânicas, terremotos, que seca os desertos; é a força que faz com que os pensamentos sejam crimes, que sustenta e faz a Vida abortar. É a instabilidade e o tumulto tempestivo dos céus que o europeu cristão chamava de paganismo, esquecendo o seu verdadeiro sentido sagrado original.

A Síria de Heliogábalo exprime a contração dos dois princípios: masculino e feminino, feitos para se entredevorarem. E é, justamente esse, o mérito dos pagãos, quando tentam guardar o contato com toda a criação, isto é, com a divindade. Se a noção de um "Grande Todo" se fragmenta, é, segundo Artaud, porque o europeu cristão nomeia as forças originais, matando-as, porque separou-as do Caos

---

214. Heliogábalo é *luta* entre cabeça e pulmão, razão e respiração e *não* puro discurso intelectual.
215. A. A., t. VII, p. 34.
216. A. A., t. VII, p. 51.

original. A idolatria nada mais é do que a morte do sagrado na consciência dos indivíduos que pensam em formas e imagens. Os deuses nasceram da separação das forças, e morrem com sua reunião; mais estão próximos da criação, mais são representados por figuras terríveis que correspondem aos princípios que os constituem na unidade original, como no Teatro da Crueldade, onde o mal é permanente, segundo Artaud, como uma força negra profunda.

Neste sentido, resta saber se há princípios que são faculdades no homem, separados das coisas sensíveis, ou se um princípio não é simples *flatus vocis* e se existe fora do espírito que pensa. E, se o homem nomeia dois princípios opostos separados, resta ver se essa Existência distinta dos contrários é ontológica.

Para Artaud, a unidade é força caótica, inomeável. Se os princípios aparecem como contrários e separados, é em decorrência de sua especialização e determinação, enquanto organismos determinados e terminados, válidos para o homem racional, enquanto pensa. Todavia, fora deste sujeito pensante, um princípio se reduz a nada. Nomear é constituir e anular o caos da energia criadora original. É assim que:

> No topo das essências fixadas... corresponde aos princípios geradores das coisas e que o espírito que pensa pode denominar princípios, mas que, em relação à totalidade fervilhante dos seres, correspondem a graus conscientes da vontade na Energia[217].

Enquanto se vive num mundo, que é o do europeu ocidental, onde o espírito só existe se consentir em se materializar, não há conciliação possível entre os princípios rivais. Espírito e matéria devem co-existir num corpo-a-corpo estreito. Portanto, para Artaud, não há princípios, mas há coisas que nos dão a idéia dos dois princípios. A espacialização dos princípios é função do espírito; as coisas materiais têm um valor funcional e passageiro de reduzir a multiplicidade à unidade.

A dissociação metafísica, em dois princípios antitéticos, reflete a guerra da Vida cósmica suspensa entre o masculino e o feminino, e daí seus derivados: sol/lua, fogo/água, ar/terra, prata/cobre, céu/inferno, tornando-se violenta quando os homens tomaram consciência da desordem dos princípios que presidiam à sua anarquia. Foi, então, que tomaram armas e se bateram entre si para terminar com esta separação de princípios e seu antagonismo essencial, tão bem representado na religião do sol, num sentido cruel, porém mágico, como no ritual de Heliogábalo "...que ele vai marcar, voltando à Roma, ao mesmo tempo crueldades físicas, de teatro, de poesia e de ver-

---

217. A. A., t. VII, p. 67.

dadeiro sangue"[218]. Toda a aparência de excessos e de loucura de Heliogábalo (como nas peças do Teatro da Crueldade) devem ser vistos como testemunhas dessa busca de unidade de Vida antes da fragmentação em princípios opostos. É assim que, nos cultos de Heliogábalo, há uma mistura entre o sol e a lua, parodiando a união entre o homem e a mulher, masculino e feminino. É da guerra pelos princípios que a religião do sol se confunde com a da lua, antes hostil. Heliogábalo, sacerdote masculino, que se quer mulher, realiza a identidade dos contrários: masculino e feminino, que estão em luta, imagem de todas as contradições que aparecem na própria linguagem cênica do Teatro da Crueldade;

> A Vida de Heliogábalo parece-me ser o exemplo, típico, desta sorte de dissociação de princípios; e é a imagem... da loucura lúcida... de todas as contradições humanas, e da contradição no princípio...[219]

Heliogábalo situa-se no período anárquico da religião solar. Se ele é contra o politeísmo romano, é porque personifica um deus único, o sol, cone da reprodução sobre a terra, assim como Elagabalus é o cone da reprodução no céu. Sendo homem, é o rei humano e o rei solar; e, no rei humano, o homem coroado e descoroado. E, como diz Artaud,

> Se Heliogábalo traz a anarquia para Roma... a primeira anarquia está nele, ...ele joga seu espírito numa espécie de loucura precoce... Heliogábalo é o homem e a mulher... Um e dois reunidos no primeiro andrógino... reunidos em Um[220].

Heliogábalo representa o duplo combate: de um lado, o Uno que se divide permanecendo Uno; do homem que se torna mulher e permanece homem para sempre. De outro lado, combate do rei solar, pois o homem não aceita plenamente ser ego humano, pois, não sendo o homem um rei, mas, somente, um rei encarnado, viver neste mundo simboliza uma queda. Há, na carne de Heliogábalo, o combate dos princípios em suas entranhas. E é este caráter anárquico de Heliogábalo que Artaud o homem-teatro realiza no Teatro da Crueldade enquanto quebra dos valores vigentes e da linguagem gramatical, convencionalmente aceita.

Ao se refirir a Heliogábalo, Artaud escreve:

---

218. A. A., t. VII, p. 72.
219. A. A., t. VII, pp. 74-75. Se há contradição *do* princípio, não há princípio *de* contradição (nem de identidade). Portanto, Heliogábalo é o ponto limite do fim do logocentrismo. o princípio de Razão é eliminado.
220. A. A., t. VII, p. 103.

> Heliogábalo é um anarquista-nato, e que suporta mal a coroa, e todos os seus atos de rei são atos de anarquista-nato, inimigo público da ordem... da ordem pública; mas sua anarquia, ele a pratica inicialmente em si mesmo e contra si mesmo[221].

A vida de Heliogábalo, o deus unitário, é uma anarquia que junta os pólos hostis: o homem e a mulher. Se há o fim das contradições e da guerra, é através da própria guerra assentada sobre a contradição e a desordem, anarquicamente, que, segundo Artaud, nada mais é do que a "poesia realizada", na medida em que há, em toda poesia, uma contradição essencial. A poesia leva à ordem, mas, sob a condição de, inicialmente, ressuscitar a desordem sob aspectos inflamados, como: *feu, geste, sang, cri*[222] ("fogo, gesto, sangue, grito"), tão bem explorados pelo Teatro da Crueldade.

Num mundo em que a própria Existência é um desafio à ordem, a poesia pressupõe a guerra permanente, como um ato de "Crueldade aplicada", suscitando uma anarquia sem nome, perigosa, que começa com o próprio Heliogábalo devorando-se a si mesmo. Todavia, não é preciso ver nesta anarquia de Heliogábalo uma gratuidade da "desordem pela desordem"; pelo contrário, esta anarquia é extremamente *rigorosa* e *lúcida*, como o Teatro da Crueldade. Se Heliogábalo é um "anarquista aplicado" (como Artaud), longe de um significado arbitrário, a insurreição contra a ordem, e, por extensão, contra a ordem pública, só surge porque Heliogábalo (como Artaud) constata a anarquia da própria situação reinante. Logo, a anarquia torna-se um ato de rigorosa lucidez contra a própria anarquia existente, a fim de combatê-la. Poesia, teatro e realidade se entre-misturam seja no ritual de Heliogábalo, seja no Teatro da Crueldade. Quando Heliogábalo se cobre de pérolas, pedrarias, corais e talismãs, o que é considerado anárquico, do ponto de vista romano, é, para Heliogábalo, a fidelidade a uma ordem sagrada. Portanto, não há nada de gratuito na magnificência de Heliogábalo, assim como não há nada de gratuito no cenário do Teatro da Crueldade. A aparente desordem nada mais é do que a manifestação de uma ordem superior, da unidade, da unificação. Heliogábalo subverte a consciência latina, assim como Artaud subverte a consciência do europeu ocidental.

Artaud não aceita nenhum *duplo*; assim também Heliogábalo não aceita senhor. Uma vez no trono, impõe sua lei; todavia, identificando-se com seu deus, ele se conforma à lei divina, rigorosamente. Seu aparecimento tem o valor de uma dança, acompanhada por inúmeros instrumentos de corda e de percussão, como no espetáculo integral do Teatro da Crueldade, onde o elemento musical

---

221. A. A., t. VII, p. 104.
222. A. A., t. VII, p. 106.

dionisíaco, principalmente, a dança, sobressai. A ordem habitual é abalada quando Heliogábalo se insurge contra si mesmo, contra o politeísmo romano e contra a monarquia romana. Ao colocar um dançarino à frente de sua guarda, torna o teatro uma força poderosa, questiona as ordens convencionais e o próprio poder governamental.

Heliogábalo caracteriza seus gestos sempre de maneira dupla: ordem/desordem, unidade/anarquia, poesia/dissonância, ritmo/discórdia, grandeza puerilidade, generosidade/crueldade[223]. O excesso, a abundância e a desmedida são contrabalançados por uma espasmódica Crueldade, que não atinge o povo, mas, principalmente, os aristocratas e os nobres, parasitas do palácio. Quando Heliogábalo vai de ornamento em ornamento, de festa em festa, de indumentária em indumentária, é como se andasse de alma em alma, numa espécie de anarquia em que sua profunda inquietude se incendeia numa odisséia interna e externa. Artaud vê nesta propensão para o luxo e para o gesto dispendioso de Heliogábalo uma insaciável febre de espírito, uma alma sequiosa de emoções, de movimento e de deslocamento fundamentados no gosto pelas metamorfoses. Esta espécie de contágio perpétuo, sempre em deslocamento, toma a amplidão de uma epidemia, como no Teatro da Crueldade. Sob todos estes aspectos domina, ainda, o espírito de anarquia, "...mais espiritual e especial, e tanto mais cruel, tanto mais perigosa quanto ela é sutil e dissimulada"[224]. Em meio ao paroxismo, Heliogábalo visa a arte, o rito e a poesia numa atmosfera teatral. Sua morte é o coroamento coerente de sua vida do rebelde que morre por suas idéias. Artaud e Heliogábalo são o rebelde que questiona os valores vigentes onde se encarna o poder. Heliogábalo morre em estado de rebelião aberta, que é a própria mensagem de sua vida de anarquista.

A anarquia de Heliogábalo (como a de Artaud) baseia-se na concepção de que assim como na música há uma origem dual da vibração dos sons, assim, também, a harmonia entre o abstrato e o concreto, entre o inteligível e o sensível, pressupõe uma guerra. E se há dois princípios distintos, macho e fêmea, sua coexistência somente é possível através de uma unidade anárquica entre os dois contrários. Ser andrógino, Heliogábalo representa a unidade dos princípios, noção transcendente e sagrada, e não simplesmente sexual.

Este lado teatral da religião do sol mostra como os cultos antigos necessitavam de um ritual que se apoiasse numa linguagem sensível, espacial e gestual, a fim de tomar contato com a vida universal (como no Teatro da Crueldade, além dos fatos). O ritual do sol (como a linguagem cênica do Teatro da Crueldade) são testemunhas

223. Cf. A. A., t. VII, p. 128.
224. A. A., t. VII, p. 132.

sensíveis, necessariamente rigorosas, da guerra entre os princípios originais contrários. Assim a preocupação pelos princípios explica a Síria na época de Heliogábalo, como o Teatro da Crueldade explica as catástrofes na sociedade do século XX vivida por Artaud. A demência de Heliogábalo (e a de Artaud) não é um fenômeno patológico, mas o contragolpe humano e a reprodução da guerra dos princípios no caos original anterior à criação. A loucura nada mais é do que a guerra entre os princípios, uma anarquia profunda, sagrada, fruto do conflito entre forças que se degladiam em sua coexistência.

Artaud, um Aforismo

...

Artaud, um Anarquista?

O Teatro da Crueldade, enquanto ato de *lucidez* de Artaud, é o esforço de totalização entre Vida, Arte, Cultura, Revolta e Metafísica. Através de seus *duplos*, isto é, de seus espelhos ou metáforas que reenviam a ele mesmo: peste, metafísica, alquimia, Oriente (Bali, Síria) e civilização mexicana, mostram a saída e a resposta de Artaud nos anos 1930-1940, a uma situação histórica de opressão (nazismo, fascismo e stalinismo), na qual o indivíduo estava massacrado e esmagado por nacionalismos totalitários. Todavia, sem acreditar ingenuamente na "Revolução Comunista" dos PCs da época (e do PCF, em particular), como instrumentos da verdadeira libertação do oprimido, Artaud acredita na *revolta* pela linguagem corporal, inicialmente, e na libertação do indivíduo pela cena do Teatro da Crueldade, que, pondo de lado o endeusamento do texto, busca a participação do público e sua integração ao coletivo, através de um espetáculo integral onde a linguagem gestual, realizada essencialmente pela dança, fornece o meio de união entre a cena e o público. Teatro rigoroso, pois, determinista, revolucionário e terapêutico, o Teatro da Crueldade recupera o sentido cósmico das tragédias antigas, como o "dionisíaco" nietzschiano o fizera. A *revolta* no plano dos valores, ao questionar o papel repressor do Papa, do Reitor, da Universidade, da Polícia, dos Asilos psiquiátricos, da Ciência positivista, e dos Partidos políticos, é a posição adotada por Artaud contra as *instituições*, instrumentos de um autoritarismo e de uma repressão mais ampla, ligada ao aparelho *estatal*, à Ordem e à manutenção do *Poder* institucionalmente repressivo e anulador da Existência. É o grito de protesto e de revolta deste homem-ator-crueldade, que se faz gesto teatral, através de uma linguagem hieroglífica e mágica, num ator de *lucidez* política e cósmica, ao mesmo tempo. Desse modo, sem ser um instrumento de propaganda de partidos, o Teatro da Crueldade é político por sua própria constituição; e é por essa via que Artaud pode ligar-se à corrente anarquista, de que trataremos a seguir, bem como a possibilidade e o papel de uma Estética anarquista frente ao poder repressivo.

Se há uma Estética anarquista, na qual se insere Artaud, é porque há uma nova sensibilidade antiautoritária que une Arte e Política. De um lado, é restaurado o culto da criatividade, numa visão rousseauista do homem; e, de outro lado, escapa-se ao determinismo estéril e autoritário das "ciências" socialistas da arte[1]. Se Artaud pode ser situado na linha anarquista, ele se junta a uma plêiade de autores, que, apesar do pluralismo de suas idéias, unem-se todos sobre o fundo comum do pensamento libertário. Ancorado na tensão e na contradição, o pensamento anarquista é *individualista*, pois exalta a potência criadora e a originalidade do indivíduo (em última instância, a liberação, para Artaud, é individual; o Teatro da Crueldade realiza cenicamente *sua* Existência). Em segundo lugar, *Coletivista*, pois celebra o poder criador da comunidade ou do povo (o Teatro da Crueldade realiza este ideal através de seu dionisismo, seu caráter de espetáculo integral, e sua inspiração na cultura mexicana e no teatro balinês). E, por fim, ao se inspirar no culto proudhoniano e bakuniniano do *desconhecido*, preconiza o renascimento de uma arte popular ou arcaica (a noção de um teatro *mágico*, para Artaud, onde a cena teria lugar apenas uma única vez, imprevisível e fatal, ao mesmo tempo, numa integração com os mitos trágicos da humanidade, adotando um sentido cosmogônico e hierático), num protesto ou ataque contra a dominação imperialista da cultura européia (tanto a cultura oriental, quanto a mexicana eram consideradas inferiores em relação à tradicional cultura branca européia).

Para o anarquista, a arte é uma *experiência*, em oposição à arte apoiada no bom-gosto, submetida às regras e modelos padrões das classes dominantes. Desde a destruição da gramática e sua re-criação de uma linguagem musical e corporal, fundada no grito, até o Teatro da Crueldade com uma nova linguagem hieroglífica e espacial, onde a cena é o elemento principal e não texto dialogado, Artaud se insurge contra os *chef-d'ouvres* e a noção de *representação* clássica. O Teatro da Crueldade passa a ser o signo de uma revolta e de uma

---

1. Cf. para toda esta parte final, *L'Esthétique Anarchiste*, de André Reszler, PUF, 1973.

época em revolta, afirmando a soberania do indivíduo, através do direito inalienável de Artaud (sujeito-ator) à criação. Numa perspectiva *antiautoritária* condena o artista único, o *chef-d'oeuvre*, o gênio vazio, proclama a abolição do museu².

Em terceiro lugar, o anarquista se apropria das teorias românticas da *síntese* das artes, a fim de lhes dar uma dimensão política e social, ao mesmo tempo que estética; é o que se passa com a noção de espetáculo "integral" ou "total" do Teatro da Crueldade, onde o gesto, a música, a dança, o grito, os objetos em cena, todos contribuem para uma "síntese" das artes que constituem a cena. A arte possui uma função política, social e cósmica (Artaud caracteriza seu teatro como hierático), ao mesmo tempo ligada à eternidade das metamorfoses (a cena do Teatro da Crueldade não se repete).

É William Godwin³ que, em 1973, abre a via para o desenvolvimento de um pensamento estético-anarquista, ao se perguntar se a obra de arte não é, da mesma forma que o Estado ou a propriedade privada, uma manifestação de autoridade. Esta problemática, que aparece em sua obra *An Enquiry concerning Political Justice*, fornecerá a temática para as interrogações de um Proudhon, de um Bakúnin e de um Kropótkin sobre a arte, no século XIX. Já há o pressentimento de uma arte nova que libertará o artista escondido no homem, contra uma arte autoritária que imporia sua verdade ilusória, como também há a admissão, pelo pensamento anarquista, dos valores da imaginação no centro da Estética. Artaud pressente essas possibilidades (com crítica ao teatro clássico ocidental e à noção da representação), e as converte em realidades ao criar o Teatro da Crueldade, com sua linguagem mágica, de sonho. Godwin, como Artaud, recusa os moldes e esquemas da tradição enquanto aprisionamento ou obstáculos (segundo Artaud) do livre exercício do espírito. Tal como em Artaud, a arte é antiautoritária para Godwin. Este aspecto *antiautoritário* de arte que servirá de modelo a Proudhon, Tolstói e Sorel, aproximando-a da sensibilidade igualitária de seu próprio socialismo antiautoritário.

Em Proudhon, anarquismo aparece como a crítica à instituição estática. Em sua obra *O que é a Propriedade?* ou *Pesquisas sobre o Princípio do Direito e do Governo* (1840), Proudhon critica a

---

2. Todavia, convém notar que, enquanto Proudhon, pertencente à linha anarquista, milita por uma arte espontânea,"de situação, em função do momento e do lugar, pois o ato criador é mais importante do que a própria obra, convidando o artista a se engajar, para destruir tudo o que separa a *Arte* da *Vida*". Artaud quer, também, unir *Arte* e *Vida*, mas no sentido de um processo cósmico, de dimensão "trágica", e não sociológica; a Vida, segundo Artaud, não se identifica aos "fatos" ou "coisas exteriores", mas a uma "energia" ou "força cósmica".

3. Cf. André Reszler, *op. cit.*, pp. 6 e ss.

propriedade privada como vício fundamental do sistema capitalista, aproximando-se de Marx. Todavia, é na sua crítica do estado, que pode ser aproximado de Artaud. Segundo Proudhon, o Estado é uma "úlcera", um "fenômeno perigoso" e é somente um "meio de opressão". Mesmo a democracia é apenas uma *aparência* de participação do povo no poder. É nesta recusa do Estado, portanto, fonte do poder alienante, que Proudhon e Artaud se unem, para se separarem quando Proudhon promove a revolução fundada na luta de classes, pois, para Artaud, esta revolução social é conseqüência de uma revolta mais profunda da Existência individual, e não o contrário.

Analogamente, para Tolstói[4], a arte deve ser um traço de união entre os homens, fazendo com que estes vivam sem a intervenção do Estado e de mais instituições coercitivas tal como, em Artaud, aparece a crítica contra a coerção: polícia, reitor, médico, Papa, críticos literários, ou seja, figuras do poder repressivo do estado e da sociedade. É o Teatro da Crueldade que permite a união entre os homens, de maneira antiautoritária, numa ligação intrínseca que se dirige inicialmente à sensibilidade e ao espírito; e só posteriormente, ao entendimento.

A crítica do Estado, enquanto poder constituído, é acompanhada de um cataclisma, ou de uma *crueldade* que sacode e subverte a sociedade desde suas entranhas. Segundo Kropótkin (*Palavras de um Revoltado*), é preciso grandes eventos para romper bruscamente o fio da História, e a "arte nova" é inseparável do "desconhecido revolucionário"; para Artaud, essa ruptura brusca é proporcionada pela nova sensibilidade que o Teatro da Crueldade propõe a um público que não sairá do espetáculo intacto, mas como se tivesse sido submetido a uma "cirurgia dentária". O Teatro é, desde o início, cruel para a própria Existência "abortada" do poeta, que se diz, "seu pai", "sua mãe", "seu filho". Sob os fenômenos artísticos e sociais é preciso re-descobrir esta força transcendente, que é *cruel*, energia que agita, própria a cada época e que dá às atividades humanas seu sentido e sua coesão; é uma noção que Proudhon, desde 1843, assinalava em seus *Carnets*, e que aparece no Teatro da Crueldade nas figuras de seus *duplos*: a peste, a fome, a catástrofe, a tragédia. Recusando a "arte pela arte", todos eles acreditam que há uma razão revolucionária que funda uma cultura nova.

Apesar da liberação, para Artaud, estar ligada à Existência individual, a linguagem do Teatro da Crueldade, ao se dirigir à sensibilidade do público, pretende integrá-lo ao espetáculo total, numa "comunidade" teatral. É a *tensão* entre o individual e o coletivo, que

---

4. Tolstói, "Qu'est-ce-que l'art?", em *Écrits sur l'Art*, Paris, 1971.

aparece em Sorel[5], para quem a "Cidade Trabalhadora" do futuro será a ressurreição da "Cidade Estética" da Idade Média, exprimindo a alma coletiva das criações desprovidas de regras e de convenções paralisantes. Ora, apesar de não falar em "Cidade Trabalhadora", Artaud busca exprimir a alma coletiva de sua época através do Teatro da Crueldade. A unidade se faz pela arte e não pelo Estado, que é, sempre, visto como a principal fonte de coerção. A mesma idéia aparece em Rocker[6] que opõe o *poder* à verdadeira *cultura*. O Estado e seus órgãos formam o principal obstáculo à arte, pois aquele é obra de apenas alguns indivíduos. A arte só pode existir com a morte do Estado. O poder é sempre estéril para o pensamento anarquista, pois erige a uniformidade em ideal, reduzindo toda atividade humana a um esquema único. A cultura verdadeira é o elã criador, pulsão formadora selvagem, afluxo do novo. O Estado, por sua vez, sendo essencialmente estático, voltado para a manutenção do estabelecido, deve ser recusado: A cultura (incluindo a arte) é, essencialmente, anarquista, revolucionária. É assim que o Teatro da Crueldade é, de imediato, político, enquanto *protesto* contra as instituições do poder estatal, quebrando as formas estáticas que se opõem à ligação entre *arte-vida-processo cultural*[7].

O Teatro da Crueldade tem uma função essencialmente *crítica*, de desmistificação e de *lucidez*; e sob esse prisma, conserva sua atualidade, pois sua crítica o situa em nossa época, sem ser um instrumento partidário. A "arte", dizia Rocker, é a arte da revolta que deve exprimir a indignação do artista diante da opressão e da miséria. Este caráter da arte como *revolta* aparece, também em Oscar Wilde[8], que pretende colocar um ponto final na "monotonia do típico", na "escravidão dos costumes", na "tirania dos hábitos" e do "rebaixamento do homem pela máquina", como única atitude possível, enraizando o artista em sua época, pois é a sociedade presente que obriga o homem a se revoltar. Para o anarquista a problemática essencial está na relação entre arte e revolta, arte e poder, por um lado, numa perspectiva antipartidária; por outro lado, é uma atitude política, pois descobre a finalidade da arte enquanto recuperação da *lucidez*, numa função crítica, de revolta, em sua relação com o social e sua atualidade histórica.

---

5. Cf. "La valeur sociale de l'art", *Revue de Métaphysique et de Morale*, vol. 9, 1901.
6. Cf. Rudolf Rocker, *Nationalism and Culture*, Los Angeles, 1937.
7. Segundo Herbert Read, a arte é a afirmação da Vida contra a morte das formas, dos clichês e da ordem; e o poeta é o agente da desnutrição da sociedade.
8. Cf. Oscar Wilde, *The Soul of Man under Socialism*, Londres, 1950.

Sendo primordialmente crítica, a arte ultrapassa o *chef-d'oeuvre*; a *obra* é limitada, pois se mumifica, tornando-se objeto arqueológico de museu. É a concepção de Proudhon[9] a que se une a crítica de Artaud contra a noção de "formas rígidas", "mortas", em oposição a uma arte ligada à Vida e ao jogo do devir.

No entanto, é preciso não esquecer que Artaud recupera os mitos das tragédias antigas e textos considerados cruéis (ex.: *Os Cenci*, *Barba-Azul*); apesar de sua *an-arquia*, há uma herança do passado a ser assimilada, sem ser repetida ou copiada. Segundo Proudhon, o espetáculo tornar-se-á *total* (como em Artaud), pois a arte cênica deve compreender a fusão das artes. No entanto, enquanto, para Artaud, isto se torna possível no Teatro da Crueldade, para Proudhon a união e fusão entre a tragédia, a comédia e a música ainda não foi feita e a idéia de um espetáculo total só pode ser um produto coletivo, resultado de uma reforma social e da educação das massas. A unidade cultural é a unidade do estilo.

Quando Artaud se faz homem-ator do Teatro da Crueldade, a "arte pela arte" está sendo questionada, em favor de uma arte que seja a linguagem da própria Existência do poeta. É Artaud-indivíduo que fala pela boca do ator. Para Proudhon, o artista-cidadão será um homem como um outro qualquer; o artista-ídolo é eliminado; assim como Kropótkin e Grave chegam a querer submeter o artista ao trabalho manual obrigatório; e Tolstói quer um trabalhador como artista; o artista especializado é banido de sua República, bem como o valor comercial do produto artístico. Tal como para Artaud, a arte não será apenas fruição passiva ou aceitação banal do prazer, mas uma experiência livre, a reunião de todos os homens em torno do ato criador e de sua força vital. À arte cabe o papel de religar o homem à Vida, e a um sentido cosmogônico, que o mundo moderno alienante ameaça. Tal é a proposta de Artaud, análoga à de Mikhail Bakúnin, que, sem dedicar nenhum estudo específico à arte, diz ser este o único meio de recuperar o sentido da Vida.

Bakúnin é, no dizer de André Reszler[10],

[...] o poeta do maravilhoso, do fantástico revolucionário... É a encarnação de Wotan, de Dioniso, do *judeu errante*... Tomado pelo deus da embriaguez, da frenesi, do conflito, ele enraíza os conflitos sociais de seu tempo no sonho[11].

Criação e revolta, ordem e anarquia são antinomias que se reúnem num mesmo espaço, assim como o "maravilhoso" e o "fantás-

---

9. Proudhon, *Du principe de l'Art et de sa destination sociale*, Paris, 1865.
10. André Reszler, *op. cit.*
11. *Idem*, p. 30.

tico" caracterizam o Teatro da Crueldade de Artaud, agitado pela embriaguez dionisíaca e pelo transe ou delírio. Para Bakúnin, como para Artaud, a Vida é sempre mais ampla do que a arte, e do que qualquer doutrina. É por isso que, tanto um como outro se recusam a elaborar um sistema das artes. A revolução, segundo Bakúnin, é a revolução do desconhecido na ação: "Era uma festa sem começo nem fim" (escrevia ele a propósito da Revolução de 1848). A revolução, manifestação do desconhecido, do maravilhoso e do fantástico, é uma *festa*, comparável à *festa* que é o Teatro da Crueldade. O próprio revolucionário é o homem impossível, segundo Bakúnin. Eram sua "Confissão", ele diz querer permanecer "este homem impossível", pois os "possíveis" não mudarão; está prestes a se tornar um saltimbanco, um ator, se o sucesso do combate o exigir[12]. Contudo, Bakúnin não crê no poder revolucionário da "arte engajada"; não cabe ao artista mudar as estruturas da sociedade. Tal como Artaud, Bakúnin diz não a uma arte militante, e diz sim a uma arte que testemunha o direito inalienável do homem à paixão e à ação, cujas obras conservam sempre sua atualidade. A superioridade da arte em relação à ciência aparece nitidamente em Bakúnin, como em Artaud. A respeito de Bakúnin, diz-nos André Reszler: "Bakúnin afirma a superioridade da arte sobre a ciência. A ciência não pode sair da esfera das abstrações [...]. Neste sentido, ela é muito inferior à arte"[13]. Bakúnin, querendo levar a revolta da Vida contra o governo da ciência, diz que apesar das "formas da arte não serem a vida", mas "provocam em nossa imaginação a lembrança e o sentimento da vida". "A arte é o retorno da abstração à vida, enquanto a ciência é a imolação perpétua da vida, fugidia, transitória"[14]. No mesmo sentido, o Teatro da Crueldade liga a arte à Vida, separando-se das abstrações vazias científicas.

Arte da revolta, o pensamento anarquista declara guerra às convenções, à moral e à tradição. É assim que Wagner[15] condena o Estado e seu aparelho de coerção, exaltando a fraternidade. E assim como Artaud criticava os valores burgueses, e tinha consciência de que o sistema capitalista se autodestruiria, Wagner critica o culto ao dinheiro, a mediocridade de uma sociedade sem paixão, sem mito, a burguesia, na mesma linha de Proudhon e de Bakúnin. E, como

---

12. Para Kropótkin, o revoltado é um "louco". É o "louco" (anarquista) que tem razão, pois desperta a simpatia das massas e as conquista por seu exemplo. Analogamente, a loucura em Artaud aparece como o verdadeiro sentido, mais profundo do que o homem científico, cuja "verdade" se atém à abstração conceitual; o ator elege a *loucura* como *lucidez*.
13. A. Reszler, *op. cit.*, pp. 36 e 37.
14. *Idem, ibidem.*
15. Wagner, *L'Art et la Révolution*, Bruxelles, 1895.

estes, aproxima a arte do futuro ao ideal da "síntese das artes". Cada homem se tornará artista e participará da elaboração do drama, como a participação do público no Teatro da Crueldade. Cada arte isolada é estéril e reflete a decadência moderna; somente o conjunto da música, dança e poesia constitui a arte verdadeira, diz Wagner, como na idéia de espetáculo integral em Artaud. Escreve A. Reszler:

> A obra de arte total (*Gesamtkunstwerk*) é, então, um renascimento da tragédia antiga sob uma forma nova, a *revolução significando ao mesmo tempo a marcha para o desconhecido e o retorno às formas arcaicas de criação*. O pensamento de Wagner – como o de Proudhon, de Kropótkin, de Sorel – é revolucionário e "reacionário" – reacionário no sentido em que Nietzsche falou de "reação que é progresso", centrada que ela está sobre o poder criador de uma sociedade sem classes, livre e igualitária[16].

Assim, precursor do teatro social anarquista, lírico e fantástico, pode-se alinhá-lo entre os precursores do Teatro da Crueldade.

Se há engajamento da arte, para o pensamento anarquista, é na medida em que a arte (o imaginário fantástico) é, juntamente com a razão revolucionária, a base de um movimento de *revolta* contra a opressão uma *prática*. E nesta revolta anarquista contra a opressão, há um antiteísmo profundo. Como em Artaud, ao dizer que não se deve procurar demonstrar se Deus existe ou não, mas se insurgir contra esta noção que nos "rouba" nosso próprio corpo e nossa própria Existência, despossuindo o homem de si mesmo, pois não pode reconhecer nenhuma subordinação de seu ser, assim também Bakúnin diz que "se Deus existisse realmente, seria necessário fazê-lo desaparecer"[17]. Em segundo lugar, toda legislação, toda autoridade e toda dominação oficial é recusada, dirá Bakúnin, em *Deus e o Estado*. A razão da *an-arquia* política é a mesma do ateísmo: o homem é bom, inteligente e livre; ou, todo Estado, como toda teologia, pressupõe o homem essencialmente mau; Deus e o Estado são duas faces da mesma moeda e do mesmo poder opressivo que deve ser eliminado. O Estado, contra o qual Artaud também se insurge, jamais limitaria o mal, pois sua existência é, já, por si, um mal e a pior das ilusões. E mesmo a "democracia" é, ainda e sempre, uma "cracia", isto é, uma maioria formada por governantes, homens de poder e de autoridade, portanto, ligados à opressão. Daí a recusa de Artaud de aderir ao "comunismo" enquanto partido e de recusar toda teoria jurídico-política do *mandato* e da *representação*, que se reflete na sua própria crítica de representação no teatro ocidental, baseado no texto. Indo até os extremos, a idéia de um governo revolucionário,

---

16. A. Reszler, *op. cit.*, p. 42.
17. Cf. Jean Touchard, *Histoire des Idées politiques*, vol. II, PUF, 1975, p. 726.

ainda que provisório, é recusada, pois defende-se o Estado em nome da Revolução, trabalhando-se pelo despotismo e não pela liberdade. Comentando a recusa da noção de Estado pela corrente anarquista, Jean Touchard diz que:

> Toda revolução que se impõe por ato de autoridade e concentração de potência, mesmo provisória, cria um poder que se separa da massa. O Estado "provisório" repousa sempre sobre a mesma "teologia" de uma humanidade corrompida e que é necessário "salvar" pela via de autoridade[18].

E é a mesma desconfiança que leva Artaud a condenar os partidos políticos (daí sua crítica ao engajamento dos surrealistas no PCF), pois enquanto se ligam ao poder do Estado são opressores e tendem a petrificar a liberdade, autoritariamente, enquanto ela é, principalmente, um *processo*. Querer fechar o homem em teorias e em sistemas é a verdadeira heresia; mas o homem pode se revoltar e colocar em questão os valores vigentes e as instituições, pois a lei da Existência é a mudança, a mobilidade.

É pela arte que os homens se unirão, portanto, e não através de um partido. Recusando o individualismo (psicologismo) capitalista, bem como o socialismo de Estado, o anarquismo de Artaud procura chegar a uma linguagem sensível, comum a todos, falando a respeito de temas vitais e cósmicos, favorecendo a *individualização* completa de todos, enquanto desenvolvimento de faculdades espirituais, realizando, no Teatro da Crueldade, a verdadeira liberdade. Cada um é, em potência, um artista. Os "profissionais" do teatro e os "amadores" não mais se distinguem no interior do conjunto criador ou em torno do espetáculo coletivo. A arte militante, subordinada à causa do socialismo, é uma sub-arte, para Artaud, pois confunde a consciência do artista com a militante, e a deste com a do burocrata.

Em suma, o pensamento anarquista, ao se voltar contra a sujeição da arte a fins de propaganda política (como para Trotsky), é uma arma contra a política *ditatorial*. E mesmo se Artaud tem consciência dos *limites da validade* deste princípio no campo sócio-político-econômico, reconhece sua legitimidade no domínio da *cultura*. Artaud defende um regime anarquista de liberdade individual no plano da criação intelectual, onde não deve haver o menor traço de autoridade, de contrição ou de comando. Unindo a noção da liberdade do artista aos temas do trabalho coletivo, estabelece-se um acordo entre o espírito individualista e o comunista. Como diz A. Reszler:

---

18. *Idem*, p. 727.

O anarquismo, eliminado da grande cena da sociedade, reaparece sobre a pequena cena – a da filosofia da arte – e afirma seu poder. A ironia do destino quer que a última voz "anarquista" chegue-nos do fundo deste México, que, pouco tempo antes, deu à interrogação de um Artaud um acento febril e trágico[19].

---

19. A. Reszler, *op. cit.* p. 58.

Bibliografia

ARTAUD, Antonin. *Oeuvres Complètes*, Gallimard. Tomos I a XIV, 1970-1974.
ARISTÓTELES. *Politique*, livro I. Trad. J. Aubonnet. Col. des Universités de France, 1960.
_____. *Rhétorique et Poétique*. Trad. J Voilquin e J. Capelle. Col. Garnier, 1940.
ARRIGUCCI, Davi. *O Escorpião Encalacrado*. São Paulo, Perspectiva, 1973.
BACHELARD, Gaston. *L'Air et les Songes*. Librairie José Corti, 1943.
_____. *La Poétique de la Rêverie*. Paris, PUF.
_____. *La Poétique de L'Espace*. Paris, PUF.
BARRAULT, Jean-Louis. *Souvenirs pour Demain*. Paris, Seuil, 1972.
BARTHES, Roland. "Élements de Sémiologis". *Le Degré zéro de L'Écriture*, Gonthier, 1964.
_____. *S/Z*. Paris, Seuil, 1970.
BASTIDE, Roger. *Le Sacré Sauvage*. Payot, 1975.
BATAILLE, Georges. *Oeuvres*, I, NRF, 1970.
BENJAMIN, Walter. "A Obra de Arte na Época de sua Reprodutibilidade Técnica". Teoria da Cultura de Massa. Saga, Luiz Costa Lima.
BERGSON, H. *Le Rire, Essai sur la Signification du Comique*. PUF, 1972.
BLANCHOT, Maurice. *L'Entretien Infini*. 1969.
_____. *L'Espace Littéraire*. Paris, Gallimard, col. Idées, 1955.
BORGES, J. L. *Enquêtes*. Trad. Bénichoce, Gallimard, 1957.
BRECHT, B. *Écrits sur le Théâtre*. Trad. Jean Tailleur Gérald Eudeline e Serge Lamare, Paris, L'Arche, 1963.
BRÉTON. *Manifestes du Surréalisme*. Ed. Jacques Prévert.

CHAUI, Marilena de Souza. "A Nervura do Real, Espinoza e a Questão da Liberdade". 2 vol.,Tese de Livre-Docência apresentada ao Dep. de Filosofia da FFLCH da USP, São Paulo, 1976.
DELEUZE, Gilles. *Nietzsche et la Philosophie*. PUF, 1973.
_____. *Différence et Répétition*. Paris, PUF, 1968, pp. 191-192.
DELEUZE, Gilles e GUATTARI, F. *L'Anti-OEdipe*. Ed. du Minuit, 1972.
DERRIDA, Jacques. "La Mythologie Blanche". *Poétique* 5.
_____. *La Dissémination*. Paris, Seuil, 1962.
_____. *L'Écriture et la Différence*. Paris, Seuil, 1967.
_____. "Introduction a la Sémiologie de Hegel", *Hegel et la Pensée Moderne*. PUF, 1971.
FOCAULT, Michel. *As Palavras e as Coisas*. Portugália, Coleção Problemas, 1968.
_____. *Histoire de la Folie*. Col. 10/18, Plon, Paris, 1961.
FREUD, Sigmund. *Introduction a la Psychanalize*. Payot, 1974, III partie; "Théorie Générale des Nevroses".
GAIGNEBET, Claude. *Le Carnaval*. Paris, Payot, 1974.
GAUTHIER, Xavier. "Heliogabale – Travestissement". *Artaud*. Col. 10/18, 1973.
GOUX, J. J. Artigos in *Tel Quel*, 33, 35 e 36.
HEIDEGGER. "Le Not de Nietzsche Dieu est Mort". *Holzwege*. Arguments, n. 15.
HORKHEIMER. *Éclipes de la Raison*. Paris, Payot, 1974.
KANT, E. *Critique de la Raison Pure*, PUF, 1968.
_____. *Critique de la Faculté de Juger*. Librairie philosophique, J. Vrin, 1968.
KOFFMANN, Sarah. *Nietzsche et la Métaphore*. Payot, 1972.
KRISTEVA, Julia. *La Révolution du langage Poétique*. Col. *Tel Quel*, Paris, Seuil, 1974.
_____. "Sujet dans le langage et Pratique Politique". *Psychanalyse et Politique*. Paris, Seuil, 1974.
_____. "Le Sujet en Procés". *Artaud*. Col. 10/18, Union Générale des Éditions, 1973.
LEBRUN, Gérard. "A Dialética Pacificadora". *Almanaque* n. 3, 1977.
_____. "La Patience du Concept", *Essai sur le Disccuts Hégélien*, NRF, Gallimard, 1972, cap. VI.
LEIRIS, Michel. *La Possession et ses Aspects Théâtraux chez les Etyopiens de Gondar*. Plon , 1958.
LENINE, V. *Matérialisme et Empiriocritieisme: Notes Critiques sur une Philosophie Réactionnaire*. Paris, Ed. Sociales, 1946.
LEROI-GOURHAN, André. *Le geste et la Parole*. Paris, Albin Michel, 1965.
_____. *L'Homme et la Matiere*. Paris, Albin, 1943.
_____. *Milien et techniques*. Paris, Albin, 1945.
MARX, Karl. *La Ideologia Alemana*. México, Ediciones de Cultura Popular, 1977.
_____. *Introduction de 1857 – Fondements de la Critique de l'Économie Politique*, 1857-1858. Trad. Roger Dangeville, Paris, Anthropos, 1972.
NIETZSCHE, Friedrich. *Obras Completas,* Aguilar.

_____. *La Naissance de la Tragédie*. Médiations, Paris, Ed. Gonthier, 1964.
_____. *Ainsi parlait Zarathoustra*. Librairie Générale Française, 1972.
_____. *Par-delá le Bien et le Mal*. Col. 10/18, Paris, UGE, 1970.
_____. *Généalogie de la Morale*. Col. 10/18, Paris, UGE, 1974.
_____. *Le Crépuseule des Idoles*. Médiations, Denoel/Gonthier, 1973.
OTTO, Walter. *Dionysos, le Mythe et le Culte*. Mercure de France, 1969.
PERRONE, Leyla. *Texto, Crítica, Escritura*. Ensaios 45, São Paulo, Ática, 1978.
PLATÃO. *A República*. Trad. Eduardo Menezes. São Paulo, Livraria Exposição do Livro.
PRADO, Bento de Almeida. "Filosofia, Música e Botânica: de Rousseau a Lévi-Strauss". *Estruturalismo*. Tempo Brasileiro.
ROCKER, Rudolf. *Nationalism and Culture*. Los Angeles, 1937.
ROUSSEAU, J. J. *Emile*. Paris, Garnier-Flammarion, 1966.
_____. *Essai sur l'origine des Langues*. Bibliothéque du Graphe, Aubin-Poitiers, 1973.
SOLLERS, Philippe. "La Pensée émet des Signes". *L'Ecriture et L'Éxpérience des Limites*. Paris, Seuil, Col. Points, 1968.
SOREL. "La Valeur Sociale de L'Art", in *Revue de Métaphysique et de Morale*, vol. 9, 1901.
TOLSTÓI. *Qu'est-ce que l'Art?* Paris, 1971.
TORRES FILHO, Rubens Rodrigues. "O Simbólico em Schelling", *Almanaque* n. 7, São Paulo, Brasiliense, 1978.
_____. "Friedrich von Schelling – A Divina Comédia e a Filosofia". *Almanaque* n. 8, São Paulo, Brasiliense, 1978.
TOUCHARD, Jean. *História des Idées Politiques*. Vol. II, PUF, 1975.
TROTSKY. *Littérature et Révolution*. Col. 10/18, UGE, 1964.
VERNANT, Jean Pierre. "Ambiguite et Renversement, sur la Structure énigmatique d'Oedipe-Roi". *Échanges et Comunications, Mélanges Offerts à Claude Lévi-Strauss*, 1970.
VIRMAUX, Alain. *Antonin Artaud et le Théâtre*. Seghers, 1970.
WAGNER. *L'Art et la Révolution*. Bruxelles, 1895.
WILHELM, Daniel. *La Voix Narrative*. Col. 10/18, 1974.
WILDE, Oscar. *The Soul of Man under Socialism*. London, 1950.

OUTROS:

BRAU, Jean-Louis. *Antonin Artaud*. Ed. de la Table Ronde, 1971.
BUGARD, P. *Le Comédien et son Double*. Paris, Stock, 1970.
CHARBONNIER, Georges. *Antonin Artaud*. Seghers, 1959.
CORVIN, Michel. *Le Théâtre Nouveau en France*. PUF, col. "Que Sais-Je?", 1963.
DHOMME, S. *Histoire de la mise en scène d'Antonin à Brecht*. Fernand Nathan, 1959.
DORT, Bernard. *Théâtre Public*. Paris, Seuil, 1967.
DUROZOI, Gérard. *Artaud l'aliénation et la folie*. Larousse, 1972.

DUVIGNAUD, Jean. *Sociologie du Théâtre*. PUF, 1965.
DUVIGNAUD, Jean e LAGOUTTE, Jean. *Le Théâtre Contemporain,* Larousse Université, 1974.
GOUHIER, Henri. *Antonin Artaud et l'Essence du Théâtre*. Librairie Philosophique, J. Vrin, Paris, 1974.
HAHN, O. *Essai sur Antonin Artaud*. Paris, Le Soleil Noir, 1969.
HORT, Jean. *Antonin Artaud, le Suicidé de la Société*. Génève, Ed. Connaitre, 1960
JOSKI, D. *Artaud* Classiques du XX siécle, Ed. Universitaires.
LAROCHE, Armand. "Antonin Artaud et son Double". Tese de Doutorado em Medicina, 1963.
NADEAU, Maurice. *Histoire du Surréalisme*. Col. Points, 1970.
PICON, Gaetan. *L'usage de la lecture*. Tomo II, Mercure de France, 1961, pp.189-194.
PRONKO, L. *Théâtre d'Avant-Garde*. Denoel, 1963.
ROSSEAU, A. *Littérature du XXe siècle*. Tomo VI, Albin-Michel, 1958: "Nuit et Lumière d'Antonin Artaud", pp.113-131, 1° "Un homme en quête le l'homme": 2° "Magie Mexicaine".
ROUSSELOT, Jean. *Panorama Critique des Noveaux poètes français*. Seghers, 1952, pp.61-68.
SCARPETTA, Guy. *Brecht et Artaud*. La Nouvelle Critique, Juin 1969.
THÉVENIN, Paule. *Antonin Artaud dans la Vie*. *Tel Quel* n. 20, 1965.
TONELLI, Franco. "Une étude des Théories théâtrales d'Artaud", Tese, Lousiane State University, 1966.
VILAR, Jean. *De la Tradition Théâtrale*, L'Arche, 1963.

TEATRO NA PERSPECTIVA

O Sentido e a Máscara – Gerd A. Bornheim (D008)
A Tragédia Grega – Albin Lesky (D032)
Maiakóvski e o Teatro de Vanguarda – Angelo M. Ripellino (D042)
O Teatro e sua Realidade – Bernard Dort (D127)
Semiologia do Teatro – J. Guinsburg, J. T. Coelho Netto e Reni C. Cardoso (orgs.) (D138)
Teatro Moderno – Anatol Rosenfeld (D153)
O Teatro Ontem e Hoje – Célia Berrettini (D166)
Oficina: Do Teatro ao Te-Ato – Armando Sérgio da Silva (D175)
O Mito e o Herói no Moderno Teatro Brasileiro – Anatol Rosenfeld (D179)
Natureza e Sentido da Improvisação Teatral – Sandra Chacra (D183)
Jogos Teatrais – Ingrid D. Koudela (D189)
Stanislavski e o Teatro de Arte de Moscou – J. Guinsburg (D192)
O Teatro Épico – Anatol Rosenfeld (D193)
Exercício Findo – Décio de Almeida Prado (D199)
O Teatro Brasileiro Moderno – Décio de Almeida Prado (D211)
Qorpo-Santo: Surrealismo ou Absurdo? – Eudinyr Fraga (D212)
Performance como Linguagem – Renato Cohen (D219)
Grupo Macunaíma: Carnavalização e Mito – David George (D230)
Bunraku: Um Teatro de Bonecos – Sakae M. Giroux e Tae Suzuki (D241)
No Reino da Desigualdade – Maria Lúcia de Souza B. Pupo (D244)
A Arte do Ator – Richard Boleslavski (D246)
Um Vôo Brechtiano – Ingrid D. Koudela (D248)
Prismas do Teatro – Anatol Rosenfeld (D256)
Teatro de Anchieta a Alencar – Décio de Almeida Prado (D261)

A Cena em Sombras – Leda Maria Martins (D267)
Texto e Jogo – Ingrid D. Koudela (D271)
João Caetano – Décio de Almeida Prado (E011)
Mestres do Teatro I – John Gassner (E036)
Mestres do Teatro II – John Gassner (E048)
Artaud e o Teatro – Alain Virmaux (E058)
Improvisação para o Teatro – Viola Spolin (E062)
Jogo, Teatro & Pensamento – Richard Courtney (E076)
Teatro: Leste & Oeste – Leonard C. Pronko (E080)
Um Atriz: Cacilda Becker – Nanci Fernandes e Maria T. Vargas (orgs.) (E086)
TBC: Crônica de um Sonho – Alberto Guzik (E090)
Os Processos Criativos de Robert Wilson – Luiz Roberto Galizia (E091)
Nelson Rodrigues: Dramaturgia e Encenações – Sábato Magaldi (E098)
José de Alencar e o Teatro – João Roberto Faria (E100)
Sobre o Trabalho do Ator – Mauro Meiches e Silvia Fernandes (E013)
Arthur de Azevedo: A Palavra e o Riso – Antonio Martins (E107)
Teatro da Militância – Silvana Garcia (E113)
Brecht: Um Jogo de Aprendizagem – Ingrid D. Koudela (E117)
O Ator no Século XX – Odette Aslan (E119)
Zeami: Cena e Pensamento Nô – Sakae M. Giroux (E122)
Um Teatro da Mulher – Elza Cunha de Vincenzo (E127)
Concerto Barroco às Óperas do Judeu – Francisco Maciel Silveira (D131)
Os Teatros Bunraku e Kabuki: Uma Visada Barroca – Darci Kusano (E133)
O Teatro Realista no Brasil: 1855-1865 – João Roberto Faria (E136)
Antunes Filho e a Dimensão Utópica – Sebastião Milaré (E140)
O Truque e a Alma – Angelo Maria Ripellino (E145)
A Procura da Lucidez em Artaud – Vera Lúcia Felício (E148)
Memória e Invenção: Gerald Thomas em Cena – Sílvia Fernandes Telesi (E149)
O Inspetor Geral de Gógol/Meyerhold – Arlete Cavalière (E151)
Do Grotesco e do Sublime – Victor Hugo (EL05)
O Cenário no Avesso – Sábato Magaldi (EL10)
A Linguagem de Beckett – Célia Berrettini (EL23)
Idéia do Teatro – José Ortega y Gasset (EL25)
O Romance Experimental e o Naturalismo no Teatro – Emile Zola (EL35)
Duas Farsas: O Embrião do Teatro de Molière – Célia Berrettini (EL36)
Marta, A Árvore e o Relógio – Jorge Andrade (T001)
O Dibuk – Sch. An-Ski (T005)
Leone de'Sommi: Um Judeu no Teatro da Renascença Italiana – J. Guinsburg (org.) (T008)
Urgência e Ruptura – Consuelo de Castro (T010)
Teatro e Sociedade: Shakespeare – Guy Boquet (K015)
Equus – Peter Shaffer (P006)
Eleonora Duse: Vida e Obra – Giovanni Pontiero (PERS)
Aventuras de uma Língua Errante – J. Guinsburg (PERS)
Memórias da Minha Juventude e do Teatro Ídiche no Brasil – Simão Buchalski (LSC)
A História Mundial do Teatro – Margot Berthold (LSC)